…… 성경해석

나 지혜는 명철로 주소를 삼으며

–잠언 8장 12절

허사랑 목사

____________ 님께

____________ 드립니다.

나됨

"예수께서 이르시되
나의 양식은
나를 보내신 이의 뜻을 행하며
그의 일을 온전히 이루는
이것이니라"
(요 4:34)

책 머리에

저는 성령님이 권면하셔서 이 글을 쓰게 되었습니다.
본인은 부족하지만…

성령님의 지시에 따라 기록하게 되었고, 순종하는 마음으로 이 책을 펴내게 되었습니다.

"여호와께서 너를 위하여 하늘의 아름다운 보고를 열으사 네 땅에 때를 따라 비를 내리시고 네 손으로 하는 모든 일에 복을 주시리니 네가 많은 민족에게 꾸어줄지라도 너는 꾸지 아니할 것이요"(신 28:12).

신명기 28장 12절 말씀을 오래전에 주셨습니다. 이 말씀은 말씀을 많이 내려주신다는 언약의 말씀이었습니다.

늦게나마 성령님이 강권하셔서 주신 말씀이 이 책을 기록하기 위해 주신 줄 믿고 감사하면서, 성경을 확실히 널리 알리고 싶어하시는 성령님의 지시에 따라 기록하게 되었습니다.

우리 모두가 여기에 담긴 말씀을 통하여 은혜받고 에베소서 6장 12절에 나오는 마귀의 정사를 벗고, 이사야 9장 6절 말씀을 의지하여 주님의 정사를 입고, 좌로나 우로나 치우치지 않고 정로의 길로 나아가기를 주님의 이름으로 간절히 축원합니다.

2017년 4월 허사랑 목사

추천의 글

수원 가나안교회 전용우 목사

믿음이 하나님의 선물이듯이, 지혜 또한 하나님의 선물이며 생명나무입니다.

이 책의 제목이 '지혜는 명철로 주소를 삼는다' 하였듯이, 지혜를 얻기 위해서는 명철이 있어야 하며, 명철은 예수님을 아는 지식이며 지혜는 성령입니다.

그래서 지혜를 얻기 위해서는 하나님의 은혜의 보좌 앞에 나가야 하고, 하나님께서 사랑하는 자에게 주시는 은혜입니다.

허사랑 목사님께서는 하나님의 은혜 가운데 지혜를 받아 하나님의 오묘한 말씀의 뜻을 깨닫고 이 책을 기록하였으니, 하나님의 은혜라 아니할 수 없습니다.

성경을 읽어도 깊은 뜻을 모른다면, 오히려 성경이 무거운 짐이요 우상이 될 것입니다.

이번에 허사랑 목사님께서 하나님의 은혜를 받아 성경을 알기 쉽게 해석하였으므로, 읽는 자들로 하여금 많은 도움이 될 것이며, 몰랐던 것을 깨달아 신앙생활에 힘이 될 것을 믿어 이 책을 추천하게 되었습니다.

아무쪼록 읽는 자들 위에 하나님의 은혜가 있기 바랍니다.

contents / 차례

나 지혜는 명철로 주소를 삼으며

말씀의 이해

성경이 지혜의 말씀입니다.

이 지혜의 말씀은 우리를 생명의 길로 인도합니다.

욥기 28장 28절에서 명철은 악에서 떠남이 명철이라고 말씀하셨습니다. 우리의 주소가 악이 없는 기름진 곳, 즉 말씀이 있는 곳을 거주지로 삼고 그곳이 주소지가 되어야 한다는 것입니다. 말씀이 반석이 되어야 복이 온다는 것입니다. 주님은 악이 없는 곳에 주소지를 정하고 그곳을 거처로 삼으라고 명령하십니다.

"나는 그의 명령이 영생인 줄 아노라 그러므로 나의 이르는 것은 내 아버지께서 내게 말씀하신 그대로 이르노라 하시니라"(요 12:50).

예수님께서 하나님의 명령을 받으시고, 우리를 정결하게 하시기 위하여 성경을 전해 주시려고 오신 것입니다.

그러므로 주님은 우리를 사랑하셔서 우리의 거처가 깨끗하지 못한 마구간처럼 더러운 곳에 오신 것입니다. 마구간에 오신 것은 우리가 죄 가운데 있어 정결하지 못하므로 더러운 것을 의미합니다. 죄가 없는 곳에 말씀을 반석으로 깔아, 악이 없는 명철의 자리에 주소를 삼으라고 말 밥그릇에 예수님이 오신 것입니다.

말은 사람을 위해서 일을 하듯이 우리는 주님을 위해서 일을 합니다. 우리가 말이라는 것입니다. 말을 잘 들으면 먹을 것을 주시고 말을 안 들으면 복을 주시지 않겠다는 것입니다. 우리에게 오묘한 모습으로 다가오셔서 교훈하십니다.

요 4:34 **"예수께서 이르시되 나의 양식은 나를 보내신 이의 뜻을 행하며 그의 일을 온전히 이루는 이것이니라."**

해 석 : 주님이 말씀하십니다. 주님의 양식은 주님을 이 땅에 보내 주신 하나님 아버지의 뜻을 행하며, 그의 일을 온전히 이루는 것이 나의 양식이라고 말씀하십니다.

마 6:33 **"너희는 먼저 그의 나라와 그의 의를 구하라 그리하면 이 모든 것을 너희에게 더하시리라."**

해 석 : 너희는 먼저 위엣것을 구하고 아버지 나라의 의를 구하라는 것입니다. 많은 사람이 생명의 길로 들어갈 수 있도록 선한 일을 도우라는 것입니다. 순종할 때에 모든 것을 주시고, 먹을 것을 많이 주시겠다는 언약의 메시지를, 말밥 그릇에 오신 주님을 바라보면서 지혜를 얻어야 하겠습니다.

잠 3:19 **"여호와께서는 지혜로 땅을 세우셨으며 명철로 하늘을 굳게 펴셨고"**

해 석 : 하나님께서는 지혜로 땅을 세우셨고 명철로는 굳게 하늘을 닫아 놓았다고 말씀하십니다. 이 말씀은 죄 있는 자는 절대로 하늘나라에 들어가지 못한다는 것입니다. 회개하며 주님의 뜻을 따라, 우리 모두가 주님의 지혜를 향해 나아가길 소망합니다.

나 지혜는 명철로 주소를 삼으며

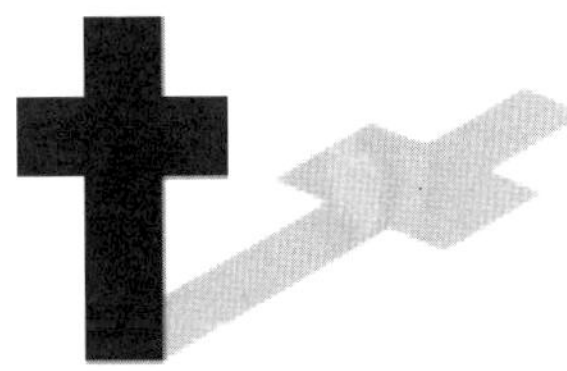

1.
명철의 자리

시 1:1 **"복 있는 사람은 악인의 꾀를 좇지 아니하며 죄인의 길에 서지 아니하며 오만한 자의 자리에 앉지 아니하고"**

해 석 : 명철의 자리는 '악인의 자리, 죄인의 자리, 오만한 자리'가 아닙니다. 예수님께서는 악인 · 죄인 · 오만한 자의 자리에 계시지도 않고 앉으시지도 않습니다. 이 자리에는 복도 없습니다. 불순종의 자리이며 에발산의 자리이며 진리의 옷을 입지 않는 자리입니다. 복 있는 사람은 이런 자리에 앉지 않습니다.

신명기 28장 15-68절까지는 불순종의 자리이며 복을 받을 수 없습니다. 에발은 에서의 후손이고 '에발'의 뜻은 '벌거벗었다'로, 진리의 옷을 입지 않았다는 의미입니다.

욥 28:28 **"또 사람에게 이르시기를 주를 경외함이 곧 지혜요 악을 떠남이 명철이라 하셨느니라."**

해 석 : 악에서 떠납시다. 지식과 근신을 찾아 말씀을 얻으며 복을 많이 받아 누리시기를 소망합니다. 주님께서 우리에게 일러주시는 말씀이, 주를 두렵고 떨리는 마음으로 경외함이 곧 지혜라고 말씀하시고 계십니다.

잠 2:11 **"근신이 너를 지키며 명철이 너를 보호하여"**

해 석 : 하나님의 말씀 지식을 부지런히 찾아 얻읍시다. 그 말씀이 명철이며 죄 가운데 빠지지 않도록 우리를 보호해 주십니다.

신명기 28장 1-14절 말씀을 보시면, 이 자리가 순종의 자리이며 그리심산입니다. 이곳이 축복의 자리입니다. 이곳에 앉읍시다.

신 11:29 **"네 하나님 여호와께서 네가 가서 얻을 땅으로 너를 인도하여 들이실 때에 너는 그리심산에서 축복을 선포하고 에발산에서 저주를 선포하라."**

수 8:30 **"때에 여호수아가 이스라엘의 하나님 여호와를 위하여 에발산에 한 단을 쌓았으니"**

수 8:33 **"온 이스라엘과 그 장로들과 유사들과 재판장들과 본토인뿐 아니라 이방인까지 여호와의 언약궤를 멘 레위 사람 제사장들 앞에서 궤의 좌우에 서되 절반은 그리심산 앞에, 절반은 에발산 앞에 섰으니 이는 이왕에 여호와의 종 모세가 이스라엘 백성에게 축복하라고 명한 대로 함이라."**

신 11:30 **"이 두 산은 요단강 저편 곧 해 지는 편으로 가는 길 뒤 길갈 맞은편 모레 상수리나무 곁의 아라바에 거하는 가나안 족속의 땅에 있지 아니하냐"**

해 석 : 실제로 이 두 산의 위치는, 오른편이 그리심산이며 좌편이 에발산입니다. 하나님께서는 우리를 오른편으로 가라고 지시하십니다. 이곳이 명철의 자리입니다. 명철의 자리로 가시려면 말씀을 즐깁시다.

시 1:2 **"오직 여호와의 율법을 즐거워하여 그 율법을 주야로 묵상하는 자로다."**

해 석 : 죄가 무엇인지, 선과 악이 무엇인지 알려면 성경을 늘 주야로 즐겨야 합니다. 봉독해야 한다는 것입니다. 그래서 하나님의 말씀을 잘 살펴서 선을 멸시하지 않고 악을 따 먹지 말라는 것입니다.

마 19:16 **"어떤 사람이 주께 와서 가로되 선생님이여 내가 무슨 선한 일을 하여야 영생을 얻으리이까."**

해 석 : 주님의 일을 하는 것이 선한 일입니다. 생명을 살리는 것이 영생이며 선한 일입니다.

마 19:17 **"예수께서 가라사대 어찌하여 선한 일을 내게 묻느냐 선한 이는 오직 한 분이시니라 네가 생명에 들어가려면 계명들을 지키라."**

해 석 : 계명을 지켜야 생명에 들어갈 수 있습니다. 성전 마당만 밟고 다니지 말라는 것입니다.

시 1:3 **"저는 시냇가에 심은 나무가 시절을 좇아 과실을 맺으며 그 잎사귀가 마르지 아니함 같으니 그 행사가 다 형통하리로다."**

해 석 : 물가에 심은 나무가 물이 많아 과실을 많이 맺는 것처럼, 우리의 영혼도 하나님 말씀이 있어야 열매를 맺으며 형통한 삶을 살아갈 수 있다고 말씀하십니다.

2.
두 사람의 신앙

욥기 21장 23-26절 말씀에 두 사람의 신앙이 나옵니다.

욥 21:23-24 **"어떤 사람은 죽도록 기운이 충실하여 평강하며 안일하고 그 그릇에는 젖이 가득하며 그 골수는 윤택하였고"**

해 석 : 복 받은 사람은 죽을 때까지 영육 간에 힘이 있고 평안하며 안정된 생활을 하게 됩니다. 그릇에 젖이 가득한 것은, 젖은 말씀을 의미하며 복이 가득한 것을 말하는 것입니다. 삶이 평안한 자는 그 얼굴이 윤택하고 빛이 납니다. 우리 모두가 성경의 지혜의 말씀을 따라 살면서 주님을 기쁘게 해드리고, 우리의 생활도 안정되고 평안한 삶을 살 수 있도록 노력하며 평강을 위해서 주님의 지혜를 따라갑시다.

욥 21:25-26 **"어떤 사람은 죽도록 마음에 고통하고 복을 맛보지 못하였어도 이 둘이 일반으로 흙 속에 눕고 그 위에 구더기가 덮이는구나."**

해 석 : 영의 사람은 평안이며 육의 사람은 고통뿐입니다.

롬 8:6-7 **"육신의 생각은 사망이요 영의 생각은 생명과 평안이니라 육신의 생각은 하나님과 원수가 되나니 이는 하나님의 법에 굴복치 아니할 뿐 아니라 할 수도 없음이라."**

해 석 : 믿음이 없는 육의 사람은 고통이요 사망입니다. 믿음이 있는 영의 사람은 이 땅에서도 평안하며 영원한 생명을 얻을 수 있습니다. 믿음을 가집시다. 영의 사람이 되도록 노력합시다.

잠 8:34 **"누구든지 내게 들으며 날마다 내 문 곁에서 기다리며 문설주 옆에서 기다리는 자는 복이 있나니"**

해 석 : 성전 문 곁에서 하나님의 말씀을 기다리는 자는 복이 있다는 것입니다.

3.
야곱과 에서 사이의 축복

야곱과 에서, 두 사람의 신앙을 성경에서 찾아보겠습니다.

창 24:60 **"리브가에게 축복하여 가로되 우리 누이여 너는 천만인의 어미가 될지어다 네 씨로 그 원수의 성문을 얻게 할지어다."**

해 석 : 어머니 리브가는 천만인의 어미이며 영의 사람이었습니다.

창 25:28 **"이삭은 에서의 사냥한 고기를 좋아하므로 그를 사랑하고 리브가는 야곱을 사랑하였더라."**

해 석 : 아버지 이삭은 에서가 사냥한 고기를 좋아하므로 그를 사랑하고, 리브가는 야곱을 사랑하였더라고 말씀하고 있습니다. 리브가는 영의 사람 야곱을 좋아했고 에서는 육의 사람이었습니다. 아버지는 먹는 사냥 고기 때문에 에서를 좋아했고 그를 축복하려고 합니다. 아버지가 나이 많아 언제 죽을지 몰라 에서를 축복하려 할 때, 하나님께서는 리브가를 통해 축복을 야곱에게 돌리십니다.

사 42:24 **"야곱으로 탈취를 당케 하신 자가 누구냐 이스라엘을 도적에게 붙이신 자가 누구냐 여호와가 아니시냐 우리가 그에게 범죄하였도다 백성들이 그 길로 행치 아니하며 그 율법을 순종치 아니하였도다."**

해 석 : 야곱이 에서에게서 축복을 빼앗게 하신 자가 누구냐고 묻고 계십니다. 이스라엘이 야곱입니다. 도둑으로 만드신 자가 누구냐고

묻고 계십니다.

탈취하고 도둑에게 붙이신 자가 여호와 하나님이시라고 말씀하십니다. 왜 그렇게 하셨을까요? 에서가 하나님 앞에 율법을 순종치 않았기 때문입니다. 야곱은 민주주의 사상이고 에서는 공산주의 사상입니다. 공산주의는 하나님이 없다는 사상입니다. 그러므로 장자권과 축복을 빼앗기게 됩니다. 이 교훈은 우리에게 유익한 교훈입니다. 우리도 삼가 조심하며 문설주에서 말씀을 기다리며 순종하기를 노력합시다.

욥 12:16 **"능력과 지혜가 그에게 있고 속은 자와 속이는 자가 다 그에게 속하였으므로"**

해 석 : 능력과 지혜도 하나님께서 주시고, 속은 자와 속이는 자가 하나님의 주권 아래 있다는 것입니다.

전 5:19 **"어떤 사람에게든지 하나님이 재물과 부요를 주사 능히 누리게 하시며 분복을 받아 수고함으로 즐거워하게 하신 것은 하나님의 선물이라."**

해 석 : 우리가 의를 심고 경건한 자가 끊어지지 않도록 노력할 때, 재물과 부요가 우리의 선물이 되는 것입니다. 주님의 길을 평탄케 하는 자가 큰 선물을 받을 수 있습니다.

전 6:2 **"어떤 사람은 그 심령의 모든 소원에 부족함이 없어 재물과 부요와 존귀를 하나님께 받았으나 능히 누리게 하심을 얻지 못하였으므로 다른 사람이 누리나니 이것도 헛되어 악한 병이로다."**

해 석 : 에서가 위의 말씀처럼 하나님의 율법을 어김으로 장자권 팔아먹고 육의 사람이라 축복을 빼앗겼습니다. 이것이 악한 병에 걸린 것입니다.

창 25:25-26 **"먼저 나온 자는 붉고 전신이 갖옷 같아서 이름을 에서라 하였고 후에 나온 아우는 손으로 에서의 발꿈치를 잡았으므로 그 이름을 야곱이라 하였으며 리브가가 그들을 낳을 때에 이삭이 육십 세이었더라"**

해 석 : 야곱은 영의 사람으로, 에서의 발꿈치를 잡으며 승리하는 것입니다. 반드시 율법을 지키는 자가 축복을 받을 수 있습니다(야곱이 에서의 발꿈치를 잡았다는 것은 승리를 의미함).

창 27:11 **"야곱이 그 모친 리브가에게 이르되 내 형 에서는 털사람이요 나는 매끈매끈한 사람인즉"**

해 석 : 여기에서 털사람과 매끈매끈한 두 사람이 나옵니다. 신앙을 이야기하고 있습니다.

에서는 겉보기에 털 달린 사람이라고 보시면 됩니다. 남이 볼 때 신앙이 좋아 보이며, 겉신앙으로 보시면 됩니다. 털은 우리가 추울 때 털옷을 입듯이, 우리가 구원의 심판날에 주님 앞에 설 때는 떨립니다. 그래서 성경은 털옷을 입으라고 말씀하십니다. 야곱은 겉보기에 매끈매끈하다고 어머니 리브가에게 말합니다. 매끈매끈하다는 것은 신앙이 없다는 뜻입니다. 그러나 이것은 꾸몄던 것입니다. 야곱은 속에 털이 있고 에서는 겉에 털이 있습니다.

스가랴 13장 4절에도 이렇게 말씀하고 계십니다.

슥 13:4 **"그날에 선지자들이 예언할 때에 그 이상을 각기 부끄러워할 것이며 사람을 속이려고 털옷도 입지 아니할 것이며"**

해 석 : 털옷을 입으라는 것입니다. 성경이 털옷입니다. 열왕기하 1장 8절에도 엘리야가 털옷을 입었고, 마태복음 3장 4절에도 세례 요한이 약대 털옷을 입었습니다.

빌립보서 2장 12절에서도 바울은 이렇게 말씀합니다. "그러므로 나의 사랑하는 자들아 너희가 나 있을 때뿐 아니라 더욱 지금 나 없을 때에도 항상 복종하여 두렵고 떨림으로 너희 구원을 이루라." 야곱은 겉보기에 매끈매끈한 것 같고 신앙이 없어 보이지만 그렇지 않습니다. 두 사람의 신앙이 우리에게 교훈을 주시려고 반드시 영의 사람이 축복을 받는 것을 보여 주셨습니다. 야곱은 에서의 발꿈치를 잡은 것이 창세기 25장 26절 말씀에 나오며 승리한다는 것이 기록되었습니다. 하나님만이 우리의 속사람을 알 수 있습니다.

창 27:16 **"또 염소 새끼의 가죽으로 그 손과 목의 매끈매끈한 곳에 꾸미고"**

해 석 : 이 말씀은 야곱이 꾸며서 축복을 빼앗은 것같이 보이지만 근본은 에서의 속사람이 꾸며진 사람이라는 것을 알 수가 있고, 하나님께서는 속사람을 보십니다. 에서는 겉모습이 털옷(성경)을 입은 것 같지만 속은 매끈매끈하고 신앙이 없다는 것입니다.

창 25:32 **"에서가 가로되 내가 죽게 되었으니 이 장자의 명분이 내게 무엇이 유익하리요."**

해 석 : 이 말씀은 내가 힘이 드는데 세상에 나가서 돈이나 벌지, 주님을 위해 일할 시간이 없다는 것입니다. 살기가 바쁘고 힘들기 때문이라는 뜻입니다. 그러나 복 주시는 이는 여호와 하나님이시므로, 그의 나라와 그의 의를 구하면 반드시 살길을 열어 주십니다.

이것(장자권) 때문에 축복을 다 빼앗기는 것입니다. 첫것은 하나님의 것입니다. 우리는 하나님의 자녀들입니다. 그래서 우리는 장자권의 명분을 받았습니다. 그런데도 불구하고 예수님을 버리고 세상으로 내려가는 어리석음, 복의 근원이 어디서 오는지 모르는 자가 되어서는 안 된다는 것입니다. 배가 고파서 세상으로 내려가면 더 많은 것을 얻을 수 있을 거라고 생각한 에서는 야곱에게 다 빼앗기는 것입니다. 우리는 주님이 주신 장자권을 잘 관리하도록 합시다.

창 27:38-39 **"에서가 아비에게 이르되 내 아버지여 아버지의 빌 복이 이 하나뿐이리이까 내 아버지여 내게 축복하소서 내게도 그리 하소서 하고 소리를 높여 우니 그 아비 이삭이 그에게 대답하여 가로되 너의 주소는 땅의 기름짐에서 뜨고 내리는 하늘 이슬에서 뜰 것이며"**

해 석 : 네가 앉은 자리가 악이 없고 죄가 없어야 하늘에서 이슬(축복)이 내린다고, 아버지 이삭이 에서에게 권면합니다.

신 33:13 **"요셉에 대하여는 일렀으되 원컨대 그 땅이 여호와께 복을 받아 하늘의 보물인 이슬과 땅 아래 저장한 물과"**

해 석 : 이슬과 비는 모든 만물의 생명입니다. 이것으로 우리가 생명을 유지합니다. 그래서 이슬과 비는 보물입니다.

창 27:40 **"너는 칼을 믿고 생활하겠고 네 아우를 섬길 것이며 네가 매임을 벗을 때에는 그 멍에를 네 목에서 떨쳐버리리라 하였더라."**

해 석 : 에서는 하나님을 의지하지 않고 자기의 힘을 믿고 살고, 야곱을 섬길 것이며, 매임을 벗는다는 것은 죄에 매임을 벗을 때 무거운 멍에가 없어진다는 것입니다. 그래서 우리에게 명철로 주소를 삼으라고 권면하십니다.

사 5:18 **"거짓으로 끈을 삼아 죄악을 끌며 수레 줄로 함같이 죄악을 끄는 자는 화 있을진저"**

해 석 : 우리 모두가 죄의 줄을 말씀의 칼로 끊어 버리라는 것입니다. 수레(마음)에 죄를 담아 거짓으로 끈을 삼아 끌고 다니지 말라는 것

입니다. 화가 있다고 경고하십니다.

야곱의 성실함과 정직함을 확인해 보겠습니다.

창 30:37 "야곱이 버드나무와 살구나무와 신풍나무의 푸른 가지를 취하여 그것들의 껍질을 벗겨 흰 무늬를 내고"

해 석 : 야곱의 정직함을 보시고 하나님께서 축복하십니다. 야곱의 성실함이 여기에 담겨 있습니다. 야곱은 하나님 앞에 신앙의 거목나무, 버드나무가 되기까지 부지런함으로 살구꽃을 피우고 신풍나무로 정직함을 나타냈습니다. 이러한 삶을 살았기 때문에 푸른 가지가 증거가 되었습니다. 잠언 11장 28절에 "자기의 재물을 의지하는 자는 패망하려니와 의인은 푸른 잎사귀 같아서 번성하리라.", 즉 푸른 가지는 성실을 의미하며 신앙을 나타내고, 이 성실함이 흰 무늬가 되어 공의로 나타납니다. 흰 무늬는 말씀을 의미하며 깨끗한 삶을 성실하게 살았다는 증거입니다. 그래서 하나님께서는 창세기 30장 42절에 '약한 자(양)는 라반의 것이 되며, 실한 자(양)는 야곱의 것이 된지라'라고 설명하고 계십니다.

누가복음 2장 36-37절을 보시면, 아셀 지파 바누엘의 딸 안나 선지자가 나오는데, 나이가 많아 매우 늙었다고 기록되어 있습니다.

눅 2:36-37 "또 아셀 지파 바누엘의 딸 안나라 하는 선지자가 있어 나이 매우 늙었더라 그가 출가한 후 일곱 해 동안 남편과 함께 살다가 과부 된 지 팔십사 년이라 이 사람이 성전을 떠나지 아니하고 주야에 금식하며 기도함으로 섬기더니"

해 석 : 교회에서 밤낮 떠나지 않고, 구원의 방주에서 목사님을 위해 기도하고, 모든 사람이 바르게 살기를 원하며 가증한 것을 고쳐 달라고 기도하며, 많은 사람이 옳은 데로 돌아오길 기도하는 이 선지

자에게, 약한 것이 아니고 제일 실하고 좋은 것으로 갚아 주십니다. 이어서 창세기 49장 20절로 가 보시겠습니다.

창 49:20 **"아셀에게서 나는 식물은 기름진 것이라 그가 왕의 진수를 공궤하리로다."**

해 석 : 하나님께 충성하는 아셀에게는 기름진 것으로 공급해 주시되 제일 좋은 것, 왕이 먹을 수 있는 진수를 공급해 주십니다. 그러면 우리의 자녀들도 예외는 아닙니다. 며느리도 최상급, 사위도 최상급, 그뿐이겠습니까. 우리 모두가 마태복음 6장 33절을 기억하고 그의 나라와 그의 의를 구합시다. 그리하면 이 모든 것을 더하며 제일 좋은 것으로 갚아 주실 것입니다.

창 30:43 **"이에 그 사람이 심히 풍부하여 양떼와 노비와 약대와 나귀가 많았더라."**

해 석 : 야곱이 하나님 앞에 부지런하고 정직해서 신앙의 버드나무가 되어, 양떼와 노비와 약대와 나귀가 풍부하고 많았으며 승리했다는 말씀입니다. 야곱은 외삼촌 집에서 성실히 살았습니다. 양들이 낙태하지 않았다는 것은 정성껏 돌보았고, 먹지 않았다는 것은 양을 몰래 삼킨 것이 없고, 진실을 말하며 정직했다는 것을 고백합니다.

창 31:39 **"물려 찢긴 것은 내가 외삼촌에게로 가져가지 아니하고 스스로 그것을 보충하였으며 낮에 도적을 맞았든지 밤에 도적을 맞았든지 내가 외삼촌에게 물어내었으며"**

해 석 : 삼촌의 양은 찢긴 것을 보충했고, 낮에나 밤에나 도둑맞은 것을 야곱이 다 물어냈다는 것은 정직함을 나타내는 것입니다.

창 31:40 **"내가 이와 같이 낮에는 더위를 무릅쓰고 밤에는 추위를**

당하며 눈 붙일 겨를도 없이 지내었나이다."

해 석 : 낮에는 덥고 밤에는 추운 이스라엘입니다. 밤에는 불기둥, 낮에는 구름 기둥…. 이곳에서 야곱은 잠잘 겨를도 없이 성실하게 삼촌 집에서 머슴살이를 한 결실이 버드나무 · 살구나무 · 신풍나무로 나타나서, 창세기 30장 43절에 보시면, 많은 양떼와 노비와 약대와 나귀를 받았습니다. 우리도 야곱처럼 부지런하고 정직하고 큰 신앙의 버드나무가 됩시다. 말라기 1장 2절에는 하나님께서 야곱은 사랑하셨고, 말라기 1장 3절에는 에서는 미워하신다고 말씀하고 계십니다. 하나님 앞에 사랑받는 자가 됩시다.

마 11:28 **"수고하고 무거운 짐진 자들아 다 내게로 오라 내가 너희를 쉬게 하리라."**

해 석 : 이 땅의 모든 사람은 수고하고 무거운 짐진 자들입니다. 우리는 서로 위로하고 사랑하며 관용하며 좋은 열매를 맺어 서로 나눠 주며, 예수님처럼 착한 행실로 쉼을 얻을 수 있는 생명나무가 됩시다.

마 11:29 **"나는 마음이 온유하고 겸손하니 나의 멍에를 메고 내게 배우라 그러면 너희 마음이 쉼을 얻으리니"**

해 석 : 예수님은 마음이 온유하고 겸손하다고 고백하십니다. 예수님께 하나님의 법을 배우고 평안을 얻으라는 것입니다. 주님의 온유하심이 요한복음 18장 10절에 기록되어 있습니다.

요 18:10 **"이에 시몬 베드로가 검을 가졌는데 이것을 빼어 대제사장의 종을 쳐서 오른편 귀를 베어 버리니 그 종의 이름은 말고라."**

해 석 : 신명기 33장 2절에 보시면 여호와의 오른손에는 불같은 율법이 있다고 하셨습니다. 베드로가 주님을 잡으러 온 대제사장의 종 말고의 오른쪽 귀를 베어 버린 것은, 바르게 판단하지 못해 주님을 잡

으러 왔다고 벤 것입니다. "그 귀를 만져 낫게 하시더라." 자기를 십자가에 달려 죽게까지 한 그들도 용서하신 주님의 온유하신 모습을 보고 배우라는 것입니다. 이 세상 모든 사람들이 주님의 모습이라면 얼마나 행복할까요? 우리도 이렇게 되기를 힘써 노력합시다.

신 33:1 **"하나님의 사람 모세가 죽기 전에 이스라엘 자손을 위하여 축복함이 이러하니라."**

해 석 : 모세가 이 땅을 떠나기 전에 축복받는 비결을 가르쳐 주는 말씀입니다.

신 33:2 **"일렀으되 여호와께서 시내에서 오시고 세일산에서 일어나시고 바란산에서 비취시고 일만 성도 가운데서 강림하셨고 그 오른손에는 불같은 율법이 있도다."**

해 석 : 모세가 시내산에서 율법을 받았고 하나님께서 세일산에서 일어서신 것은 말씀을 비취시기 위해서 일어서신 것입니다. 세일산에는 에서의 후손 에돔이 살고 있었습니다. 세일산은 '험한 산'이라는 뜻입니다. 말씀이 없으면 험한 인생을 살게 됩니다. 세일산으로부터 말씀을 비추기 위해 일어나시며 바란산까지 비추셨다는 것입니다. 바란산에는 아브람의 후처 하갈의 자녀 이스마엘이 살고 있었습니다. 이스마엘은 길들여지지 않은 들나귀입니다. 길들이기 위해 말씀을 비추시는 것입니다. 우리에게도 똑같이 적용되는 말씀입니다.

창 16:12 **"그가 사람 중에 들나귀같이 되리니 그 손이 모든 사람을 치겠고 모든 사람의 손이 그를 칠지며 그가 모든 형제의 동방에서 살리라 하니라."**

해 석 : 이 들나귀는 모든 사람을 친다고 말씀하십니다. 이 땅의 구석구석, 하나님의 말씀으로 비추어 악을 소멸시키시며, 권능의 말씀으

로 인도함을 받아 우리 모두가 오른편, 즉 바른편으로 가야 하늘 가는 길을 갈 수 있습니다. 그래서 일반 성도 가운데 강림하십니다. 모세는 오른편이 축복이 있다고 백성에게 이 땅을 떠나기 전에 가르쳐 주고 있습니다. 오른편은 천국이요, 왼편은 지옥입니다. 오른편에는 양이요, 왼편에는 염소입니다.

요단강을 건너 가나안 땅에 들어가면 두 산이 있는데 오른편에는 그리심산, 왼편에는 에발산이 있습니다. 여기서 하나님께서는 그리심산에는 축복을 선포하고 에발산에는 저주를 선포하라고 말씀하십니다(신 11:29). 이 두 산의 위치는 요단강 저편 곧 해지는 편으로 가는 길 위 길갈 맞은편으로 모레 상수리나무 곁의 아라바에 거하는 가나안 족속의 땅입니다(신 11:30). 그리심산이란 잎이 푸른 나무가 있는 산을 의미하는데, 나무는 '우리'이며, 푸른 것은 '의인'을 의미합니다.

잠 11:28 **"자기의 재물을 의지하는 자는 패망하려니와 의인은 푸른 잎사귀 같아서 번성하리라."**

해 석 : 물가에 심은 나무가 잎이 푸르며 시절을 좇아 과실을 맺듯이 의인은 생명나무입니다. 에발산이란 에서의 후손을 가리키는데, 이들은 '벗었다'라는 뜻을 가지고 있습니다. 잎은 없고 가지만 앙상하게 있는 것이며, 진리의 옷을 입지 않은 것을 의미합니다.

신명기 28장 1-14절까지는 순종의 말씀입니다. 여기에 서 있으면 의인이며 축복받을 수 있고, 하나님께서 기뻐하시는 그리심산입니다.

신명기 28장 15-68절은 불순종의 말씀입니다. 불순종의 아들이 거하는 에발산은 하나님께서 기분 나빠 하시는 저주의 산입니다. 우리는 죄가 없는 명철의 자리인 그리심산에 앉아야 할 것입니다.

삼가 말씀을 조심하며 걸어갑시다. 그리심산에 앉기를 소망하며 이 책을 읽는 모든 분이 순종의 복을 받으시길 축원합니다.

4.
그물을 배의 오른편에 던지라

요 21:5-6 **"예수께서 이르시되 얘들아 너희에게 고기가 있느냐 대답하되 없나이다 가라사대 그물을 배 오른 편에 던지라 그리하면 얻으리라 하신대 이에 던졌더니 고기가 많아 그물을 들 수 없더라."**

해 석 : 예수님이 말씀하십니다. 그물을 배 오른편에 던지라고. 그리하면 얻는다고 말씀하십니다. 던졌더니 고기가 많아 그물을 들 수가 없었더라고 기록되어 있습니다. 오른편은 생명의 길이요 바른길이기 때문에 복이 가득 채워진다는 것입니다.

신 33:1 **"하나님의 사람 모세가 죽기 전에 이스라엘 자손을 위하여 축복함이 이러하니라."**

해 석 : 모세가 죽기 전에 이스라엘 백성에게 축복받는 비결을 가르쳐 줍니다.

신 33:2 **"일렀으되 여호와께서 시내에서 오시고 세일산에서 일어나시고 바란산에서 비취시고 일만 성도 가운데서 강림하셨고 그 오른손에는 불같은 율법이 있도다."**

해 석 : 하나님께서 시내에서 오신 것은 모세가 시내산에서 십계명을 받았기 때문에 시내산에서 강림하심을 말씀하시는 것입니다. 세일산에서 일어서신 것은 말씀을 비취시려고 일어서신 것입니다. '세

일산'은 '험한 산'이라는 뜻을 가지고 있습니다. 말씀대로 하지 아니하면 험한 인생을 산다는 의미이기도 합니다.

"바란산에서 비취시고"의 바란산에는 아브라함의 후처의 아들, 하갈이 낳은 이스마엘이 살고 있고, 이는 말씀에 길들여지지 않는 들나귀 새끼였습니다. 그러므로 세일에서 바란까지 비취는데 1만 성도가 모였더라는 것입니다. 오른편에 불같은 율법이 있으니 너희는 반드시 오른편으로 가야 축복을 받을 수 있다고, 모세가 이스라엘 백성에게 죽기 전에 유언으로 부탁하는 말씀입니다.

신 11:26 **"내가 오늘날 복과 저주를 너희 앞에 두나니"**

해 석 : 복과 저주는 하나님의 손에 있습니다. 행한 대로 보응하신다는 것입니다.

신 11:27 **"너희가 만일 내가 오늘날 너희에게 명하는 너희 하나님 여호와의 명령을 들으면 복이 될 것이요."**

해 석 : 명령을 들으라는 것입니다. 명령을 들을 때에 복이 임하는 것입니다.

신 11:28 **"너희가 만일 내가 오늘날 너희에게 명하는 도에서 돌이켜 떠나 너희 하나님 여호와의 명령을 듣지 아니하고 본래 알지 못하던 다른 신들을 좇으면 저주를 받으리라."**

해 석 : 하나님의 명령을 듣지 않으면 화가 온다는 것입니다.

신 30:19 **"내가 오늘날 천지를 불러서 너희에게 증거를 삼노라 내가 생명과 사망과 복과 저주를 네 앞에 두었은즉 너와 네 자손이 살기 위하여 생명을 택하고"**

해 석 : 생명과 만물의 주관자는 하나님이시니 명령을 지키라는 것입니

다.

창 1:1 **"태초에 하나님이 천지를 창조하시니라."**

해 석 : 하나님께서 이 세상의 주인임을 밝히시는 말씀입니다.

신 30:20 **"네 하나님 여호와를 사랑하고 그 말씀을 순종하며 또 그에게 부종하라 그는 네 생명이시요 네 장수시니 여호와께서 네 열조 아브라함과 이삭과 야곱에게 주리라고 맹세하신 땅에 네가 거하리라."**

해 석 : 하나님을 사랑하고 말씀에 순종하며 주님께 붙어 있으면, 영원한 생명을 주시고 열조들이 거하던 이 땅에서도 오래 거할 수 있고 축복도 한없이 받게 될 것입니다.

신 11:29 **"네 하나님 여호와께서 네가 가서 얻을 땅으로 너를 인도하여 들이실 때에 너는 그리심산에서 축복을 선포하고 에발산에서 저주를 선포하라."**

해 석 : 하나님께서 이스라엘 백성을 가나안에 들이실 때에 그리심산에는 축복을 선포하고, 에발산에는 저주를 선포하라고 하셨습니다.

수 8:33 **"온 이스라엘과 그 장로들과 유사들과 재판장들과 본토인 뿐 아니라 이방인까지 여호와의 언약궤를 멘 레위 사람 제사장들 앞에서 궤의 좌우에 서되 절반은 그리심산 앞에, 절반은 에발산 앞에 섰으니 이는 이왕에 여호와의 종 모세가 이스라엘 백성에게 축복하라고 명한 대로 함이라."**

해 석 : 모세가 이스라엘 백성과 이방인까지 모든 사람 앞에서 하나님께서 명령하신 대로, 우편에는 그리심(축복)산, 좌편에는 에발(저주)산을 선포하였습니다.

● **순종에 대한 축복** – 신명기 28장 14절은 그리심산입니다. 우리 모두가 이곳에 장막을 칠 수 있도록 노력합시다.

● **불순종에 대한 저주** – 신명기 28장 15-68절은 에발산입니다. 이곳에 앉으면 복이 없습니다. 에서가 장자권을 팔아먹고 이곳에 앉아 복을 야곱에게 다 빼앗겼습니다.

요 21:11 **"시몬 베드로가 올라가서 그물을 육지에 끌어 올리니 가득히 찬 큰 고기가 일백 쉰 세 마리라 이같이 많으나 그물이 찢어지지 아니하였더라."**

해 석 : 그물을 육지에 올리니 가득 찬 고기가 153마리인데, 그물이 찢어지지 아니하였더라고 말씀하십니다. 153마리에는 교훈이 들어 있습니다. '일' 하나님은 '오' 축복 주실 때에 '삼' 성부 · 성자 · 성령님, 삼위일체 하나님을 순종하고 온전히 의지할 때, 복이 가득히 차고 새어 나가지 않는다는 것을 말씀하고 계십니다.

① '일'은 유일하신 참 하나님(요한복음 17장 3절 : "영생은 곧 유일하신 참 하나님과 그의 보내신 자 예수 그리스도를 아는 것이니이다"), 하나님은 오직 한 분이심을 말씀하십니다.

② '오'는 창세기 1장, 다섯째 날에 하나님께서 우리에게 먹거리를 만들어 식물로 주셨습니다. 그래서 '오'는 축복의 숫자입니다.

③ '삼'은 성부 · 성자 · 성령님, 삼위일체 하나님의 숫자입니다.

5.
전대의 구멍

학 1:6 **"너희가 많이 뿌릴지라도 수입이 적으며 먹을지라도 배부르지 못하며 마실지라도 흡족하지 못하며 입어도 따뜻하지 못하며 일꾼이 삯을 받아도 그것을 구멍 뚫어진 전대에 넣음이 되느니라."**

왜 이렇게 될까요?

학 1:9 **"너희가 많은 것을 바랐으나 도리어 적었고 너희가 그것을 집으로 가져갔으나 내가 불어 버렸느니라 나 만군의 여호와가 말하노라 이것이 무슨 연고뇨 내 집은 황무하였으되 너희는 각각 자기의 집에 빨랐음이니라."**

해 석 : 하나님의 집을 세우지 않고 자기 집을 세우는 데만 바빴다는 것입니다.

겔 22:30 **"이 땅을 위하여 성을 쌓으며 성 무너진 데를 막아서서 나로 멸하지 못하게 할 사람을 내가 그 가운데서 찾다가 얻지 못한 고로"**

해 석 : 이 땅에 하나님의 성이 무너지지 않도록 주님의 대로를 만들어, 내라는 것입니다. 의의 터가 무너지지 않도록 하라는 것입니다. 이 것 때문에 전대에 구멍이 나서 새어 나가는 것입니다.

학 1:7 **"나 만군의 여호와가 말하노니 너희는 자기의 소위를 살펴볼 지니라."**

해 석 : 우리가 구원의 방주인 하나님의 집을 세우기에 전심전력을 다 했는지, 우리의 행위를 살펴보라는 것입니다. 주님의 대로가 평탄해야 되겠고, 후대를 주님의 길로 잘 따라오도록 했는지 살펴보라는 것입니다. 결론은 마태복음 6장 33절 말씀에 "너희는 먼저 그의 나라와 그의 의를 구하라 그리하면 이 모든 것을 너희에게 더하시리라", 생명을 위해서 일하라는 말씀입니다.

학 2:18 **"너희는 오늘부터 이전을 추억하여 보라 구월 이십사일 곧 여호와의 전 지대를 쌓던 날부터 추억하여 보라."**

해 석 : 주님의 일을 하던 날과 하지 않았던 날을 생각해 보고, 어느 때가 복이 많았는지 세어 보라는 것입니다. 9월 24일의 '구월'은 구원의 열매를 의미하고, '이'는 주님과 연합하는 것, '십'은 하나님의 숫자, '사'는 하나님께 드리는 날을 의미합니다. 즉 어떤 절기(행사) 날 열매를 드리는 시간, 생명의 일을 하는 것을 의미하며, 이 열매를 만들어 내는 그날부터 여호와의 전대를 쌓는 것이고, 그때부터 복이 많이 있다는 것입니다.

학 2:19 **"곡식 종자가 오히려 창고에 있느냐 포도나무, 무화과나무, 석류나무, 감람나무에 열매가 맺지 못하였었느니라 그러나 오늘부터는 내가 너희에게 복을 주리라."**

해 석 : 주님의 일을 하는 그날부터 복을 주시되, 좋은 것으로 광주리마다 가득가득 채워 주신다는 말씀입니다. 저도 기공예배를 드릴 때, 이 말씀을 주셨습니다. 우리의 광주리에 복이 가득해야 합니다. 그러나 우리는 그 좋은 것을 담지 못하고 다 날려 보낼 때가 종종 있

습니다. 주님이 지켜 주셔야 된다는 것입니다.

시 127:1 **"여호와께서 집을 세우지 아니하시면 세우는 자의 수고가 헛되며 여호와께서 성을 지키지 아니하시면 파수꾼의 경성함이 허사로다."**

해 석 : 국가도 교회도 가정도 자녀도 사업도, 모든 것이 그분의 손에 있습니다.

6.
하나님의 손

잠 21:1 **"왕의 마음이 여호와의 손에 있음이 마치 보의 물과 같아서 그가 임의로 인도하시느니라."**

해 석 : 만왕의 왕이 여호와 하나님이십니다. 여호와의 손에 있다는 것은 하나님께서 우리의 심령을 살피시고 손으로 행한 대로 성취하신다는 것입니다. 마치 보의 물과 같다는 것은 물을 보자기에 싼 것처럼, 저수지 물을 가두어 놓았다가 필요할 때 물을 꺼내 쓰는 것처럼, 우연이 아니고 모든 것이 그분의 손에 있다는 것입니다.

욥 33:11 **"내 발을 착고에 채우시고 나의 모든 길을 감시하신다 하였느니라."**

해 석 : 우리의 모든 발이 주님의 착고에 채워졌다는 것입니다.

시 105:17-19 **"한 사람을 앞서 보내셨음이여 요셉이 종으로 팔렸도다 그 발이 착고에 상하며 그 몸이 쇠사슬에 매였으니 곧 여호와의 말씀이 응할 때까지라 그 말씀이 저를 단련하였도다."**

해 석 : 하나님의 의를 이루기까지 요셉을 애굽에서 착고에 채우시고 단련하셨습니다.

잠 16:1 **"마음의 경영은 사람에게 있어도 말의 응답은 여호와께로서 나느니라."**

해 석 : 사람이 계획을 세워도 하나님께서 인도하시며, 우리의 삶을 지켜보시고 손으로 성취하십니다.

잠 21:2 **"사람의 행위가 자기 보기에는 모두 정직하여도 여호와는 심령을 감찰하시느니라."**

해 석 : 사람의 눈치를 보지 말고 하나님 · 성령님의 눈치를 살펴야 할 것입니다. 하나님께서는 정직을 살피십니다.

잠 20:24 **"사람의 걸음은 여호와께로서 말미암나니 사람이 어찌 자기의 길을 알 수 있으랴."**

해 석 : 하나님을 의지하고 길을 인도 받읍시다.

잠 16:9 **"사람이 마음으로 자기의 길을 계획할지라도 그 걸음을 인도하는 자는 여호와시니라."**

해 석 : 사람이 자기의 삶을 계획할지라도 그 행실을 보고 인도하며 성취하십니다.

사 45:11 **"이스라엘의 거룩하신 자 곧 이스라엘을 지으신 여호와께서 가라사대 장래 일을 내게 물으라 또 내 아들들의 일과 내 손으로 한 일에 대하여 내게 부탁하라."**

해 석 : 하나님께서 장래 일을 내게 부탁하고 의지하며, 자녀 문제도 전능하신 하나님께 맡기며 의지하라는 것입니다.

시 119:105 **"주의 말씀은 내 발에 등이요 내 길에 빛이니이다."**

해 석 : 말씀이 등불이요 빛입니다. 말씀을 따라가면 형통합니다.

전 9:11 **"내가 돌이켜 해 아래서 보니 빠른 경주자라고 선착하는 것이 아니며 유력자라고 전쟁에 승리하는 것이 아니며 지혜자라고**

식물을 얻는 것이 아니며 명철자라고 재물을 얻는 것이 아니며 기능자라고 은총을 입는 것이 아니니 이는 시기와 우연이 이 모든 자에게 임함이라."

해 석 : 이 말씀은 사람은 시기와 때가 있으니 먼저 급히 앞서가지 말고, 하나님께서 질서대로 인도하시는 대로 가라고 하십니다. 잘못 가면, 길을 둘러 가는 것이 되며 늦어지고 힘이 든다고 말씀하십니다. 하나님께서는 시기와 때를 아십니다. 이런 일들이 허다합니다. 주변에서 많이 볼 수 있는 일입니다.

시 119:165 **"주의 법을 사랑하는 자에게는 큰 평안이 있으니 저희에게 장애물이 없으리이다."**

해 석 : 주의 법을 따라가시면 법을 사랑하시는 것입니다. 우리가 인생길을 가는 데 위험하지 않도록, 실수가 없도록 완벽하게 만들어 놓으셨습니다. 순종하시면 평안합니다. 지키도록 힘써 노력합시다.

시 122:3 **"예루살렘아 너는 조밀한 성읍과 같이 건설되었도다."**

해 석 : 성경 말씀을 가리키는 메시지입니다. 성경에 성공의 비결이 다 기록되어 있습니다. 세상 살아가는 데 어려움이 없도록 조밀하게 기록되어 있습니다. 우리가 순종하지 않기 때문에 실수가 많고 헛수고가 많은 것입니다. 주님을 의지합시다. 영원한 반석이십니다.

갈 1:10 **"이제 내가 사람들에게 좋게 하랴 하나님께 좋게 하랴 사람들에게 기쁨을 구하랴 내가 지금까지 사람의 기쁨을 구하는 것이었다면 그리스도의 종이 아니니라."**

해 석 : 하나님을 기쁘시게 하라는 것입니다. 사람을 좋게 하고 사람들에게 기쁨을 구했다면 그리스도의 종이 아니라는 것입니다. 영의 사람이 되기를 원하십니다.

막 12:27 **"하나님은 죽은 자의 하나님이 아니요 산 자의 하나님이시라 너희가 크게 오해하였도다 하시니라."**

해 석 : 오해하지 말라, 나는 살아 있어 너희의 모든 행위를 살피며 심령을 감찰하고 있다, 즉 행한 대로 보응하신다고 말씀하십니다.

욥 33:11 **"내 발을 착고에 채우시고 나의 모든 길을 감시하신다 하였느니라."**

해 석 : 우리는 그냥 살아가는 것처럼 보이나, 한 사람 한 사람, 그분의 지시를 받고 살아가는 것입니다. 우연은 없다고 말씀하십니다.

7.
우연은 없다

전 9:11 **"내가 돌이켜 해 아래서 보니 빠른 경주자라고 선착하는 것이 아니며 유력자라고 전쟁에 승리하는 것이 아니며 지혜자라고 식물을 얻는 것이 아니며 명철자라고 재물을 얻는 것이 아니며 기능자라고 은총을 입는 것이 아니니 이는 시기와 우연이 이 모든 자에게 임함이라."**

해 석 : 선착과 승리와 지혜와 명철과 기능자라도 다 그분의 손에 있고, 우리의 심령을 살펴 그분이 성취하신다는 말씀입니다. 우리의 행함을 보시고 성취하신다는 말씀입니다.

사 59:17 **"의로 호심경을 삼으시며 구원을 그 머리에 써서 투구를 삼으시며 보수로 속옷을 삼으시며 열심을 입어 겉옷을 삼으시고"**

해 석 : 우리가 심는 의를 거울처럼 보시고, 의 때문에 우리를 보호해 주시는 선물이 구원의 투구입니다. '보수'의 뜻은 갚아주시는 것입니다. 각자가 주님 앞에 일하는 것은 주님밖에 모릅니다. 속옷처럼 가려져 있습니다. 그래서 옷 속을 보수라 합니다. 속옷은 가려져서 누구도 볼 수 없습니다. 그렇듯이 하나님만이 우리가 봉사한 것을 아십니다. 열심을 입어 겉옷을 삼는다는 것은, 우리가 일할 때 열심히 일하는 사람은 겉옷을 벗고 일하는 것처럼, 열심을 뜻합니다. 그래서 우연은 없고 행한 대로 갚으시는 공의의 하나님이십니다. 하나님께서 우리를 향하신 말씀입니다.

8.
성실로 식물을 삼으라

시 37:1 **"행악자를 인하여 불평하여 하지 말며 불의를 행하는 자를 투기하지 말지어다."**

해 석 : 악한 자가 잘된다고 불평하지 말며, 불의를 행하는 자가 잘된다고 투기하지 말라는 것입니다. 불평하는 분도 투기하는 분도 있지만 하나님은 공의의 하나님이심을 우리에게 말씀하시고 계십니다.

시 37:2 **"저희는 풀과 같이 속히 베임을 볼 것이며 푸른 채소같이 쇠잔할 것임이로다."**

해 석 : 풀과 같이 채소와 같이 연약한 것들이 베임을 당할 때, 금방 시들어 없어지는 것처럼 쇠잔하고 멸절된다는 것입니다. 그래서 권면해 주시는 말씀입니다.

시 37:3 **"여호와를 의뢰하여 선을 행하라 땅에 거하여 그의 성실로 식물을 삼을지어다."**

해 석 : 말씀을 의지하며 의를 행하고, 우리의 행함을 성실로 정직함을 삼으라는 것입니다.

시 37:4 **"또 여호와를 기뻐하라 저가 네 마음의 소원을 이루어 주시리로다."**

해 석 : 하나님께서 기뻐하시는 것이 무엇인지 분별하여 기쁘게 해드리

면 우리의 원하는 소원이 이루어집니다. 주님이 원하시는 것은 고린도후서 7장 10절 말씀처럼, "하나님의 뜻대로 하는 근심은 후회할 것이 없는 구원에 이르게 하는 회개를 이루게 하는 것이요 세상 근심은 사망을 이루는 것이니라.", 바로 이것이 구원입니다. 하루에도 수십만 명이 지옥으로 떨어지는 우리의 모습들을 보시고 아파하시는 주님의 마음을 우리는 알아야 하며, 저 역시 주님의 뜻을 조금이나마 헤아려서 기도하며 성경 연구하며 이 책을 읽는 모든 분에게 확신을 드리며, 마음에 성전을 세우며 주님의 대로를 평탄케 하기 위하여 오늘도 책을 펼쳐 내려갑니다.

시 37:5 **"너의 길을 여호와께 맡기라 저를 의지하면 저가 이루시고"**

해 석 : 우리의 길을 말씀 따라가라는 것입니다. 말씀을 의지하면 승리하세 된나는 것입니다.

시 37:6 **"네 의를 빛같이 나타내시며 네 공의를 정오의 빛같이 하시리로다."**

해 석 : 때가 되면 우리의 의를 선한 일이라 기억하시고 태양의 빛과 같이 나타내 주십니다. 우리의 공의와 정직함을 한낮의 빛, 찬란한 해같이 나타내 주셔서, 우리의 영혼이 우리의 삶에 빛으로 나타나 주님의 영광의 꽃이 된다는 것입니다.

9.
모든 말씀으로 기구를 수직하라

민 3:8 **"곧 회막의 모든 기구를 수직하며 이스라엘 자손의 직무를 위하여 장막에서 시무할지니"**

해 석 : 교회에서 모든 기구를 수직하라는 것은 모든 기구 · 비품을 잘 관리하며 바르게 사용하는 법칙을 잘 배워서 가르치라고 우리에게 명령하십니다.

모든 교회 성물 기구를 바르게 깨끗하게 사용하는 법을 가르쳐서, 주님의 성전에 더러운 것, 가증한 것이 들어오지 못하도록 하라는 것입니다. 변질되지 않고 주님의 법칙대로 후대들에게 가르치는데 반드시 교회에서 가르치라는 것입니다. 교회에서 예배를 드려야 한다는 말씀입니다.

교회는 거룩한 곳입니다. 교회 안에 절대로 죽은 사람의 시체를 가지고 들어오는 것이 아닙니다. 재앙이 옵니다. 하나님을 섬기는 우리는 다 제사장입니다. 레위기의 뜻이 무엇입니까? 레위인들은 하나님 앞에 제사(예배)를 담당하시는 분들입니다. 예배드리시는 분은 다 레위인입니다. 예배를 잘못 드리면 죽고 위기가 옵니다. 엘리의 제사장 아들 홉니와 비느하스가 한 날에 죽게 됩니다(삼상 2:34). 인류의 표징입니다. 예배를 무시하고 거룩을 무시하면 안 됩니다. 우리 모두가 삼가 조심하고 또 조심해야 합니다. 강한 어조로 부탁드리고 싶은 강령의 말씀입니다.

출 20:24 **"내게 토단을 쌓고 그 위에 너의 양과 소로 너의 번제와 화목제를 드리라 내가 무릇 내 이름을 기념하게 하는 곳에서 네게 강림하여 복을 주리라."**

해 석 : 구약시대에는 하나님께 제사를 드릴 때 토단을 쌓고 그 위에 번제물인 양과 소를 올려놓고, 하나님과 화목하기 위하여 드리라고 말씀하셨습니다. 단 내 이름이 기념하는 곳(교회), 이곳에서 예배를 드리라는 것입니다. 지금은 교회입니다. 토단은 현재 교회에서 하나님 앞에 나아와 정성의 단을 쌓는 것입니다. 그 위에 우리가 번제물이 되어, 양은 순종을 의미하며 소는 일을 많이 하는 것을 의미합니다. 하나님 나라의 일을 할 때 일한 것 때문에 하나님과 화목하게 되는 것입니다. 우리는 하나님 앞에 죽을 죄인들입니다. 마태복음 6장 33절에, 그의 나라와 그의 의를 구하고 일을 할 때 하나님과 화해가 되는 것입니다. 그렇게 함으로 축복을 주시는 것입니다.

우리 모두가 야곱(이스라엘)처럼 버드나무(신앙의 거목)가 되고, 살구나무(부지런한 나무)가 되며 신풍나무(정직한 나무)가 됩시다.

딤후 2:5 **"경기하는 자가 법대로 경기하지 아니하면 면류관을 얻지 못할 것이며"**

해 석 : 하나님께서 정하신 법대로 하지 않으면 면류관을 줄 수 없다는 뜻입니다.

신 4:1-2 **이스라엘아 이제 내가 너희에게 가르치는 규례와 법도를 듣고 준행하라 그리하면 너희가 살 것이요 너희의 열조의 하나님 여호와께서 너희에게 주시는 땅에 들어가서 그것을 얻게 되리라 내가 너희에게 명하는 말을 너희는 가감하지 말고 내가 너희에게**

명하는 너희 하나님 여호와의 명령을 지키라."

해 석 : 하나님께서 명령하신 규례와 법도를 듣고 잘 지키면 살고 생명이 길다는 것입니다. 너희가 순종할 때 얻고자 하는 것을 얻을 수 있을 것이라고 말씀하십니다. 내가 너희에게 명하는 말을 더하거나 빼지 말고 다 지켜 행하라고 부탁하십니다.

계 22:18 **"내가 이 책의 예언의 말씀을 듣는 각인에게 증거하노니 만일 누구든지 이것들 외에 더하면 하나님이 이 책에 기록된 재앙들을 그에게 더하실 터이요"**

해 석 : 하나님의 명령대로 하라는 것입니다. 없는 말씀을 더하지 말라는 것입니다. 더할 때는 회초리 · 풀무 · 재앙을 내리시겠다는 말씀입니다.

계 22:19 **"만일 누구든지 이 책의 예언의 말씀에서 제하여 버리면 하나님이 이 책에 기록된 생명나무와 및 거룩한 성에 참예함을 제하여 버리시리라."**

해 석 : 이 예언의 말씀을 하나라도 빼어 버리면, 생명책에서 이름을 지워 버리며 아버지 나라에 참예하지 못한다는 말씀입니다.

마 5:18 **"진실로 너희에게 이르노니 천지가 없어지기 전에는 율법의 일점일획이라도 반드시 없어지지 아니하고 다 이루리라."**

해 석 : 하나님의 말씀은 점 하나, 획 하나라도 빠짐이 없이 천지가 없어지기 전에 반드시 이루어진다는 말씀을 우리에게 알려 주십니다.

마 5:19 **"그러므로 누구든지 이 계명 중에 지극히 작은 것 하나라도 버리고 또 그같이 사람을 가르치는 자는 천국에서 지극히 작다 일컬음을 받을 것이요 누구든지 이를 행하며 가르치는 자는 천국에서**

크다 일컬음을 받으리라.”

해 석 : 계명 중에 작은 말씀이라고 버리고 가르치지 않는 자는 천국에서 제일 작은 자라고 말씀하십니다. 작은 말씀을 가르치고 행하는 자는 천국에서 크다고 인정해 주신다는 말씀입니다. 작은 것에 충성하는 자가 큰 것에도 충성합니다.

창 3:3 **“동산 중앙에 있는 나무의 실과는 하나님의 말씀에 너희는 먹지도 말고 만지지도 말라 너희가 죽을까 하노라 하셨느니라.”**

해 석 : 만물의 주인은 하나님이십니다. 하나님이 계시는 곳이 중앙청입니다. 우리는 교회에서 흘러내리는 말씀을 먹고 살아갑니다. 교회는 주님이 계시는 곳, 이곳이 중앙청입니다. 우리는 성경과 교회 성물과 또 목사님의 마음을 상하게 하고 판단하면 안 됩니다. 이런 것을 할 때에 성경을 마음대로 변질시키고, 하나님의 것인 십일조를 삼키고 간섭할 때, 이것이 바로 만지고 삼키는 일이 되는 것입니다. 동산 중앙에 있는 생명나무를 만지지 맙시다.

시 105:15 **“이르시기를 나의 기름 부은 자를 만지지 말며 나의 선지자를 상하지 말라 하셨도다.”**

해 석 : 하나님의 종은 하나님이 간섭하십니다. 우리는 가증한 것이 있으면 기도만 하면 됩니다. 상관도 말고 마음의 상처도 주지 말라는 것입니다.

대하 36:16 **“그 백성이 하나님의 사자를 비웃고 말씀을 멸시하며 그 선지자를 욕하여 여호와의 진노로 그 백성에게 미쳐서 만회할 수 없게 하였으므로”**

해 석 : 하나님의 백성이 하나님의 사자가 잘못했다고 해서 비웃고 말씀을 멸시하며 그 종을 욕하고 할 때, 하나님의 진노가 그 백성에게

끼쳐서 만 번을 회개해도 받아들일 수 없다는 말씀이니, 우리는 삼가 조심하고 또 조심해야 하겠습니다.

잠 26:17 **"길로 지나다가 자기에게 상관없는 다툼을 간섭하는 자는 개 귀를 잡는 자와 같으니라."**

해 석 : 길을 가다가 자기에게 상관없는 일을 간섭하다 보면 개 귀를 잡는 것과 같이 물릴 때가 있습니다. 또 남의 죄를 간섭하게 되면 하나님께 물리게 되며 조심하라는 말씀입니다. 항상 깨어 있어 조심하며 화를 면하는 지혜로운 자가 됩시다.

왕하 2:23 **"엘리사가 거기서 벧엘로 올라가더니 길에 행할 때에 젊은 아이들이 성에서 나와서 저를 조롱하여 가로되 대머리여 올라가라 대머리여 올라가라 하는지라."**

해 석 : 엘리사가 성전을 향해 올라갈 때에 길에서 젊은 아이들을 만나게 됩니다. 이 아이들은 성에서 나와서 엘리사를 대머리라고 놀려댑니다. 성에서 나왔다는 것은 하나님의 자녀들입니다. 대머리는 수치를 의미합니다. 엘리사가 수치스런 일이 있어서 놀려대는 것입니다. 교회 안에서 이런 일이 있을 때 우리는 조심해야겠습니다. 아이들은 부모님의 뒷모습을 보고 자랍니다. 교회 안에서 수치스런 일이 있으면 고치는 기도를 하고 덮어야 할 것입니다. 의인은 없습니다. 우리도 그 자리에 들어가지 않으려면 비판해서는 안 된다는 것입니다.

왕하 2:24 **"엘리사가 돌이켜 저희를 보고 여호와의 이름으로 저주하매 곧 수풀에서 암콤 둘이 나와서 아이들 중에 사십이 명을 찢었더라."**

해 석 : 엘리사도 사람이기에 마음이 상했었나 봅니다. 여호와의 이름으로 저주하매 암콤이 둘이 나와 42명을 찢었습니다. '사'는 부릴

사, ‘십’은 ‘하나님의 사람’, ‘이’는 주님과 연합한 자, 즉 하나님의 사람이 주님과 연합하여 생명을 살리는 데 쓰임 받는 종을, 조금 흠이 있다 해서 마음을 상하게 하고 놀려대는 것이 화가 되었습니다. 사명을 가지고 주님과 연합한 자를 조롱하는 것이 종의 마음을 찢는 것입니다. 흔히 교회에서 볼 수 있는 일입니다. 삼가 우리 모두가 조심합시다. 하나님의 성물을 우리가 간섭하면 안 되며, 그럴 때 어려움이 옵니다. 하나님께서 하시도록 기도만 하시면 됩니다.

겔 9:4 “이르시되 너는 예루살렘 성읍 중에 순행하여 그 가운데서 행하는 모든 가증한 일로 인하여 탄식하며 우는 자의 이마에 표하라 하시고”

해 석 : 하나님께서 에스겔에게 일러두십니다. 왜 예루살렘을 순행하라고 하실까요? 예루살렘은 진리의 성읍이라고 스가랴 8장 3절에 기록되어 있습니다. 진리의 제단에서 나오는 그자가 하나님의 명령대로 가증한 것을 놓고 탄식하며 고쳐 달라고 기도한다는 것입니다. 그를 뽑아서 이마에 표하라는 것입니다. 그를 살려 주시려고 표하라고 하십니다. 우리도 이렇게 존귀한 자가 됩시다.

롬 2:1 “그러므로 남을 판단하는 사람아 무론 누구든지 네가 핑계치 못할 것은 남을 판단하는 것으로 네가 너를 정죄함이니 판단하는 네가 같은 일을 행함이니라.”

해 석 : 남을 판단하는 사람은 절대로 피할 길이 없다는 것입니다. 똑같은 일을 행하게 해서 그 입을 막고 깨닫게 한다는 것입니다. 우리는 실수가 많은 인생이기에 누구를 판단할 자격이 없다는 것입니다.

롬 2:2 “이런 일을 행하는 자에게 하나님의 판단이 진리대로 되는

줄 우리가 아노라."

해 석 : 우리가 행한 일을 그대로 갚아 주신다는 것입니다. 그것이 진리라는 것입니다.

롬 2:3 **"이런 일을 행하는 자를 판단하고도 같은 일을 행하는 사람아 네가 하나님의 판단을 피할 줄로 생각하느냐"**

해 석 : 남을 정죄하고 판단하는 자들과 같은 행위를 하는 너희들은, 절대로 이 일들을 피할 생각을 하지 말고 항상 조심하라는 것입니다.

롬 14:4 **"남의 하인을 판단하는 너는 누구뇨 그 섰는 것이나 넘어지는 것이 제 주인에게 있으매 저가 세움을 받으리니 이는 저를 세우시는 권능이 주께 있음이니라."**

해 석 : '남을 판단하지 마라. 넘어지는 것도 세우는 것도 나에게 있다. 세울 만하면 세워서 내가 쓰리라. 겉모습을 보고 판단하지 말아라.' 세울 수도 있고 넘어뜨릴 수도 있는 권능이 하나님께 있다는 것입니다. 남의 하인을 판단하는 너는 누구냐고 묻고 계십니다. 우리 모두가 삼가 조심합시다.

'중앙에 있는 생명나무'(예수님을 의미), 하나님의 말씀을 만져서 변질시키고 하나님의 성물을 함부로 해서는 안 된다는 말씀입니다.

영혼을 구원시키는 하나님의 성물을 사람이 함부로 만져서도 안 되고 삼켜서도 안 됩니다. 그래서 민수기 3장 8절에 회막에서 모든 기구를 수직하며 바르게 가르치라고 성경은 말씀하고 있습니다.

사 19:19 **"그날에 애굽 땅 중앙에는 여호와를 위하여 제단이 있겠고 그 변경에는 여호와를 위하여 기둥이 있을 것이요"**

해 석 : 애굽은 세상을 의미합니다. 세상의 중앙에 하나님의 교회가 있

다는 것입니다. 모든 것이 교회에 율법을 통해서 세상은 움직이고 있습니다. 하나님께서는 이 세상을 주님께 맡겨 주신 것입니다. 말씀은 이렇게 우리에게 권면하십니다.

사 16:12 **"모압 사람이 그 산당에서 피곤하도록 봉사하며 자기 성소에 나아가서 기도할지라도 무효하리로다."**

해 석 : 육의 사람이 교회에서 피곤하도록 봉사하며 기도할지라도, 말씀 없이 봉사하면 상급이 없다는 뜻입니다.

딤후 2:5 **"경기하는 자가 법대로 경기하지 아니하면 면류관을 얻지 못할 것이며"**

해 석 : 하나님의 법대로 해야 상급이 있고, 면류관을 받을 수 있다는 것입니다.

롬 14:23 **"믿음으로 좇아 하지 아니하는 모든 것이 죄니라."**

해 석 : 성경에 기록된 대로 따르지 않는 자는 모든 것이 죄라는 것입니다. 주님이 이렇게 말씀하십니다.

시 69:9 **"주의 집을 위하는 열성이 나를 삼키고 주를 훼방하는 훼방이 내게 미쳤나이다."**

해 석 : 말씀 없이 봉사하면 그 열심이 주님을 삼킨다는 것입니다. 주를 훼방하는 훼방거리가 될 수도 있다는 것입니다. 주님의 뜻이 무엇인지 잘 살펴봐야 하겠습니다.

10.
충만한 자와 지혜 있는 자를 택하라

그래서 사도행전 6장 3절 말씀에, 일꾼을 뽑을 때 이러한 자를 뽑으라고 일러 주십니다.

행 6:3-4 **"형제들아 너희 가운데서 성령과 지혜가 충만하여 칭찬 듣는 사람 일곱을 택하라 우리가 이 일을 저희에게 맡기고 우리는 기도하는 것과 말씀 전하는 것을 전무하리라 하니"**

해 석 : 우리 가운데 성령이 충만하고 그 가운데서 지혜가 있는 자를 택하여 하나님의 일을 할 때 분쟁이 없습니다. 아름답게 일을 잘하는 완전한 자를 뽑아야 시험에 드는 일이 없습니다. 일곱을 택하라는 것은 완전한 자를 뽑으라는 것입니다.

빌 2:14 **"모든 일을 원망과 시비가 없이 하라."**

해 석 : 교회 일을 할 때 원망과 시비가 있으면 덕이 되지 않습니다. 흠과 티가 없이 아름답게 협력해서 의를 이루어 가시면 하나님께서 영광을 받으십니다. 감독자가 되려면 선한 일을 사모하여 책망할 것이 없어야 할 것입니다.

딤전 3:9 **"깨끗한 양심에 믿음의 비밀을 가진 자라야 할지니"**

해 석 : 주님을 따라가려면, 정직한 마음을 가지고 말씀으로 믿음의 반석 위에 세워진 자라야 직분을 받는 것이 합당하다고 말씀하십니

다.

딤전 3:10 **"이에 이 사람들을 먼저 시험하여 보고 그 후에 책망할 것이 없으면 집사의 직분을 하게 할 것이요"**

해 석 : 교회에서 하는 모든 일을 살펴본 후에 합당하면 직분을 맡기라는 것입니다. 잘못 맡기면 원망과 시비가 생깁니다. 그리고 하나님의 종들은 말씀과 기도에만 전무할 수 있도록, 근심하지 않도록 좋은 꼴을 양들에게 먹일 수 있도록 하라는 것입니다. 지혜가 있는 자는 항상 책망할 것이 없이 모든 일을 잘 처리합니다.

시 69:20 **"훼방이 내 마음을 상하여 근심이 충만하니 긍휼히 여길 자를 바라나 없고 안위할 자를 바라나 찾지 못하였나이다."**

해 석 : 믿음으로 하지 않으면 주님이 마음이 상하여 근심이 충만하니 불쌍히 여길 자가 없고, 평안하게 해주고 위로해 줄 자가 없다는 것입니다.

롬 8:8 **"육신에 있는 자들은 하나님을 기쁘시게 할 수 없느니라."**

해 석 : 말씀이 없으면 주님을 기쁘시게 할 수가 없습니다.

영의 사람이 되시기를 노력합시다. 그래서 주님은 요한복음 2장에 가나안 혼인잔치 항아리(항아리는 머리를 의미)에 물을, 즉 말씀을 채우라고 권면하십니다.

11.
가나안 혼인 잔치

요 2:1 **"사흘 되던 날에 갈릴리 가나에 혼인이 있어 예수의 어머니도 거기 계시고"**

해 석 : 사흘 되던 날은 생명을 마치고 그 나라에 들어가는 날을 의미합니다. 영적 가나안, 예수님이 계시는 곳에 혼인 잔치가 있었습니다. 예수님의 어머니도 거기 계셨습니다.

요 2:2 **"예수와 그 제자들도 혼인에 청함을 받았더니"**

해 석 : 예수님은 신랑이며 우리 모두는 신부입니다. 우리가 청함을 받은 자들입니다.

요 2:3 **"포도주가 모자란지라 예수의 어머니가 예수에게 이르되 저희에게 포도주가 없다 하니"**

해 석 : 잔칫집에 포도주가 모자라면 잔치를 할 수 없듯이 포도주는 성령 말씀을 의미하는데, 혼인하는 신부가 성령이 없으면 신랑인 예수님이 혼인을 거절할 수밖에 없습니다.

시 104:15 **"사람의 마음을 기쁘게 하는 포도주와 사람의 얼굴을 윤택케 하는 기름과 사람의 마음을 힘있게 하는 양식을 주셨도다."**

해 석 : 사람의 마음을 기쁘게 하는 포도주(성령), 사람의 얼굴을 윤택

하게 하는 기름(말씀), 사람을 힘있게 하는 양식(말씀의 능력과 생기), 이것이 신부에게 없다고 혼인을 거부합니다.

요 2:4 **"예수께서 가라사대 여자여 나와 무슨 상관이 있나이까 내 때가 아직 이르지 못하였나이다."**

해 석 : 예수님께서 말씀하십니다. '여자여'는 모든 교회(신부)들에게 하시는 말씀입니다. 성령이 없는 자는 나와 상관이 없고 아직 때가 이르지 아니한 것은 성령의 충만함이 없으니 여섯 항아리에 물, 즉 말씀을 채우라는 것입니다. 여섯은 여섯째 날에 사람을 만들어서 육의 숫자를 사용합니다. 그래서 여섯 항아리에 물을 채우라고 말씀하십니다. '성령이 충만한 자가 나와 상관이 있다.'고 말씀하십니다. 성령을 충만하게 받고, 그리고 말씀을 채우라고 일러 주십니다. 그렇게 할 때 나와 상관이 있다는 것입니다. 포도주(성령)가 모자라므로 내 때가 아직 이르지 못했다고 예수님께서 말씀하십니다. 어머니께서는 하인들에게 이렇게 부탁하십니다.

요 2:5 **"그 어머니가 하인들에게 이르되 너희에게 무슨 말씀을 하시든지 그대로 하라 하니라."**

해 석 : 예수님의 어머니께서 하인들에게 말씀하십니다.

예수님께서 하시는 말씀을 잘 듣고 순종하며 그대로 분부하라고 명령하십니다. 우리 모두가 예수님의 하인입니다.

요 2:6 **"거기 유대인의 결례를 따라 두세 통 드는 돌항아리 여섯이 놓였는지라."**

해 석 : 로마서 2장 28-29절에 보시면, 진짜 유대인은 겉으로 나타나는 표면적인 유대인이 아니고, 이면적 속사람이 거듭나며 정직히 말씀

을 따라 사는 것이 유대인이라고 말씀하십니다. 이면적 유대인들이 결혼하는 상대자를 택할 때, 어떤 사람을 택하는가를 비유로 예수님께서 말씀하십니다. 항아리는 우리의 머리를 의미합니다. 깨어지지 않는 돌항아리, 돌은 말씀의 반석을 의미하며 이 항아리의 크기가 두세 통이 드는 항아리라고 말씀하고 계십니다. 숫자 '둘'은 주님과 연합하는 숫자이며, '셋'은 성부 · 성자 · 성령님을 의미하는 뜻을 가지고 있습니다. 주님은 이런 신부를 택하시겠다는 말씀을 하시는 것입니다. 두세 통 드는 항아리를 찾아서 말씀을 채우고 가르치라는 것입니다.

깨어지지 않는 돌항아리는 주님과 합하며, 성부 · 성자 · 성령님을 의지하는 자입니다. 이런 신부를 찾습니다. 여러분도 이런 분이 되시며 이런 분을 고르십시오. (돌항아리 - 환난과 핍박을 참으며 인내하는 자)

요 2:7 **"예수께서 저희에게 이르시되 항아리에 물을 채우라 하신즉 아구까지 채우니"**

해 석 : 물은 '말씀'입니다. 모든 만물은 물 없이 살 수 없습니다. 물은 생명의 근원입니다. 그래서 물은 말씀을 의미합니다. 예수님께서는 이런 이면적 유대인의 신부를 찾습니다. 말씀을 발목부터 무릎, 허리까지 채우라는 말씀이 에스겔 47장에도 기록되어 있습니다. 그래야 주님과 혼인할 수 있고 천국에 들어갈 수 있다는 것을 말씀하십니다. 머리(항아리), 발목부터 무릎, 허리, 아구까지 말씀을 채우라는 것은 마음에 인을 치라는 것입니다. 인이라는 것은 도장을 의미하는데 성경에서는 말씀을 의미합니다.

계 7:4 **"내가 인 맞은 자의 수를 들으니 이스라엘 자손의 각 지파**

중에서 인 맞은 자들이 십사만 사천이니"

해 석 : 아가서 8장 6절로 가 보시겠습니다. '너는 나를 인(印)같이 마음에 품고 도장같이 팔에 두라.' 인은 말씀(도장)을 의미합니다. 인을 맞았다는 것은, 마음에 말씀을 명백히 새기고 팔에도 손목에도 말씀을 항상 시계처럼 차고 다니라는 뜻과 같습니다. 말씀의 인을 치라는 것입니다. 도장처럼 마음판에 말씀을 기록하라는 것입니다.

롬 8:9 "만일 너희 속에 하나님의 영이 거하시면 너희가 육신에 있지 아니하고 영에 있나니 누구든지 그리스도의 영이 없으면 그리스도의 사람이 아니라."

해 석 : 우리 마음에 성전을 세우고 하나님의 말씀으로 인을 치라는 것입니다. 말씀으로 도장처럼 마음판에 새기라는 것입니다. 하나님의 법이 우리를 통해 일하십니다.

야곱의 지파가 인을 맞고 천국에 들어간 것을 확인해 보겠습니다.

◎ 천국에 들어간 야곱 지파의 모델명

■ 유다, 르우벤, 갓 지파, 이 세 지파 중 각각 한 지파에 12,000명이 인을 맞았습니다(계 7:5).

■ 아셀, 납달리, 므낫세 지파 중 각각 한 지파에 12,000명이 인을 맞았습니다(계 7:6).

■ 시므온, 레위, 잇사갈 지파 중 각각 한 지파에 12,000명이 인을 맞았습니다(계 7:7).

■ 스불론, 요셉, 베냐민 지파 중 각각 한 지파에 12,000명이 인을 맞았습니다(계 7:8).

해 석 : 야곱(이스라엘)의 아들 11지파와 야곱의 아들 요셉에서 난 장자 므낫세 지파(야곱의 손자) 1지파를 합하면 모두 12지파가 됩니다.

야곱의 아들 중 단 지파만 못 들어가게 됩니다.

롬 8:9 **"그리스도의 영이 없으면 그리스도의 사람이 아니라."**

해 석 : 하나님의 말씀으로 인을 맞지 않으면 그리스도의 사람이 아니라고 말씀하십니다.

시 49:12 **"사람은 존귀하나 장구치 못함이여 멸망하는 짐승 같도다."**

해 석 : 사람은 존귀하지만 긴 세월(장구) 동안 깨닫지 못하면 구원받지 못함을 말씀하시는 것입니다. 인 맞은 자의 수를 확인해 보겠습니다. 한 지파의 후대들 중에 12,000명씩 주님 계신 곳에 들어갔다는 것입니다.

12지파 × (한 지파가) 12,000명 =144,000명, 열두 지파 × 일만이천 명=십사만사천 명입니다. 야곱의 식구 열한 아들과 야곱의 아들 요셉에게서 난 장자 므낫세(야곱의 손자), 모두가 열두 지파, 한 지파의 줄기에서 12,000명이 천국에 들어갔다는 것입니다. 그러므로 너희들도 이렇게 들어오라는 것입니다. 144,000명의 뜻은 이러합니다.

'1'은 – 유일하신 하나님께서

'4'는 – 생명의 말씀을 지킬 때

'4'는 – 생명의 문을 들어갈 수가 있으며 이 문이 바로 '1,000', 즉 천국문이라는 것입니다. 그러므로 우리들도 말씀에 인을 치고 이 땅에서 행복하게 살다가 그림자가 떠날 때, 아버지 나라에 들어오라고 하시는 말씀이 숫자의 교훈 속에 십사만 사천 수를 담아 주셨습니다. 십사만 사천 수가 생명의 문이라는 의미를 담고 있으며 12진주문이라고도 합니다. 이 문이 성령의 문이며 '진주', 눈물을 많이 흘려야 들어간다는 것입니다.

십사만 사천 수는 야곱의 지파 열한 아들과 손자인 므낫세 한 지파가 천국에 들어간 숫자입니다. 하나님께서 인 맞은 야곱 식구를 소개한 것입니다. 의미는 우리도 인(말씀)을 새기고 지키라는 것입니다.

넷째 날에 사(4)는 해 · 달 · 별을 만들어 땅에 비추었듯이, 넷째 날에 사(4)는 빛과 말씀을 의미합니다.

다니엘 12장 2절로 가 봅시다.

단 12:2 "땅의 티끌 가운데서 자는 자 중에 많이 깨어 영생을 얻는 자도 있겠고 수욕을 받아서 무궁히 부끄러움을 입을 자도 있을 것이며"

해 석 : 우리는 마지막에 '깨어'(이 말씀은 죽은 자 가운데서 많이 살아) 영생을 얻는 자도 있고, 수욕(부끄러움)을 당할 자도 있다는 것입니다. 많이 있다고 그랬습니다.

이 세상에서 천국에 들어오는 전체 숫자가 십사만 사천 수가 아니라 야곱의 열두 지파, 후대들이 천국에 들어오는 숫자입니다. 우리도 이렇게 인을 맞고 천국에 들어오라고 야곱의 식구를 소개하고 있습니다.

성경을 자세히 살펴보고 상고합시다. 야곱의 아들 열한 지파와 야곱의 아들 요셉에게서 난 므낫세 지파, 즉 야곱의 손자 한 지파, 모두 열두 지파가 각각 한 지파당 12,000명이 주님 계신 곳에 들어갔다는 것입니다. 그래서 우리도 말씀으로 인을 마음판에 도장처럼 새기라는 것입니다. 그래야 주님나라에 들어갈 수 있다는 것을 말씀으로 우리에게 교훈하시는 것입니다.

십사만 사천 수는 야곱의 지파 후대가 천국에 들어온 숫자이며, 그 숫자의 뜻은 생명의 문, 천국문이라는 의미를 가지고 있습니다.

계 7:9 "이 일 후에 내가 보니 각 나라와 족속과 백성과 방언에서

아무라도 능히 셀 수 없는 큰 무리가 흰 옷을 입고 손에 종려 가지를 들고 보좌 앞과 어린 양 앞에 서서"

해 석 : 하나님께서 요한에게 보여 주실 때, 여러 나라와 여러 종족의 백성들이 입으로 능히 셀 수 없는 큰 무리(많은 숫자)가, 흰 옷(세마포)을 입고 종려 가지(의인)를 들고 하나님의 보좌와 예수님 앞에서 있는 것을 보여 주셨습니다.

계 7:10 **"큰 소리로 외쳐 가로되 구원하심이 보좌에 앉으신 우리 하나님과 어린 양에게 있도다 하니"**

해 석 : 셀 수 없는 많은 무리들이 보좌 앞 예수님 앞에서 구원하심이 하나님과 예수님께 있다고 '호산나, 호산나!' 하고 즐거움으로 외치는 것입니다.

이렇게 많은 무리가 들어갔습니다. 십사만사천은 야곱 지파 후대들이 천국의 들어간 숫자이며, 그 숫자 속에는 교훈과 하나님의 메시지가 들어 있음을 알아야 하겠습니다.

사 34:16 **"너희는 여호와의 책을 자세히 읽어보라 이것들이 하나도 빠진 것이 없고 하나도 그 짝이 없는 것이 없으리니 이는 여호와의 입이 이를 명하셨고 그의 신이 이것들을 모으셨음이라."**

해 석 : 성경을 자세히 상고하라고 말씀하십니다. 하나도 짝이 없는 것이 없다는 것입니다. 하늘이 있으면 땅이 있고, 바다가 있으면 육지가 있고, 남자가 있으면 여자가 있고, 손이 있으면 손등이 있듯이, 말씀도 찾으면 짝이 있어 해석이 사전처럼 나옵니다. 하나님의 말씀을 우리가 잘 알아듣지 못하기 때문에 비유로 말씀하십니다. 비유로 말씀을 해석하면 이단이라고 하시는 분들이 있습니다. 삼가 조심해야 합니다. 말에 대한 심판도 있고 어려움이 옵니다. 하나님

은 들으시고 행하십니다.

시 78:1 **"내 백성이여 내 교훈을 들으며 내 입의 말에 귀를 기울일지어다."**

해 석 : 하나님의 말씀에 귀를 기울이고 신경 써서 잘 듣고 엉뚱한 소리하지 말라는 것입니다.

시 78:2 **"내가 입을 열고 비유를 베풀어서 옛 비밀한 말을 발표하리니"**

해 석 : 성경은 하늘나라의 비밀의 말씀입니다. 우리가 잘 알아듣지 못하기 때문에 비유를 들어서 우리에게 풀어 주시겠다는 말씀입니다.

마 12:36 **"내가 너희에게 이르노니 사람이 무슨 무익한 말을 하든지 심판날에 이에 대하여 심문을 받으리니"**

해 석 : 주님이 우리에게 일러 주십니다. 사람이 하나님 앞에 무슨 말을 하는지 심판날에 심문을 받으니 조심하라는 것입니다.

마 12:37 **"네 말로 의롭다 함을 받고 네 말로 정죄함을 받으리라."**

해 석 : 각자 자기가 한 말로 인하여 잘못 말하고 남에게 상처 주고 시험 주고 곤경에 빠뜨리는 이런 일은, 반드시 주님이 심판을 하시겠다는 것입니다. 욥의 회개를 들어 봅시다.

욥 42:3 **"무지한 말로 이치를 가리우는 자가 누구니이까 내가 스스로 깨달을 수 없는 일을 말하였고 스스로 알 수 없고 헤아리기 어려운 일을 말하였나이다."**

해 석 : 이치를 보고 잘 깨달아서 말을 해야 하는데, 무식하게 잘못 말을 해서 이치를 깨닫지 못하고 가리우는 자가 되었다고 고백합니다. 스스로 깨달을 수 없어 실수했고 헤아리기 어려운 일을 말을 해서 실수했다고 회개합니다.

욥 42:6 **"그러므로 내가 스스로 한하고 티끌과 재 가운데서 회개하나이다."**

해 석 : 실수를 인정하고 하나님 앞에 회개해야 합니다.

이단이 아닌데 이단이라 하면 여러분들은 재앙이 없다고 생각하십니까? 스가랴 14장 12절 말씀을 보십시오. 두려운 말씀이 기록되어 있습니다. 예루살렘은 진리의 성읍이라고 스가랴 8장 3절에 기록되어 있고, 예루살렘은 역대상 21장 20절에 알곡을 만들어 내는 타작마당이라고 기록하고 있습니다.

진리의 성읍이라 할지라도, 알곡을 만들어 내는 교회라 할지라도 아버지의 마음을 말로써 거슬러서는 안 된다는 것이며 반드시 국문하신다는 것입니다.

두려운 말씀을 확인해 볼까요?

슥 14:12 **"예루살렘을 친 모든 백성에게 여호와께서 내리실 재앙이 이러하니 곧 섰을 때에 그 살이 썩으며 그 눈이 구멍 속에서 썩으며 그 혀가 입속에서 썩을 것이요"**

해 석 : 위의 말씀을 보시면, 예루살렘을 친 모든 백성에게 여호와께서 내리실 재앙이 이러하니 참으로 두렵습니다. 이단이 아니면 생명으로 들어올 자를 막는 것이기 때문에 재앙이 오는 것입니다. 각자 영적으로 모르는 말씀이 나오면, 그 말씀이 성경에 있는지 확인하고 연구하며 상고해 보지도 않고 자기 수준에서 이단이라 하는 분이 적지 않습니다. 이단이 아닌데 이단이라 하면 하나님께 이단이라 대적하는 격이 됩니다. 재앙이 옵니다. 삼가 조심하고 또 조심합시다.

예루살렘은 말씀이 있는 제단입니다. 이 제단을 말로 칩니다. 이런 자는 재앙을 내리는데 그 이유는 곧 섰을 때라고 말씀하십니다. 섰을 때는 교만하다는 것입니다. 그래서 살이 썩고 눈이 썩고 혀가 입안에서 썩고…. 이것이 무엇입니까? 죽는다는 게 아니겠습니까? 이 책을 읽는 모든 분들께는 재앙이 없으시길 소망합니다.

사 28:11 **"그러므로 생소한 입술과 다른 방언으로 이 백성에게 말씀하시리라."**

해 석 : 이사야 28장 11절에도 말씀을 모르는 백성들에게 하나님께서 분명히 생소한 말씀, 들어 보지 못한 말씀들을 먹이게 될 것이라고 예언되어 있습니다.

요 5:39 **"너희가 성경에서 영생을 얻는 줄 생각하고 성경을 상고하거니와 이 성경이 곧 내게 대하여 증거하는 것이로다."**

해 석 : 성경에서 영생을 얻는 줄 생각하고 성경을 자세히 연구하고 살피라는 것입니다. 이 성경이 주님을 증거해 주고 있다는 것입니다.

사 3:8 **"예루살렘이 멸망하였고 유다가 엎드러졌음은 그들의 언어와 행위가 여호와를 거스려서 그 영광의 눈을 촉범하였음이라."**

해 석 : 예루살렘도 유다도 언어로써 하나님의 마음을 거스르면 멸망했고 엎드러졌다고 기록되어 있습니다. '예루살렘'의 뜻은 무엇인가요? 말씀대로(하는 제단) 하다가도 망령된 행실을 하게 되면 망하게 된다는 것입니다. 유다는 찬송지파이며, 예수님을 믿는 하나님의 백성들이라 할지라도 엎드러진다는 말씀입니다. 용서가 없다는 것입니다. 우리는 성경에 말의 심판이 있음을 꼭 기억해야 합니다.

사람들은 짝 맞추면 이단이다, 비유하면 이단이다, 툭하면 이단이라는 말을 가볍게 잘 합니다. 말은 책임을 져야 하는 것입니다. 살펴서 해야 합니다. 성경을 자세히 살펴서 회개하며 입을 조심하며 두려운 마음을 가지고 주님 앞에 서야 할 것입니다.

잠 21:23 **"입과 혀를 지키는 자는 그 영혼을 환난에서 보전하느니라."**

해 석 : 말을 잘못하면 환난이 옵니다. 우리가 어두움을 창조하면 하나님께서 환난을 창조하십니다.

고전 15:37 **"또 너의 뿌리는 것은 장래 형체를 뿌리는 것이 아니요 다만 밀이나 다른 것의 알갱이뿐이로되"**

해 석 : 우리가 하나님 일을 할 때 추수밭에 형체를 뿌리는 것이 아니요, 하나님의 말씀의 씨앗 알갱이를 뿌린다는 것입니다.

고전 15:38 **"하나님이 그 뜻대로 저에게 형체를 주시되 각 종자에게 그 형체를 주시느니라."**

해 석 : 하나님께서 각 사람에게 종자의 형체를 주신다는 것입니다.

고전 15:39 **"육체는 다 같은 육체가 아니니 하나는 사람의 육체요 하나는 짐승의 육체요 하나는 새의 육체요 하나는 물고기의 육체라."**

해 석 : 여러 가지 형체를 주시는데 사람의 형체는 존귀함을 받는 것을 의미합니다. 새는 여러 가지가 있으나 비둘기 형체는 성령을 의미하고, 물고기는 물을 떠나 살 수 없듯이, 물고기는 하나님을 떠나서는 살 수 없는 성도를 의미하며, 짐승의 형체를 받으면 말씀이 없다는 뜻입니다.

고전 15:40 **"하늘에 속한 형체도 있고 땅에 속한 형체도 있으나 하늘에 속한 자의 영광이 따로 있고 땅에 속한 자의 영광이 따로 있으니"**

해 석 : 우리는 하늘에 속한 자가 되어야 하며, 하늘에 속한 자의 영광

이 되어야 합니다. 땅에 속한 자는 말씀에서 떠난 자들입니다. 이런 자들은 하늘나라에 들어갈 수 없습니다.

렘 17:13 **"이스라엘의 소망이신 여호와여 무릇 주를 버리는 자는 다 수치를 당할 것이라 무릇 여호와를 떠나는 자는 흙에 기록이 되오리니 이는 생수의 근원이신 여호와를 버림이니이다."**

해 석 : 말씀이 없는 자는 수치를 당하며 말씀을 떠난 자는 흙에 기록되고 땅에 속한 자라는 것입니다. 땅에 속한 자는 교회를 세울 수가 없습니다. 하나님 말씀으로 길들여지지 않는 들나귀는 항상 사람을 쳐서 시험 들게 하고, 여우는 포도원을 세우는 것이 아니라 헙니다. 그래서 우리는 하나님 말씀으로 길들여진 순전한 양이 되어야 하겠습니다. 생수(생명)의 근원이신 여호와를 경외하도록 노력합시다.

아 2:15 **"우리를 위하여 여우 곧 포도원을 허는 작은 여우를 잡으라 우리의 포도원에 꽃이 피었음이니라."**

해 석 : 그래서 주님은 포도원을 허는 여우는 잡으라고 명령하십니다. 말씀을 모르니 무지 무각하여 허는 것입니다. 우리는 국가도 세우고 가정도 세우고 교회도 세워야 합니다. 말씀에 반석 위에 세워야 합니다. 모래 위에 세우면 안 됩니다.

마 7:23 **"그때에 내가 저희에게 밝히 말하되 내가 너희를 도무지 알지 못하니 불법을 행하는 자들아 내게서 떠나가라 하리라."**

해 석 : 불법을 행하는 자들은 주님 곁에 갈 수가 없습니다.

잠언 3장 19절에 "명철로 하늘을 굳게 펴셨고"라고 기록된 말씀이 나옵니다. 명철은 죄가 없는 곳을 말씀하시는 것입니다. 하늘나라는 명철의 문으로 굳게 닫혀 있습니다. 법을 준수합시다.

마 7:24 **"그러므로 누구든지 나의 이 말을 듣고 행하는 자는 그 집을 반석 위에 지은 지혜로운 사람 같으리니"**

해 석 : 반석처럼 무너지지 않는 말씀으로 지어진 교회나 집을 이야기합니다. 말씀으로 세우는 자가 지혜로운 사람이라고 말씀하십니다.

잠 9:1 **"지혜가 그 집을 짓고 일곱 기둥을 다듬고"**

해 석 : 지혜의 하나님 말씀이 무너지지 않는 완전한 집을 세울 수 있다는 말씀입니다. 국가의 성, 교회의 성, 가정의 성, 자식의 성, 말씀으로 세워져야 합니다.

마 7:25 **"비가 내리고 창수가 나고 바람이 불어 그 집에 부딪히되 무너지지 아니하나니 이는 주초를 반석 위에 놓은 연고요"**

해 석 : 기초가 단단한 집은 무너지지 않는다는 말씀입니다. 말씀으로 집을 짓도록 노력합시다.

마 7:26 **"나의 이 말을 듣고 행치 아니하는 자는 그 집을 모래 위에 지은 어리석은 사람 같으리니"**

해 석 : 말씀대로 하지 않으면 다 무너진다는 것입니다. 만약에 하나님께서 보증서지 말라 하셨는데 보증을 섰다면, 이것이 말씀을 지키지 않는 것이며 무너지는 것입니다. 무너지는 것이 무엇인가요?

잠 22:26 **"너는 사람으로 더불어 손을 잡지 말며 남의 빚에 보증이 되지 말라."**

해 석 : 보증은 내가 책임을 져야 하며 갚아 주어야 하는 것입니다.

잠 22:27 **"만일 갚을 것이 없으면 네 누운 침상도 빼앗길 것이라 네가 어찌 그리하겠느냐"**

해 석 : 저도 과거에 인정에 이끌려 보증을 섰다가 잠자는 침상까지 내준 적도 있습니다. 참으로 힘들고 고통스러웠습니다. 이것이 무너지는 것입니다.

성경은 선한 사람을 보호하는 책입니다. 그래서 욥은 말씀을 자기 입의 들어가는 음식보다 더 귀중히 여겼더라고 기록하고 있습니다.

욥 23:12 **"내가 그의 입술의 명령을 어기지 아니하고 일정한 음식보다 그 입의 말씀을 귀히 여겼구나."**

해 석 : 말씀은 생명도 보호하고 재산도 보호합니다. 삼가 조심해서 기쁘고 행복하게 살아야 합니다.

호 4:6 **"내 백성이 지식이 없으므로 망하는도다 네가 지식을 버렸으니 나도 너를 버려 내 제사장이 되지 못하게 할 것이요 네가 네 하나님의 율법을 잊었으니 나도 네 자녀들을 잊어버리리라."**

해 석 : 하나님의 백성이 성경 지식이 없어 망한다는 것입니다. 우리가 말씀을 버렸으니 하나님께서도 우리를 제사장이 되지 못하게 하시고 자녀도 지켜 주시지 않는다는 것입니다.

눅 22:36 **"검 없는 자는 겉옷을 팔아 살지어다."**

해 석 : 말씀이 없는 자는 어려움을 당합니다. 검은 말씀입니다. 겉옷은 열심을 의미합니다. 열심히 말씀을 얻으라는 것입니다.

12.
짐승의 마음

계 13:18 **"지혜가 여기 있으니 총명 있는 자는 그 짐승의 수를 세어 보라 그 수는 사람의 수니 육백육십육이니라."**

해 석 : 지혜가 있고 총명이 있는 자는 그 짐승의 수를 세어 보라, 그 짐승의 수가 바로 사람이라는 것입니다. 여섯째 날에 사람을 만들어 육의 숫자를 사용하는 것입니다.

요 8:44 **"너희는 너희 아비 마귀에게서 났으니 너희 아비의 욕심을 너희도 행하고자 하느니라 저는 처음부터 살인한 자요 진리가 그 속에 없으므로 진리에 서지 못하고 거짓을 말할 때마다 제 것으로 말하나니 이는 저가 거짓말쟁이요 거짓의 아비가 되었음이니라."**

해 석 : 우리는 우리의 아비가 마귀라는 것입니다. 그래서 아비의 욕심을 따라 우리도 그렇게 행한다는 것입니다. 진리가 없으므로 살인한 자요 거짓말쟁이라는 것입니다.

시 51:5 **"내가 죄악 중에 출생하였음이여 모친이 죄중에 나를 잉태하였나이다."**

해 석 : 죄를 유산으로 물려받은 것을 의미합니다. 그래서 우리의 아비가 마귀라는 것입니다.

롬 8:13 **"너희가 육신대로 살면 반드시 죽을 것이로되 영으로써**

몸의 행실을 죽이면 살리니"

해 석 : 육신대로 산다는 것은 마귀의 영을 받아 사는 것이며, 영으로 써 사는 것은 하나님의 영으로 말씀대로 사는 것입니다.

롬 8:14 **"무릇 하나님의 영으로 인도함을 받는 그들은 곧 하나님의 아들이라."**

해 석 : 마귀의 영으로 인도함을 받는 자는 하나님의 아들이 될 수 없고, 반드시 하나님의 영으로 인도함을 받아야 한다는 것입니다.

롬 8:15 **"너희는 다시 무서워하는 종의 영을 받지 아니하였고 양자의 영을 받았으므로 아바 아버지라 부르짖느니라."**

해 석 : 우리는 하나님께서 보내 주신 예수님을 통해 마귀의 영을 버리고 예수님의 영을 받았으니, 하나님의 아들, 양자가 되어 '아바 아버지'라 부를 수 있게 되어 감사하게 생각해야 합니다.

롬 8:16 **"성령이 친히 우리 영으로 더불어 우리가 하나님의 자녀인 것을 증거하시나니"**

해 석 : 성령님이 우리가 하나님의 자녀인 것을 영으로 증거하십니다.

롬 5:8 **"우리가 아직 죄인 되었을 때에 그리스도께서 우리를 위하여 죽으심으로 하나님께서 우리에게 대한 자기의 사랑을 확증하셨느니라."**

해 석 : 예수님께서 우리를 위하여 죽으심으로, 하나님이 우리에 대한 사랑을 확실하게 보여 주셨다는 말씀입니다.

롬 6:22 **"그러나 이제는 너희가 죄에게서 해방되고 하나님께 종이 되어 거룩함에 이르는 열매를 얻었으니 이 마지막은 영생이라."**

해 석 : 너희가 예수님을 통해 죄를 해결하고 하나님의 종이 되어 거룩

하게 되었으니, 마지막은 영원히 살 수 있고 그 거룩한 하늘나라에 입성할 수 있는 복을 누릴 수 있으며 은혜를 주신다는 말씀입니다.

롬 6:23 **"죄의 삯은 사망이요 하나님의 은사는 그리스도 예수 우리 주 안에 있는 영생이니라."**

해 석 : 죄의 대가는 죽음이며, 하나님의 대한 순종의 대가의 선물은 영생이라는 것입니다. 그러므로 '육육육' 표를 받지 말라는 것은 '마귀의 영'과 '마귀의 정신'과 '마귀의 마음을' 받지 말라는 것입니다. 사람이 영과 혼과 육이 삼위일체가 되어야 사람이라고 할 수 있듯이, 마귀의 삼위일체가 육육육입니다. 육신의 생각이 마귀인 것입니다. 하나님의 영으로 지배를 받읍시다.

전 3:18 **"내가 심중에 이르기를 인생의 일에 대하여 하나님이 저희를 시험하시리니 저희로 자기가 짐승보다 다름이 없는 줄을 깨닫게 하려 하심이라 하였노라."**

해 석 : 짐승보다 다를 바가 없다는 것입니다. 말씀을 받으면 존귀한 자로 여기고 말씀이 없으면 짐승과 다를 바가 없다고 말씀을 받으라는 것입니다. 그래서 육육육 표를 받지 말라는 것은 짐승의 마음을 받지 말라는 것입니다.

시 49:12 **"사람은 존귀하나 장구치 못함이여 멸망하는 짐승 같도다."**

해 석 : 장구, 긴 세월 동안 깨닫지 못하면 구원치 못하며 멸망하는 짐승과 다를 바가 없다는 것입니다. 주님은 우리에게 존귀한 자가 되라고 말씀하십니다.

시 16:3 **"땅에 있는 성도는 존귀한 자니 나의 모든 즐거움이 저희에**

게 있도다."

해 석 : 성도는 하나님의 말씀으로 구별된 거룩한 백성입니다. 하나님의 모든 즐거움이 우리에게 있다는 것입니다. 우리가 선한 일을 할 때에 기쁨이 오듯이, 하나님께서도 우리가 의의 터를 굳게 세우시기를 원하십니다.

시 104:31 **"여호와의 영광이 영원히 계속할지며 여호와는 자기 행사로 인하여 즐거워하실지로다."**

해 석 : 하나님의 영광이 성도를 통해서 영원히 영원히 계속 이어질 것이며, 하나님께서는 그 행사(성회) 집회를 통해서 기뻐하신다고 고백하십니다.

시 11:3 **"터가 무너지면 의인이 무엇을 할꼬"**

해 석 : 의의 터가 무너질까 늘 근심하고 계십니다. 의의 터가 무엇입니까? 많은 사람을 옳은 데로 인도하는 것입니다. 사사기 시대가 의의 터가 무너진 시대입니다.

단 12:3 **"지혜 있는 자는 궁창의 빛과 같이 빛날 것이요 많은 사람을 옳은 데로 돌아오게 한 자는 별과 같이 영원토록 비취리라."**

해 석 : 지혜 있는 자는 하늘에서도 빛날 것이요 땅에서도 빛나게 해주신다는 언약의 상금을 걸어 놓으셨습니다. 머리가 되게 하시고 꼬리가 되지 않게 해 주시며, 이 땅에서도 존귀하고 영화롭게 해 주신다는 언약을 하셨습니다.

고후 7:10 **"하나님의 뜻대로 하는 근심은 후회할 것이 없는 구원에 이르게 하는 회개를 이루는 것이요 세상 근심은 사망을 이루는 것이니라."**

해 석 : 하나님의 근심은 유익이 있지만 세상 근심은 유익이 없다는 것입니다.

롬 14:17 **"하나님의 나라는 먹는 것과 마시는 것이 아니요 오직 성령 안에서 의와 평강과 희락이라."**

해 석 : 하나님의 나라는 오직 성령 안에서 의를 낳고, 그 안에서 평강과 희락이 있으며 의가 기쁨이 된다는 것입니다. 의가 평강이 된다는 것입니다. 그래서 주님은 야고보서 3장 17절에 "오직 위로부터 난 지혜는 첫째 성결하고 다음에 화평하고 관용하고 양순하며 긍휼과 선한 열매가 가득하고 편벽과 거짓이 없나니"라고 말씀하셨습니다.

약 3:18 **"화평케 하는 자들은 화평으로 심어 의의 열매를 거두느니라."**

해 석 : 하나님께서는 말씀으로 의의 열매를 맺기 원하십니다.

역대상 4장 10절로 가 보시겠습니다.

대상 4:10 **"야베스가 이스라엘 하나님께 아뢰어 가로되 원컨대 주께서 내게 복에 복을 더 하사 나의 지경을 넓히시고 주의 손으로 나를 도우사 나로 환난을 벗어나 근심이 없게 하옵소서 하였더니 하나님이 그 구하는 것을 허락하셨더라."**

해 석 : 왜 그렇게 하셨을까요? 왜 야베스가 구하는 대로 허락하셨나요? 말씀에 순종하며 하나님을 존귀하게 받들었기 때문입니다.

대상 4:9 **"야베스는 그 형제보다 존귀한 자라 그 어미가 이름하여 야베스라 하였으니 이는 내가 수고로이 낳았다 함이었더라."**

해 석 : 야베스는 하나님께 존귀함을 받았습니다.

삼상 2:30 **"그러므로 이스라엘의 하나님 나 여호와가 말하노라 내가 전에 네 집과 네 조상의 집이 내 앞에 영영히 행하리라 하였으나 이제 나 여호와가 말하노니 결단코 그렇게 아니하리라 나를 존중히 여기는 자를 내가 존중히 여기고 나를 멸시하는 자를 내가 경멸히 여기리라."**

해 석 : 나를 존중히 여긴다는 것은 교회를 중심으로, 말씀을 중심으로, 하나님을 중심으로 순종하는 것입니다. 하나님을 멸시하는 것은 그분의 명령에 불순종하는 것입니다. 그분의 뜻대로 구원의 열매를 맺는 자가 존귀한 자입니다. 하나님을 멸시하는 자는 성경에 기록된 대로 보응하는 것입니다. 과거에는 네 집과 조상의 집이 하나님 앞에 영영히 행하리라 하셨지만 이제는 그렇지 않다는 것입니다. 멸하시겠다는 것입니다. 멸하시겠다는 것이 무엇입니까?

삼상 2:31 **"보라 내가 네 팔과 네 조상의 집 팔을 끊어 네 집에 노인이 하나도 없게 하는 날이 이를지라."**

해 석 : 하나님을 경멸히 여기는 자는 생명을 단축시키시겠다는 말씀입니다.

삼상 2:12 **"엘리의 아들들은 불량자라 여호와를 알지 아니하더라."**

해 석 : 그가 바로 두 아들 홉니와 비느하스입니다. 이 아들 둘이 예배를 무시하고 하나님을 경멸히 여겨 한 날에 같이 죽게 됩니다. 인류의 표징이 되었습니다. 우리의 거울이 된 것입니다. 두려운 마음으로 조심합시다.

삼상 2:34 **"네 두 아들 홉니와 비느하스가 한 날에 죽으리니 그 둘의 당할 그 일이 네게 표징이 되리라."**

해 석 : 이 두 아들은 예배를 멸시했습니다. 우리도 예외는 아닙니다. 두렵고 떨리는 마음으로 경외해야 할 것입니다.

시 89:45 **"그 소년의 날을 단축케 하시고 저를 수치로 덮으셨나이다 (셀라)."**

해 석 : 부모님보다 자녀가 먼저 죽는 것은 수치입니다. 우리는 자녀와 후대를 바르게 잘 지도해서 예수님의 대로를 평탄케 합시다.

출 4:24 **"여호와께서 길의 숙소에서 모세를 만나사 그를 죽이려 하시는지라."**

해 석 : 자녀가 할례받지 못했기 때문에 말씀으로 거듭나지 못해서 죽이려 한 것입니다. 자녀 또는 후대를 잘못 양육하면 어떻게 되는지 확인해 보겠습니다.

창 15:10 **"아브람이 그 모든 것을 취하여 그 중간을 쪼개고 그 쪼갠 것을 마주 대하여 놓고 그 새는 쪼개지 아니하였으며"**

해 석 : 구약시대에 아브람이 하나님 앞에 제사드릴 때에 제물을 가지고 왔습니다. 그 제물이 우리입니다. 새를 쪼개지 않았다는 것은 자녀를 말씀으로 쪼개지 못했음을 의미합니다. 그래서 이스라엘 백성은 4백 년 동안 종살이를 하게 됩니다. 고된 머슴살이에 지친 이스라엘 백성은 하나님께 부르짖었습니다. 그래서 모세가 이스라엘 백성을 애굽의 바닷물에서 건져 냅니다. '모세'라는 이름은 물에서 건져 냈다는 뜻을 가지고 있습니다. 우리가 생명의 길을 벗어날 때, 주님은 가만히 계시지 않습니다.

히 4:12 **"하나님의 말씀은 살았고 운동력이 있어 좌우에 날선 어떤 검보다도 예리하여 혼과 영과 및 관절과 골수를 찔러 쪼개기까**

지 하며 또 마음의 생각과 뜻을 감찰하나니"

해 석 : 하나님 말씀은 영이라서 우리 안에 들어오시면 운동력이 있어 마음을 움직입니다. 칼처럼 예리해서 불필요한 부분들은 다 잘라 냅니다. 악들을 말씀의 칼로 잘라 우리의 마음들을 수술하십니다. 우리 마음의 생각과 뜻을 감찰하십니다.

막 12:27 **"하나님은 죽은 자의 하나님이 아니요 산 자의 하나님이시라 너희가 크게 오해하였도다 하시니라."**

해 석 : 하나님은 살아 계셔서 너희를 다 보고 있다, 죽은 하나님이 아니라 살아 있어서 마음에 생각과 뜻을 감찰하나니 너희는 오해하지 말라는 것입니다. 아브람 자녀들을 말씀의 칼로 쪼개지 않았다는 것입니다. 하나님의 말씀대로 살지 못했다는 증거가 애굽의 종살이입니다. 그러면 어떻게 해야 될까요?

눅 22:36 **"검 없는 자는 겉옷을 팔아 살지어다."**

해 석 : 말씀이 없는 자는 겉옷, 즉 열심을 다해 말씀을 얻으라는 것입니다. 우리가 말씀이 없을 때는 아래의 말씀과 같이 됩니다.

요나를 기억해 봅시다. 하나님의 말씀에 불순종해서 어두운 구덩이, 고기 뱃속에 들어간 요나를 하나님께서 풀어 주시지 않으면 어떻게 살아 나올 수 있었을까요? 아브람은 후대를 생명의 길로 인도하지 못한 죄, 요나는 명령에 불순종한 죄, 결론은 주의 길을 평탄케 하지 못한 죄 입니다.

그의 나라와 그의 의를 구합시다(마 6:33).

욥 38:9 **"그때에 내가 구름으로 그 의복을 만들고 흑암으로 그 강보를 만들고"**

해 석 : 우리가 죄를 짓는 그때에 하나님께서 구름으로 그 의복을 만들어 입히시고 눈물의 옷을 입히신다는 것입니다. 또 흑암의 강보에 싸 놓으셨다는 것입니다. 하나님만이 풀어 주실 수 있는 것이 있고, 또 풀어 주실 수 없는 것이 있으며, 강한 보자기에 싸 놓으셨다는 것은 허락하셔야 풀어 주신다는 것입니다. 우리의 환경을 어둡고 답답한 곤경에 처하게 하신다는 것입니다. 그것이 바로 우리가 살아갈 때 큰 수렁에 빠지게 하는 것입니다. 이때 지혜로운 자는 무슨 연고인지 뒤를 돌아보고 깨달으며, 회개할 때 풀어 주시는 것입니다. 사람이 해결 못하는 것을 강한 보자기에 싸 놓으셨다고 보시면 됩니다.

예수님처럼 온전히 순종하는 자는 하나님께서 요한계시록 7장 15절 말씀처럼 보호 장막을 치십니다. 욥은 이렇게 고백합니다. "내가 그의 입술의 명령을 어기지 아니하고 일정한 음식보다 그 입의 말씀을 귀히 여겼구나." 욥은 우리의 생명이신 하나님의 말씀에 생명을 겁니다. 우리 모두가 이렇게 되어야 할 것입니다.

요 12:50 **"나는 그의 명령이 영생인 줄 아노라 그러므로 나의 이르는 것은 내 아버지께서 내게 말씀하신 그대로 이르노라 하시니라."**

해 석 : 예수님께서 말씀하십니다. 하나님의 명령이 영생인 줄 알기 때문에 아버지께서 이르는 말씀을 내가 너희에게 그대로 전하노라고, 우리에게 말씀하십니다. 우리 모두가 이 말씀을 꼭 마음판에 새겨야 할 것입니다.

계 22:18 **"내가 이 책의 예언의 말씀을 듣는 각인에게 증거하노니 만일 누구든지 이것들 외에 더하면 하나님이 이 책에 기록된 재앙들을 그에게 더하실 터이요"**

해 석 : 말씀에 더하지 말라고 기록되어 있는데, 더하면 하지 말라고 한 것을 하는 셈이 됩니다. 그러면 재앙을 더하게 될 것입니다.

계 22:19 **"만일 누구든지 이 책의 예언의 말씀에서 제하여 버리면 하나님이 이 책에 기록된 생명나무와 및 거룩한 성에 참예함을 제하여 버리시리라."**

해 석 : 제하여 버린다는 것은 말씀을 빼는 것을 의미합니다. 말씀에 하라고 하셨는데 하지 않는 것을 말씀하시는 것입니다. 명령을 어겼을 때에는 이 책에 기록된 생명나무가 바로 우리인데, 각자 말씀을 어긴 자는 이름을 지워 버리고 거룩한 성, 주님의 나라에 참예하지 못하도록 제하여 버리신다는 것입니다. 우리는 주님의 나라와 주님의 날과 주님의 말씀을 존중하고 귀히 여깁시다.

사 56:6-7 **"또 나 여호와에게 연합하여 섬기며 나 여호와의 이름을 사랑하며 나의 종이 되며 안식일을 지켜 더럽히지 아니하며 나의 언약을 굳게 지키는 이방인마다 내가 그를 나의 성산으로 인도하여 기도하는 내 집에서 그들을 기쁘게 할 것이며 그들의 번제와 희생은 나의 단에서 기꺼이 받게 되리니 이는 내 집은 만민의 기도하는 집이라 일컬음이 될 것임이라."**

해 석 : 하나님의 말씀과 연합하여 순종하며 말씀을 지키는 종이 되어서, 주일을 온전히 지켜 하나님의 언약을 굳게 잡고 지키는 자마다 성산으로 인도하여, 기도하는 내 집에서 그들을 기쁘게 하며 그들이 희생하는 번제를 받으며 그들을 축복하는 집이 교회라는 것입니다. 생명을 건지는 구원의 방주에서 생명을 존중하고 귀히 여길 때, 우리의 생명도 하나님께서 귀히 여겨 주십니다. 하나님의 도구인 고레스에게로 가 봅시다.

사 44:28 **"고레스에 대하여는 이르기를 그는 나의 목자라 나의 모든 기쁨을 성취하리라 하며 예루살렘에 대하여는 이르기를 중건되리라 하며 성전에 대하여는 이르기를 네 기초가 세움이 되리라 하는 자니라."**

해 석 : 하나님께서 고레스에 대해 고백을 하십니다. 고레스는 나의 진실한 목자라고, 모든 기쁨을 그에게서 성취하신다고 기뻐하십니다. 예루살렘의 중건이 무엇일까요? 말씀으로 사람을 반듯이 세우는 것입니다.

슥 8:3 **"예루살렘은 진리의 성읍이라 일컫겠고"**

해 석 : 말씀이 있는 곳이라 보시면 됩니다. 하나님의 백성을 만들기 위해 사람들의 마음을 말씀으로 기초를 반석 위에 든든히 세우는 지혜로운 고레스를 하나님은 기뻐하십니다. 이런 목자가 교회를 든든히 세워 갑니다. "그리하여 온 유대와 갈릴리와 사마리아 교회가 평안하여 든든히 서 가고 주를 경외함과 성령의 위로로 진행하여 수가 더 많아지니라"(행 9:31). 고레스는 하나님의 마음을 시원케 하는 목회자입니다. 말씀으로 든든히 세워 갑시다. 성령의 위로로 부흥이 될 것입니다.

잠 25:13 **"충성된 사자는 그를 보낸 이에게 마치 추수하는 날에 얼음냉수 같아서 능히 그 주인의 마음을 시원케 하느니라."**

해 석 : 우리도 주님의 마음을 시원케 해드립시다. 주님은 시원케 하는 자를 살펴 나와 함께 거하게 하리니, 완전한 길에 행하는 자가 나를 수종한다고 말씀하십니다.

시 101:6 **"내 눈이 이 땅의 충성된 자를 살펴 나와 함께 거하게**

하리니 완전한 길에 행하는 자가 나를 수종하리로다."

해 석 : 충성된 자를 찾아 함께 거하게 하시고 완전히 행하는 자가 하나님을 영화롭게 하며 경외한다는 것입니다. 하나님께서 다윗을 찾아내어 '이새의 아들 다윗을 만나니 내 마음에 합한 사람'(행 13:22)이라고 고백하십니다. 하나님께서는 말씀을 듣고 잊어버리는 것이 아니라 순종하고 열매 맺는 자를 찾습니다. 그래서 말씀을 잘 먹이는 자를 기뻐하십니다. 이 말씀은 하나님을 기쁘시게 하며 모든 사람에게 유익하게 하고 기쁨을 주는 거룩한 성경입니다.

딤후 3:16 **"모든 성경은 하나님의 감동으로 된 것으로 교훈과 책망과 바르게 함과 의로 교육하기에 유익하니"**

해 석 : 성경은 하나님께서 사람을 통해서 기록하셨고, 그 성경이 교육하기에 유익하며 우리에게 책망도 하고 바르게 고치기도 하고 중요한 교훈의 책이라는 것입니다.

대하 29:34 **"그런데 제사장이 부족하여 그 모든 번제 짐승의 가죽을 능히 벗기지 못하는 고로 그 형제 레위 사람이 그 일을 마치기까지 돕고 다른 제사장의 성결케 하기까지 기다렸으니 이는 레위 사람의 성결케 함이 제사장들보다 성심이 있었음이라."**

해 석 : 구약시대에는 짐승을 가지고 하나님 앞에 제사를 지냈습니다. 그런데 제사장이 부족하여 레위 사람을 도우라 해서 같이 일을 하는데, 제사장보다 더 짐승의 가죽을 성심껏 잘 벗기더라는 것입니다. 이 말씀은 하나님께서 짐승을 가지고 우리를 교훈시키시는 것입니다. 우리가 제물입니다. 우리가 하나님 앞에 나올 때 목사님께서 말씀의 칼로 우리 마음의 짐승 같은 마음을 벗겨 내는 것입니다. 그런데 방백들보다 더 잘 벗기는 자가 교회 안에 있다는 것입니다.

히 10:3 **"그러나 이 제사들은 해마다 죄를 생각하게 하는 것이 있나니"**

해 석 : 짐승을 가지고 제사를 하는 것은 죄를 생각나게 하기 위함인 것입니다.

히 10:4 **"이는 황소와 염소의 피가 능히 죄를 없이 하지 못함이라."**

해 석 : 짐승을 가지고 제사하는 것은 죄를 없이 할 수 없고, 죄를 생각나게 하며 회개하게 하는 것입니다. 지금은 예수님께서 오심으로 말미암아 제사법이 폐하게 되었고 예배로 드리게 되었습니다.

히 9:10 **"이런 것은 먹고 마시는 것과 여러 가지 씻는 것과 함께 육체의 예법만 되어 개혁할 때까지 맡겨 둔 것이니라."**

해 석 : 제사하는 것은 먹고 마시는 여러 가지 육체의 예법만 되고(개혁), 주님이 오실 때까지만 제사법에 맡겨 두고, 오시면 제사법은 폐하게 된다는 말씀입니다. 주님이 오심으로 제사법이 없어지고 예배로 바뀌었습니다. 절대로 율법이 폐하게 되었다 하면 안 되는 것입니다.

롬 3:31 **"그런즉 우리가 믿음으로 말미암아 율법을 폐하느뇨 그럴 수 없느니라 도리어 율법을 굳게 세우느니라."**

해 석 : 하나님 말씀을 믿고 따라가는 것이 믿음입니다. 율법을 지키는 것이 굳게 세우는 것입니다.

롬 7:14 **"우리가 율법은 신령한 줄 알거니와 나는 육신에 속하여 죄 아래 팔렸도다."**

해 석 : 우리 모두가 율법은 신령한 줄 알지만 육신이 연약하여 범죄한다는 것입니다. 그러나 율법은 우리의 몽학 선생님이 되어 늘 따라 다닙니다. 이 율법은 죄를 짓지 못하게 그림자처럼 따라 다닙니

다. 선악과를 따 먹지 맙시다.

창 17:1 **"나는 전능한 하나님이라 너는 내 앞에서 행하여 완전하라."**

해 석 : 아브람이 구십구 세 때에 여호와께서 아브람에게 나타나 말씀하셨습니다. 우리도 완전할 수 있도록 힘써야 할 것입니다.

히 9:11 **"그리스도께서 장래 좋은 일의 대제사장으로 오사 손으로 짓지 아니한 곧 이 창조에 속하지 아니한 더 크고 온전한 장막으로 말미암아"**

해 석 : 구세주 예수님께서 장래 좋은 일로 대제사장으로 오신다는 것입니다. 손으로 지은 창조의 장막, 이 장막이 아니라 온전한 영원한 장막으로 우리에게 오신다는 것입니다. 하늘나라, 우리가 쉴 수 있는 영원한 나라로 우리를 인도하시려고 오신 것입니다.

히 9:12 **"염소와 송아지의 피로 아니하고 오직 자기 피로 영원한 속죄를 이루사 단번에 성소에 들어가셨느니라."**

시 50:13 **"내가 수소의 고기를 먹으며 염소의 피를 마시겠느냐"**

해 석 : 짐승의 피가 아니라 예수님의 피로 속죄가 이루어집니다. 우리가 선을 멸시하고 악을 따 먹었으니 죄짓지 않게 하기 위하여 말씀을 육신(낙하산)에 싣고 오셨습니다. 하나님의 아들이신 줄 모르고 죽인 것이 바로 우리 인류의 조상들입니다. 우리를 살리려고 오셨다가 희생하신 것입니다. 선악과를 따 먹지 맙시다. 주님의 희생의 피를 기억합시다.

렘 48:10 **여호와의 일을 태만히 하는 자는 저주를 받을 것이요 자기 칼을 금하여 피를 흘리지 아니하는 자도 저주를 당할 것이로다."**

해 석 : 하나님의 일을 게을리하는 자는 희생하여 피를 흘리지 않는다는 것입니다. 이런 자는 화가 있다는 것입니다.

출 12:13 **"내가 애굽 땅을 칠 때에 그 피가 너희의 거하는 집에 있어서 너희를 위하여 표적이 될지라 내가 피를 볼 때에 너희를 넘어가리니 재앙이 너희에게 내려 멸하지 아니하리라."**

해 석 : 하나님께서 애굽(세상)을 치실 때에 육적인 신앙을 하게 되면 치십니다. 우리도 주님께서 우리를 위하여 흘리신 피를 흘리라는 것입니다. 주님께서 가신 길을 가라는 것입니다. 주님이 가신 길을 후대들이 따라올 수 있도록 하라는 것입니다. 하나님께서 재앙을 내리실 때에 우리의 문설주에 희생의 피가 있으면 재앙을 내리시지 않겠다는 말씀입니다. 그러나 살아가면서 구원의 방주에 희생하지 않는 자는 반드시 심판이 있다는 것입니다. 주님의 대로를 평탄케 합시다. 주님은 희생하는 자를 쓰십니다.

마 21:1 **"저희가 예루살렘에 가까이 와서 감람산 벳바게에 이르렀을 때에 예수께서 두 제자를 보내시며"**

해 석 : 예루살렘에 입성하실 때에 두 제자가 있었습니다. 제자들이 예루살렘에 가까이 와서 감람산 벳바게에 이르렀을 때에 두 제자를 보낸다고 말씀하십니다. 왜 제자를 보냈을까요? 말씀대로 순종하는 자를 찾기 위해서 보낸 것입니다. 예루살렘은 진리의 성읍이며 가까운 곳에 감람산이 있는데 이 감람산에는 감람나무가 많이 있습니다. 감람나무는 기름을 의미하는데 말씀을 뜻하는 것입니다. 여기에서 일꾼을 찾습니다. 의인을 찾을 때도 예루살렘에서 찾습니다.

렘 5:1 **"너희는 예루살렘 거리로 빨리 왕래하며 그 넓은 거리에서**

찾아보고 알라 너희가 만일 공의를 행하며 진리를 구하는 자를 한 사람이라도 찾으면 내가 이 성을 사하리라."

해 석 : 반드시 예루살렘에서 일꾼이 나오고 예루살렘에서 의인이 나오는 것을 알고, 우리는 말씀 있는 곳, 예루살렘에 머물러 있어야 하겠습니다. 말씀이 있는 곳에서 의인이 만들어집니다. 공의를 행하고 진리를 구하는 한 사람만 있어도 성을 구한다는 것입니다.

눅 24:47 **"또 그의 이름으로 죄 사함을 얻게 하는 회개가 예루살렘으로부터 시작하여 모든 족속에게 전파될 것이 기록되었으니"**

해 석 : 예수의 이름으로 죄 사함을 받습니다.

'예루살렘', '이스라엘' 하면 예수님이 생각나듯이 예루살렘은 이스라엘의 수도입니다. '예루살렘' 하면 예수님이 계시는 곳, 진리의 성읍이라 생각하시고 제목으로 보시면 이해가 잘될 것입니다.

'예수'란?

미리 예(豫), 지킬 수(守), 예수(초림 예수)는 말씀을 지키라고 가지고 오셨습니다.

미리 예(豫), 물 수(水), 예수(재림 예수)는 심판하러 오십니다. 물은 저울입니다. 어느 그릇에 떠놓아도 삐뚤어지지 않습니다.

창세기 1장 2절에 보시면, '하나님의 신은 수면에 운행하시니라'라고 기록되어 있습니다. 저울을 의미하며 공의와 공평으로 심판하시는 예수님을 말씀하십니다.

사 22:22 **"내가 또 다윗집의 열쇠를 그의 어깨에 두리니 그가 열면 닫을 자가 없겠고 닫으면 열 자가 없으리라."**

해 석 : 하나님께서 예수님께 열쇠를 주셨습니다. 다윗의 후손이 예수님입니다. 다윗은 정직한 뜻을 의미합니다. 열쇠를 어깨에 두는 것

은 어깨는 공의 저울을 말씀하시는 것입니다. 우리의 모든 삶을 공의로 심판하시고 저울로 달아 보신다는 것입니다. 그날에 우리는 주님 앞에 설 때에 떨지 않도록 털옷을 입읍시다.

사도 바울은 빌립보 교회를 향해 이렇게 외칩니다.

빌 2:12 **"그러므로 나의 사랑하는 자들아 너희가 나 있을 때 뿐 아니라 더욱 지금 나 없을 때에도 항상 복종하여 두렵고 떨림으로 너희 구원을 이루라."**

해 석 : 사도 바울이 빌립보 교회를 향해서, 내가 있든 없든 항상 복종하며 두렵고 떨리는 마음으로 구원을 이루라고 부탁합니다.

세례 요한은 약대 털옷을 입고 다녔습니다(마 3:4). 엘리야도 털이 많이 있는 사람이라고 기록되어 있습니다(왕하 1:8). 이 말씀은 성경의 진리 옷을 입은 사람입니다.

슥 13:4 **"그날에 선지자들이 예언할 때에 그 이상을 각기 부끄러워 할 것이며 사람을 속이려고 털옷도 입지 아니할 것이며"**

해 석 : 마지막 날에 선지자들이 예언할 때에 성경을 잘못 풀어서 부끄러워할 때가 온다는 것입니다. 사람을 속이려고 털옷도 입지 않았다는 것은 약대 털옷(성경의 진리의 옷)을 입지 않았다는 것입니다.

13.
할 례

렘 9:25 **"여호와께서 말씀하시되 날이 이르면 할례받은 자와 할례 받지 못한 자를 내가 다 벌하리니"**

해 석 : 하나님께서 말씀하십니다. 때가 되면 할례받지 못한 자는 다 벌하시겠다고. 마음에 미운 물건들을 치우라는 것입니다. 이 미운 물건들이 바로 죄악입니다. 이 죄악을 잘라 내지 못하면 벌하시겠다는 말씀입니다. 거듭나지 못하면 벌을 받는다는 것입니다.

사 5:18 **"거짓으로 끈을 삼아 죄악을 끌며 수레 줄로 함같이 죄악을 끄는 자는 화 있을진저."**

해 석 : 마음을 새롭게 하라는 것입니다. 말씀을 의지하면서 거짓의 끈을 말씀의 칼로 잘라 내라는 것입니다. 그렇게 하지 못하고 수레(마음)에 죄를 담아 거짓의 끈으로 계속 끌고 다니는 자를 벌하시겠다는 말씀입니다.

겔 11:18-19 **"그들이 그리로 가서 그 가운데 모든 미운 물건과 가증한 것을 제하여 버릴지라 내가 그들에게 일치한 마음을 주고 그 속에 새 신을 주며 그 몸에서 굳은 마음을 제하고 부드러운 마음을 주어서"**

해 석 : 하나님께서 에스겔에게, 이스라엘 백성에게 가서 미운 물건과 가증한 것을 없애 버리라고 명령하십니다. 하나님께서 그들에게 하나님과 같은 마음을 주고 그 속에 성령을 주시며, 마음에 세상 것을

제하고 성령의 아홉 가지 열매를 맺도록 하시겠다는 말씀입니다.

겔 11:20 **"내 율례를 좇으며 내 규례를 지켜 행하게 하리니 그들은 내 백성이 되고 나는 그들의 하나님이 되리라."**

해 석 : '하나님의 법을 따라가며 하나님의 법을 지켜 행하게 하고 그들은 하나님 백성이 되고 나는 그들의 하나님이 되리라.' 하나님께서 싫어하시는 미운 물건들이 무엇이겠습니까? 세상을 하나님보다 더 사랑하는 것이며, 또 마음의 우상, 고집을 버려야 할 것을 버리지 못하는 것, 바로 이것입니다.

막 7:21-23 **"속에서 곧 사람의 마음에서 나오는 것은 악한 생각 곧 음란과 도적질과 살인과 간음과 탐욕과 악독과 속임과 음탕과 흘기는 눈과 훼방과 교만과 광패니 이 모든 악한 것이 다 속에서 나와서 사람을 더럽게 하느니라."**

해 석 : 이것들이 바로 미운 물건들입니다. 이것을 마음에서 치우라는 것입니다. 하나님께서 싫어하시는 줄 알면서 계속 수레(마음)에 죄를 담고 다니면 화가 오는 것입니다.

고전 3:16 **"너희가 하나님의 성전인 것과 하나님의 성령이 너희 안에 거하시는 것을 알지 못하느뇨"**

해 석 : 우리 마음이 하나님의 성전이고, 우리 안에 성령님이 계신다는 것입니다.

고전 3:17 **"누구든지 하나님의 성전을 더럽히면 하나님이 그 사람을 멸하시리라 하나님의 성전은 거룩하니 너희도 그러하니라."**

해 석 : 거룩– 하나님의 영은 거룩하고 흠과 티가 없이 깨끗하고 선하시고 아름답습니다. 하나님께서 죄를 얼마나 싫어하시는지 민수기

14장 33절로 가 보시겠습니다.

민 14:33 **"너희 자녀들은 너희의 패역한 죄를 지고 너희의 시체가 광야에서 소멸되기까지 사십 년을 광야에서 유리하는 자가 되리라."**

해 석 : 죄를 무서워합시다. 죄를 자녀들에게 유산으로 물려주지 맙시다. 수단과 방법을 가리지 않고 돈을 벌어 자녀들에게 물려주려고 죄짓지 맙시다. 하나님께서는 정직하신 것을 기뻐하십니다. 정직한 믿음을 유산으로 물려줍시다. 우리 자녀들은 우리의 패역한 죄를 지고 우리가 광야에서 죽었을 때, 우리의 시체가 소멸되는 데 걸리는 시간인 40년 동안 유리하고 방황하며 살아야 한다는 것입니다.

시 37:25 **"내가 어려서부터 늙기까지 의인이 버림을 당하거나 그 자손이 걸식함을 보지 못하였도다."**

해 석 : 의인은 많은 사람을 옳은 데로 인도하는 자이며, 하나님을 경외할 수 있도록 받드는 자입니다. 의인은 하나님 앞에 버려진 자가 없고 그 후대에 거지가 없다는 것입니다.

롬 2:13 **"하나님 앞에서는 율법을 듣는 자가 의인이 아니요 오직 율법을 행하는 자라야 의롭다 하심을 얻으리니"**

해 석 : 명령의 말씀을 행하는 자가 의인입니다.

시 37:26 **"저는 종일토록 은혜를 베풀고 꾸어 주니 그 자손이 복을 받는도다."**

해 석 : 항상 말씀과 물질을 나누어 주기를 좋아하는 자는 복이 있다고 말씀하십니다. 그러나 죄를 짓고 다니는 자는 유리하며 방황하며 걸식하는 자가 된다는 것입니다. 많이 나누어 주고 종일토록 은혜를 베푸는 자가 의인이며 하나님께서 기뻐하십니다.

민 14:34 **"너희가 그 땅을 탐지한 날 수 사십 일의 하루를 일 년으로 환산하여 그 사십 년간 너희가 너희의 죄악을 질지니 너희가 나의 싫어 버림을 알리라 하셨다 하라."**

해 석 : 가나안 땅을 사흘이면 들어가는데 하루를 1년으로 환산하여 40년이 걸렸습니다. 이것이 무슨 연고냐고 묻는다면, 하나님께서 죄악을 얼마나 싫어하시는지 알게 하시기 위함이라 말씀하시고 일러두라고 명령하십니다. 그날그날 회개하고 죄짓지 말라는 것입니다. 하루의 죄를 1년으로 계산하면 얼마나 힘이 들겠습니까? 그만큼 죄를 하나님께서 싫어하신다는 말씀입니다. 죄 짓지 맙시다. 빨리빨리 회개합시다. 죄짓는 것은 남을 괴롭히는 것이니 이웃을 내 몸같이 사랑하면 더 이상 할 말이 없고, 완전한 사랑의 띠를 매는 의의 용사가 될 것입니다.

렘 9:26 **"곧 애굽과 유다와 에돔과 암몬 자손과 모압과 및 광야에 거하여 그 머리털을 모지게 깎은 자들에게라 대저 열방은 할례를 받지 못하였고 이스라엘은 마음에 할례를 받지 못하였느니라 하셨느니라."**

해 석 : 애굽과 유다와 에돔과 암몬 자손과 모압이 광야에 거했을 때, 영의 삶을 살지 못하였고 육적인 삶을 살았다는 것을 머리털을 모지게 깎았다고 표현합니다. 머리로 말씀을 받기 때문에 지키지 않는 것은 머리털을 모지게 밀어내는 것입니다. 여러 나라는 할례를 받지 못하였고 이스라엘도 마음에 할례를 받지 못했으니 그렇게 살지 말라는 것입니다. 반드시 형벌이 있다는 것을 알려 주는 메시지입니다. 털은 진리의 옷을 의미합니다. "그러므로 나의 사랑하는 자들아 너희가 나 있을 때뿐 아니라 더욱 지금 나 없을 때에도 항상 복종하여 두렵고 떨림으로 너희 구원을 이루라"(빌 2:12)고 말씀하십니다.

14.
지혜를 밀어냄

삿 16:19 "들릴라가 삼손으로 자기 무릎을 베고 자게 하고 사람을 불러 그 머리털 일곱 가닥을 밀고 괴롭게 하여 본즉 그 힘이 없어졌더라."

해 석 : 들릴라는 음녀이고 기생입니다. 삼손은 분별하지 못하고 들릴라의 무릎을 베고 누워 평안히 쉬면서, 묻는 말에 내탕고를 다 보여주고 결국은 생명을 빼앗기게 되었습니다. 왜 그렇게 되었을까요? 블레셋이 이스라엘을 괴롭혀서 싸우라고 힘을 주셨는데 그 비밀을 알려 주어, 그는 실패로 죽음에 이르게 되었습니다. 우리에게 주시는 교훈은 하나님의 말씀을 밀어내지 말라는 뜻입니다.

일곱 가닥, 일곱 숫자는 완전 숫자입니다. 어떻게 해서 힘이 센지 비밀을 가르쳐 달라고 괴롭게 하니, 머리털 일곱 가닥을 밀어냈더라고 기록하고 있습니다. 머리로 지혜를 받기 때문입니다. 털은 말씀을 의미하며 하나님께서 지키라 하는 말씀을 망각하고 지키지 못해 결국은 사망에 이르게 되었습니다. 우리 모두가 이 자리에 들어가지 않도록 조심해야 하겠습니다.

이 세상은 선과 악이 항상 함께하기 때문에 성경이 필요합니다. 성경은 바른길, 생명의 길의 방향을 제시해 주고 있는 사람의 설명서이기도 합니다.

주님이 말씀하십니다. "예수께서 가라사대 내가 곧 길이요 진리요 생명이니 나로 말미암지 않고는 아버지께로 올 자가 없느니라"(요 14:6). 말씀을 밀어내지 말고 삼가 조심하며 주님을 따라갑시다.

시 119:105 **"주의 말씀은 내 발에 등이요 내 길에 빛이니이다."**

해 석 : 전도서 11장 8절의, '사람이 여러 해를 살면 항상 즐거워할지로다. 그러나 캄캄한 날이 많으리니'라는 말씀을 기억하시면 유익이 됩니다. 캄캄한 인생길을 비추어 줄 등불이 말씀입니다. 극한 상황이 벌어졌을 때 기도하고 말씀을 찾아보십시오. 사전처럼 응답이 나옵니다.

잠 7:24 **"아들들아 나를 듣고 내 입의 말에 주의하라."**

잠 7:25 **"네 마음이 음녀의 길로 치우치지 말며 그 길에 미혹지 말지어다."**

잠 7:26 **"대저 그가 많은 사람을 상하여 엎드러지게 하였나니 그에게 죽은 자가 허다하니라."**

잠 7:27 **"그 집은 음부의 길이라 사망의 방으로 내려가느니라."**

우리도 예외는 아닙니다. 삼손처럼 되지 맙시다.

잠 16:25 **"어떤 길은 사람의 보기에 바르나 필경은 사망의 길이니라."**

해 석 : 성공의 비결이 성경에 들어 있으니 주야로 묵상하며 즐깁시다.

전 10:10 **"무딘 철 연장 날을 갈지 아니하면 힘이 더 드느니라 오직 지혜는 성공하기에 유익하니라."**

해 석 : 우리 모든 사람을 잘 들지 않는 연장으로 비유하십니다. 머리가 잘 돌아가지 않으면 손발이 고생한다는 속담과 다를 바가 없는 것 같습니다. 그래서 지혜를 얻으라는 것입니다.

잠 16:20 **"삼가 말씀에 주의하는 자는 좋은 것을 얻나니 여호와를 의지하는 자가 복이 있느니라."**

잠 9:1 **"지혜가 그 집을 짓고 일곱 기둥을 다듬고"**

해 석 : 지혜가 완전한 일곱 기둥을 다듬어, 흠과 티가 없이 온전하게 말씀의 반석 위에 세워서 넘어지지 않도록 한다는 것입니다. 망하지 않고 승리한다는 것입니다.

마 16:18 **"또 내가 네게 이르노니 너는 베드로라 내가 이 반석 위에 내 교회를 세우리니 음부의 권세가 이기지 못하리라."**

해 석 : 유일하신 하나님과 구원자 예수님을 정확히 알고 있어, 그 위에 넘어지지 않도록 말씀의 반석 위에 세워 주시는 것입니다.

잠 14:1 **"무릇 지혜로운 여인은 그 집을 세우되 미련한 여인은 자기 손으로 그것을 허느니라."**

해 석 : 지혜의 여인은 성경대로 하는 여인이고, 미련한 여인은 삼손처럼 말씀을 밀어내는 여인이며, 있는 것마저 허는 여인을 가리킵니다. 말씀을 사모합시다.

호 4:6 **"내 백성이 지식이 없으므로 망하는도다 네가 지식을 버렸으니 나도 너를 버려 내 제사장이 되지 못하게 할 것이요 네가 네 하나님의 율법을 잊었으니 나도 네 자녀들을 잊어버리리라."**

해 석 : 하나님의 자녀라 할지라도 성경 지식이 없으면 망하게 되고, 또한 지식이 있다 할지라도 지키지 않으면 망한다는 것입니다. 우

리가 말씀을 버리면 자녀도 지켜 주시지 않을 것이며, 제사장이 되지 못하게 한다는 것입니다. 말씀이 없으니 축복을 받을 수 없다는 말씀입니다.

삿 2:10 **"그 세대 사람도 다 그 열조에게로 돌아갔고 그 후에 일어난 다른 세대는 여호와를 알지 못하며 여호와께서 이스라엘을 위하여 행하신 일도 알지 못하였더라."**

해 석 : 예수 믿던 그 세대 사람은 이 세상을 다 떠나고 그 후대 사람들은 여호와를 알지 못하며, 하나님께서 이스라엘을 위하여 행하신 일도 알지 못하더라고 말씀하십니다.

호 3:4 **"이스라엘 자손들이 많은 날 동안 왕도 없고 군도 없고 제사도 없고 주상도 없고 에봇도 없고 드라빔도 없이 지내다가"**

해 석 : 이스라엘 후손들이 많은 날 동안 왕도 없고 군대도 없고 제사(예배)도 없고 주상(주인)도 없고, 에봇(제사할 때 입는 옷. 지금은 성복을 가리킴)도 없고, 드라빔도 섬기는 신도 없었다는 것입니다. 이렇게 지내다가 나중에는 어떻게 되었을까요?

호 3:5 **"그 후에 저희가 돌아와서 그 하나님 여호와와 그 왕 다윗을 구하고 말일에는 경외하므로 여호와께로 와 그 은총으로 나아가리라."**

해 석 : 나중에는 이스라엘 백성이 돌아와서 하나님도 구하고 다윗왕도 구하고, 말일에는 하나님을 두렵고 떨리는 마음으로 경외하며 여호와께 돌아와, 하나님께서 사랑으로 나아가셨다는 말씀입니다.

시 69:9 **"주의 집을 위하는 열성이 나를 삼키고 주를 훼방하는 훼방이 내게 미쳤나이다."**

해 석 : 교회를 위하는 열심은 굉장한데 말씀이 없어 주님을 삼켰다고 말씀하십니다. 그리고 오히려 훼방거리가 되었다는 것입니다.

시 69:20 "훼방이 내 마음을 상하여 근심이 충만하니 긍휼히 여길 자를 바라나 없고 안위할 자를 바라나 찾지 못하였나이다."

해 석 : 훼방거리가 주님의 마음을 상하게 하여 근심이 마음에 가득하시다고 말씀하십니다. 그래서 말씀대로 하지 않는 자를 긍휼히 여길 수가 없고, 주님께서 평안을 주고 위로할 자를 찾으나 없다는 것입니다.

시 69:21 "저희가 쓸개를 나의 식물로 주며 갈할 때에 초로 마시웠사오니"

해 석 : 말씀대로 하지 않는 이것이 쓸개입니다. 이 쓸개가 얼마나 씁니까? 쓸개를 주는 것과 다를 바가 없다는 것입니다. 목이 마를 때는 시원한 생수를 마셔야 하는데 식초를 마시게 하는 것과 다를 바가 없다는 것입니다. 예수님께서 십자가에 못 박히실 때도 나옵니다.

마 27:34 "쓸개 탄 포도주를 예수께 주어 마시게 하려 하였더니 예수께서 맛보시고 마시고자 아니하시더라."

해 석 : 우리가 예수님을 십자가에 못 박히게 한 것은 예수님께 쓸개에 탄 덜 익은 신포도주를 마시게 한 것과 다를 바가 없다는 것입니다.

사 5:2 "땅을 파서 돌을 제하고 극상품 포도나무를 심었었도다 그 중에 망대를 세웠고 그 안에 술틀을 팠었도다 좋은 포도 맺기를 바랐더니 들포도를 맺혔도다."

해 석 : 우리의 마음 밭이 땅입니다. 묵은 땅이요 황무지 땅인데, 돌과 자갈을 골라내고 제일 좋은 극상품 포도나무를 심었다고 설명하고

있습니다. 망대를 세우고 요한계시록 7장 15절 말씀에 보호 장막을 쳤듯이 지켜보고 기대를 했습니다. 달고 맛있는 포도가 열려서 술틀까지 준비해서 맛있는 포도주를 만들어 마시려고 했지만, 들포도를 맺혀 주님이 실망이라고 말씀하십니다. 왜 주님께서는 많은 나무 중에 우리를 포도나무에 비유하셨을까요? 바로 열매 때문입니다. 포도나무는 나무도 쓸모가 없고 오직 열매가 많이 열립니다.

우리는 성령, 즉 하나님의 신을 받아 성령의 아홉 가지 열매를 맺도록 힘써야 할 것입니다.

렘 4:3 **"나 여호와가 유다와 예루살렘 사람에게 이같이 이르노라 너희 묵은 땅을 갈고 가시덤불 속에 파종하지 말라."**

해 석 : 하나님께서는 이스라엘 모든 사람과 이 땅에 있는 모든 거민에게 말씀하십니다. 묵은 땅을 갈고 가시덤불을 심지 말라고, 악을 심지 말라는 것입니다.

사 5:18 **"거짓으로 끈을 삼아 죄악을 끌며 수레 줄로 함같이 죄악을 끄는 자는 화 있을진저"**

해 석 : 죄를 끌고 다니지 말고 해결하라는 것입니다. 하루의 죄를 일년으로 환산(계산)합니다. 8282해결(민 14:34), 그만큼 죄를 싫어하십니다.

엡 4:22 **"너희는 유혹의 욕심을 따라 썩어져 가는 구습을 좇는 옛 사람을 벗어 버리고"**

해 석 : 마귀의 정사, 즉 마귀의 정치를 하지 말고 벗으라는 것입니다.

창 12:1 **"여호와께서 아브람에게 이르시되 너는 너의 본토 친척 아비 집을 떠나 내가 네게 지시할 땅으로 가라."**

해 석 : 요한복음 8장 44절로 가 보시겠습니다. 여기에 보시면 우리의 아비가 마귀였습니다. 마귀에게 종노릇하고 살았습니다. 이제 주님을 만난 우리는 마귀의 영의 지배를 받지 말고 친척아비의 마귀 집을 떠나 영의 아버지, 하나님의 지시함을 따라 살아가라는 메시지입니다. 우리 모두가 베옷을 벗고 세마포 옷으로 갈아입읍시다.

우리가 들포도를 맺었을 때 이런 환경(친척아비의 마귀 집)이 찾아옵니다. 주님께서 우리에게 응답하시는 말씀입니다.

시 69:22 **"저희 앞에 밥상이 올무가 되게 하시며 저희 평안이 덫이 되게 하소서."**

해 석 : 말씀대로 하지 않으면 밥 먹고 사는 것이 힘이 들고 평안이 없다는 것입니다. 밥 먹고 사는 것이 올무가 되어 힘이 들게 된다는 것입니다. 그물이 찢어져 고기가 다 새어 나가는 것처럼 복이 다 새어 나가는 것입니다. 참가 말씀을 얻기를 노력합시다.

전 12:6 **"은줄이 풀리고 금 그릇이 깨어지고 항아리가 샘 곁에서 깨어지고 바퀴가 우물 위에서 깨어지고"**

해 석 : 은–말씀, 금–믿음, 항아리–머리, 바퀴–다리

지금 현시대가 잘 살고 편리한 시대라, 여수룬이 하나님이 별 필요하다고 생각지 않는 그런 시대로 흘러가고 있음을 예고합니다. 참으로 걱정이 됩니다. 우리가 사사기 시대로 돌아가지 않도록 노력해야 될 것입니다. 다윗은 전쟁 중에도 사방을 평안하게 하려고 성전이 없을 때 재료를 준비했듯이, 지금은 땅에 있는 성전은 넘쳐납니다. 지금은 말씀의 좋은 재료를 준비해서 강단에서 내려 성도들의 마음에 성전을 잘 세워 성령님을 마음에 잘 모셔서, 그 지시함을 받아 열매 맺을 수 있도록 해야 될 것입니다.

암 9:11 **"그날에 내가 다윗의 무너진 천막을 일으키고 그 틈을 막으며 그 퇴락한 것을 일으켜서 옛적과 같이 세우고"**

해 석 : 그날이 지금 이 마지막 때를 이야기합니다. 다윗의 후손인 예수님의 말씀이 무너져 가고 있습니다. 마음의 성전이 말씀의 반석이 아니고 천막이라서 바람이 불면 펄렁펄렁, 세상 물이 흘러 들어옵니다. 틈을 타고 들어오니, 틈을 막고 과거의 퇴락한 것을 말씀으로 다시 지혜롭게 세워야 할 것입니다.

첫사랑을 회복해야 합니다. 예배가 줄어 가고 있습니다. 새벽 기도가 없어지고, 주일 저녁 예배가 없어지고, 수요 예배가 없어지고, 금요일 예배가 없어지고, 또 없어지고…. 기도의 불이 꺼져 가고 있음을 느끼면서 다시 회개의 운동이 일어나야 합니다. 아무리 편리하고 물질만능시대라 해도 하늘의 비가 없고 이슬이 없으면 우리는 살 수 없습니다.

❋ 요셉이 살고 있는 땅을 확인해 봅시다.

신 33:13-16 **"요셉에 대하여는 일렀으되 원컨대 그 땅이 여호와께 복을 받아 하늘의 보물인 이슬과 땅 아래 저장한 물과 태양이 결실케 하는 보물과 태음이 자라게 하는 보물과 옛 산의 상품물과 영원한 작은 산의 보물과 땅의 보물과 거기 충만한 것과 가시떨기 나무 가운데 거하시던 자의 은혜로 인하여 복이 요셉의 머리에, 그 형제 중 구별한 자의 정수리에 임할지로다."**

해 석 : 요셉에 대하여 하나님께서 말씀으로 일러 주십니다. 요셉이 머물러 있는 땅이 축복받기를 원하셔서 하늘의 보물인 이슬을 내리고 땅아래 물이 저장한 곳에 머물게 하고, 또 햇볕이 결실케 하는 태양 식물들과 열매들이 맺는 곳에, 그리고 태음, 음지에서 자라게 하는

식물과 열매들이 있는 곳에 살게 하신다고 말씀하십니다. 이것들이 보물입니다. 우리의 생명을 이어가는 음식입니다. 산에서 나는 상품, 이것은 산에서 나는 우리의 먹거리 식품들을 말하며, 영원한 작은 산의 보물은 하늘의 그 나라의 보물을 말하며, 땅의 모든 보물과 땅의 좋은 것은 가시 떨기나무 가운데 거하시던 요셉에게 축복을 주시고 싶다고 말씀하십니다. 그 형제 중에 구별된 자라고 말씀하십니다.

왜 그렇게 하실까요? 요셉은 어떤 고난이 와도 하나님의 뜻이라 생각하며 불평하지 않고, 최선을 다해서 부지런히 살구꽃을 피웠고 정직히 행하며 신풍나무가 되어서 받은 축복의 증거는, 애굽의 지혜로운 총리가 되어 모든 사람과 짐승까지도 살리고 풍족하게 먹이는 아름다운 사람이 바로 요셉입니다. 좋은 열매를 맺는 것은 하나님의 말씀에 붙잡혀서 신의 감동으로 이렇게 되는 것입니다. 성령의 충만함을 받으라는 원인이 여기에 있습니다.

사도행전 18장 5절에 "사도 바울이 하나님의 말씀에 붙잡혀 유대인들에게 예수는 그리스도라 밝히 증거하니"라고 되어 있습니다. 우리는 말씀에 붙잡혀 있어야 죄의 자리에 앉지 않습니다. 그래서 성령 충만한 자가 되고 하나님의 신을 받으라는 것입니다.

우리가 하나님의 신을 받으려면, 마가복음 7장 21-23절의 말씀 속에 있는 악들을 제거해야 됩니다.

막 7:21-23 **"속에서 곧 사람의 마음에서 나오는 것은 악한 생각 곧 음란과 도적질과 살인과 간음과 탐욕과 악독과 속임과 음탕과 흘기는 눈과 훼방과 교만과 광패니 이 모든 악한 것이 다 속에서 나와서 사람을 더럽게 하느니라."**

해 석 : 이 악들을 제거해야 성령님이 찾아오십니다.

창 8:9-12 **"온 지면에 물이 있으므로 비둘기가 접족할 곳을 찾지 못하고 방주로 돌아와 그에게로 오는지라 그가 손을 내밀어 방주 속 자기에게로 받아들이고 또 칠 일을 기다려 다시 비둘기를 방주에서 내어 놓으매 저녁때에 비둘기가 그에게로 돌아왔는데 그 입에 감람 새 잎사귀가 있는지라 이에 노아가 땅에 물이 감한 줄 알았으며 또 칠 일을 기다려 비둘기를 내어 놓으매 다시는 그에게로 돌아오지 아니하였더라."**

해 석 : 비둘기가 세상에 심겨져 있는 감람나무를 접족하려고 했지만, 노아 홍수 때 물이 지면에 가득해 접족하지 못하고 방주로 다시 들어왔습니다. 또 7일을 기다려 비둘기를 내어 놓으매 비둘기가 저녁때에 그에게 돌아왔는데 그 입에 감람 새 잎사귀를 물고 방주로 돌아왔습니다. 그런 것처럼 여기 감람 새 잎사귀는 말씀을 의미합니다. 우리 마음이 악들이 꽉 차 있으면 성령님이 접족하지 못하고 도로 가십니다. 비둘기가 감람 새 잎을 노아에게 물어다 주는 것처럼, 성령님께서 우리에게 말씀을 가져다주시고 인도해 주십니다. 이 말씀을 확실히 깨닫고 성령님이 접족할 수 있도록 노력해야 하며 항상 말씀을 기다려야 할 것입니다.

마 5:8 **"마음이 청결한 자는 복이 있나니 저희가 하나님을 볼 것임이요"**

해 석 : 우리가 마음이 청결해야 성령님이 찾아오십니다. 그리고 일을 하십니다.

마 7:23 **"그 때에 내가 저희에게 밝히 말하되 내가 너희를 도무지 알지 못하니 불법을 행하는 자들아 내게서 떠나가라 하리라."**

해 석 : 심판 때에 분명히 말씀을 하십니다. 불법을 행하는 자들은 알지 못한다고 떠나가라고 하십니다.

마 7:24 **"그러므로 누구든지 나의 이 말을 듣고 행하는 자는 그 집을 반석 위에 지은 지혜로운 사람 같으리니"**

해 석 : 하나님의 말씀을 듣고 행하는 자는 그 모습이 집을 지을 때, 기초를 견고한 돌 위에 지은 지혜로운 사람이라고 말씀하십니다.

마 7:25 **"비가 내리고 창수가 나고 바람이 불어 그 집에 부딪히되 무너지지 아니하나니 이는 주초를 반석 위에 놓은 연고요"**

해 석 : 하나님의 말씀대로만 하면 어둠도 없고 환난도 없으며 가정이 무너지지 않습니다. 집을 지을 때 기초를 돌 위에 지으면 무너지지 않듯이 말씀이 기초가 되어야 한다는 것입니다.

마 7:26 **"나의 이 말을 듣고 행치 아니하는 자는 그 집을 모래 위에 지은 어리석은 사람 같으리니"**

해 석 : 하나님의 말씀을 듣지 않고 행치 않는 자는 다 무너진다는 것입니다. 모래 위에 지은 집은 비가 오면 무너지듯이 우리의 삶도 마찬가지라는 것입니다. 하나님께서는 완전하신 신이십니다. 그래서 우리의 가는 길을 정확히 아십니다. 우리가 행복하길 원하십니다. 그래서 예수님께서 말씀을 가지고 오셨습니다. 그 말씀을 귀히 여기고 잘 받들어 형통합시다.

시 119:165 **"주의 법을 사랑하는 자에게는 큰 평안이 있으니 저희에게 장애물이 없으리이다."**

해 석 : 법을 사랑하는 것은 지키는 것입니다. 그럴 때 평안이 있고 막힘이 없다는 말씀입니다. 지금 이 시대를 바라보시면서 우리에게

하시는 말씀입니다.

전 12:6 **"은줄이 풀리고 금 그릇이 깨어지고 항아리가 샘 곁에서 깨어지고 바퀴가 우물 위에서 깨어지고"**

해 석 : 은줄, 즉 말씀을 사모하는 자도 없고 말씀을 알려고 하는 자도 없고, 그 결과는 말씀이 없으니 금그릇, 즉 믿음의 그릇들이 변질되고 머리(항아리)가 깨어지니 샘(교회) 곁에서 물(말씀)을 담을 수 없게 됨을 보시고, 안타깝게 생각하시며 하시는 말씀입니다. 믿음이 변질되니 깨어지지 않는 돌항아리가 질항아리로 변질되고 깨어져 영생의 물을 담을 수 없습니다. 우물 위에서 바퀴가 깨어지니 어떻게 물을 담아 가져갈 수 있느냐는 것입니다. 지금도 그렇지만 앞으로 이렇게 되어 간다는 예언의 말씀입니다.

암 5:3 **"주 여호와께서 가라사대 이스라엘 중에서 천 명이 나가던 성읍에는 백 명만 남고 백 명이 나가던 성읍에는 열 명만 남으리라 하셨느니라."**

해 석 : 이렇게 믿음들이 변질되어서, 마지막 때에는 믿는 자들을 보겠느냐고 하시는 말씀이 바로 이 말씀입니다. 말씀이 없으면 믿음이 떨어집니다. 교회의 성도의 숫자가 줄어듭니다. 그래서 주님께서 우리에게 부탁하시는 말씀이 믿음을 가지라는 것입니다.

출애굽기 15장 27절에 이곳에 장막을 치라는 것입니다.

출 15:27 **"그들이 엘림에 이르니 거기 물샘 열둘과 종려 칠십 주가 있는지라 거기서 그들이 그 물 곁에 장막을 치니라."**

해 석 : 종려나무는 의인을 말하며 의인은 말씀 속에서 나옵니다. 물샘 열둘은 성령의 샘물, 말씀 있는 교회를 의미합니다. 종려나무들이 이 샘 곁에 심겨졌을 때 '칠'은 완전 숫자입니다. 이곳에 심겨진 자

가 칠십 주, 온전한 하나님의 일꾼이 나와서 결실하는데 이것이 엘림의 큰 나무입니다.

'엘림'은 '큰 나무'라는 뜻을 가지고 있습니다. 이 샘물에 심겨진 나무가 신앙의 거목이 되어 많은 자들에게 쉼을 줄 수 있다는 것입니다. 이스라엘 백성이 하나님의 말씀에 순종하지 않았기 때문에 마라의 쓴물, 그것이 바로 애굽의 사백 년 종살이였습니다. 세상의 쓴물을 마셨다는 것입니다. 그들이 고통을 부르짖어 하나님께서 모세를 통해서 하나님의 지시함을 받도록 인도하는 것입니다. 그들이 하나님께서 주시는 열두 샘물(영생의 물)을 마시게 하며, 신앙의 거목 엘림의 나무가 되도록 인도하시는 것입니다.

출 15:24 "백성이 모세를 대하여 원망하여 가로되 우리가 무엇을 마실까 하매"

해 석 : 이스라엘 백성은 무지하여, 하나님께서 축복의 땅으로 인도하는 것을 깨닫지 못하고 모세에게 원망합니다.

출 15:25 "모세가 여호와께 부르짖었더니 여호와께서 그에게 한 나무를 지시하시니 그가 물에 던지매 물이 달아졌더라."

해 석 : 이 말씀은 이스라엘 백성이 애굽에서 종살이하던 때를 설명하고 계십니다. 말씀대로 하지 않으면 나라가 남의 나라에 속국이 되는 것입니다. 개인도 마찬가지입니다. 고통스러워 부르짖을 때 모세를 태어나게 해서 애굽 바다에 빠진 이스라엘을 건져 주십니다. 한 나뭇가지가 모세입니다. 모세를 하나님께서 지시하셔서 애굽에 던지니 물이 달아져서(하나님 말씀대로 하는 것이 단것임), 그들이 애굽을 탈출해 하나님께서 지시하는 축복의 땅으로 들어가는 것입니다. 세상은 마라의 쓴물입니다. 엘림은 큰 나무라는 이름을 가지

고 있습니다. 우리는 큰 나무가 되어야 합니다. 모든 사람이 와서 쉴 수 있는 큰 거목의 그늘이 되어야 합니다. 모세가 이스라엘 백성들을 엘림으로 인도하는 그것이, 말씀으로 인도하기 때문에 달아졌다는 것입니다.

시 121:5 **"여호와는 너를 지키시는 자라 여호와께서 네 우편에서 네 그늘이 되시나니"**

해 석 : 우리는 모든 사람이 쉴 수 있는 예수님의 제자로서 그늘이 되어지길 주님은 기대하십니다. 물샘 열둘(12)은 성부 · 성자 · 성령님을 의미합니다. 1+2는 삼위일체 하나님을 의미합니다. 말씀이 있고 성령님이 계시는 물샘 교회에 장막을 치라는 것입니다. '칠십 주'의 칠은 완전 숫자입니다. 엿새 동안 세상을 창조하시고 주님의 날까지 칠 일이 걸렸으니 '십'의 숫자는 하나님의 숫자이기도 합니다. 종려나무는 의인을 의미합니다. 12 샘물이 있는 곳에서 완전한 의인이 나오기 때문에 그 샘 곁에 장막을 치라는 것입니다. 말씀이 있는 교회(시온)에 장막을 치십시오. 거기서 알곡이 나옵니다.

대상 21:18 **"여호와의 사자가 갓을 명하여 다윗에게 이르시기를 올라가서 여부스 사람 오르난의 타작마당에서 여호와를 위하여 단을 쌓으라 하신지라."**

해 석 : 여기는 예루살렘 성전입니다.

진리의 성읍, 즉 말씀이 있는 곳입니다(슥 8:3). 여부스는 예루살렘의 옛 이름입니다. '오르난'은 '강하다' 뜻인데 하나님 말씀을 가진 자는 힘이 있다는 뜻입니다. 말씀이 있는 곳이 예루살렘이며 알곡을 만들어 내는 타작마당이라 할 수 있겠습니다.

15. 십자가가 무엇인가

십자가의 'ㅣ' 세로의 의미는 하늘에 계신 하나님께서 우리를 사랑하사 예수님을 통해 말씀을 가지고 내려오신 것을 의미하며, '–' 가로의 의미는 공의 저울을 의미합니다.

창 1:2 **"땅이 혼돈하고 공허하며 흑암이 깊음 위에 있고 하나님의 신은 수면에 운행하시니라."**

해 석 : 이 뜻은 태초에 하나님께서 천지를 만드셨을 때에 빛이 없어 캄캄했던 것처럼, 이 땅에 말씀이 없어 사람들의 마음이 공허하며 텅 비어 있고, 마음이 흑암이며 말씀이 없어 혼돈이 오며 질서가 없지만, 물 수(水) 낯 면(面), 수면으로 운행하신다는 말씀입니다. 공의로 이끌어 가시고 저울로 달아 보신다는 것입니다. 수면은 평평합니다. 그러므로 물은 어느 그릇에 떠놓아도 삐뚤어지지 않습니다. 그러므로 저울을 의미하기도 합니다.

창 1:3 **"하나님이 가라사대 빛이 있으라 하시매 빛이 있었고"**

해 석 : 하나님께서 말씀하십니다. 빛이 있으라고 하시매 빛이 있었습니다. 그 빛이 바로 고린도후서 4장 6절 말씀입니다.

고후 4:6 **"어두운 데서 빛이 비취리라 하시던 그 하나님께서 예수 그리스도의 얼굴에 있는 하나님의 영광을 아는 빛을 우리 마음에**

비취셨느니라."

해 석 : 하나님의 영광의 빛을 주님이 가지고 내려오셔서 이 땅의 말씀을 비춰어 공의로 이끌어 가시며, 수면으로 운행하시며 저울로 심판하신다는 말씀입니다.

십자가의 뜻은 하늘에서 내려 주신 말씀을 공의로 세워 넘어지지 않도록 붙드는 것입니다. 말씀을 지키지 않으면 하늘에서 내려주신 말씀 'ㅣ', 세로가 넘어질 것입니다. 'ㅡ' 공의와 공법으로 붙들어야 이 십자가가 넘어지지 않습니다. 십자가는 말씀의 틀이라는 것입니다. 이 말씀을 지키지 않고 생각이 애굽(세상)으로 내려갈 때 머리에 가시관을 씌우겠다는 것입니다. 주님께서 먼저 본을 보여 주셨습니다.

마 27:29 **"가시 면류관을 엮어 그 머리에 씌우고 갈대를 그 오른손에 들리고 그 앞에서 무릎을 꿇고 희롱하여 가로되 유대인의 왕이여 평안할지어다 하며"**

해 석 : 말씀을 가지고 내려오신 주님을 때리고 희롱하고 죽이고, 그러한 죄 때문에 우리는 항상 고통 가운데 살고 있습니다. 이렇게 바르지 못했기 때문에 머리에 가시관을 씌우는 것입니다. 주님의 오른손에 갈대를 들려주신 이유는 이러합니다.

약 1:8 **"두 마음을 품어 모든 일에 정함이 없는 자로다."**

해 석 : 갈대의 마음이라서 주님께 마음을 정하지 못하고 왔다갔다, 그렇기 때문에 주님의 오른손에 붙들려야 한다는 것입니다. 신명기 33장 2절 말씀에 "오른손에는 불같은 율법이 있다"고 말씀하십니다. 그것은 바른길로 가라는 것입니다. 주님의 오른손에 붙들려야 한다는 것입니다.

사도행전 18장 5절 말씀에 "바울이 하나님의 말씀에 붙잡혀 유대인들에게 예수는 그리스도라 밝히 증거하니", 예수님은 분명히 우리의 구세주이기 때문에 그분의 명령대로 오른쪽, 바른쪽, 생명의 길로 가라는 것입니다. 우리는 주님의 오른손에 붙들려야 합니다.

창 2:9 **"여호와 하나님이 그 땅에서 보기에 아름답고 먹기에 좋은 나무가 나게 하시니 동산 가운데에는 생명나무와 선악을 알게 하는 나무도 있더라."**

해 석 : 하나님께서 이 땅에 나무 한 그루를 세상의 중앙(교회)에 심었다는 것은 예수님을 의미하며, 완전한 의인이라서 열매가 선하시고 아름답다는 뜻입니다. 그 나무가 바로 생명나무 예수님이라는 것입니다.

마 19:17 **"네가 생명에 들어가려면 계명들을 지키라."**

해 석 : 선악을 알게 하는 나무가 예수님께서 가지고 오신 말씀, 이 성경 속에 선한 일과 악한 일의 사건들이 기록되어 있습니다. 선한 일은 본받아야 하지만 악한 일을 해서는 안 되기 때문에, 마태복음 4장 1-4절에 너희는 광야(세상)에 살 때 악을 금식하라고 합니다. 그러나 마귀는 배가 고픈 일이 생기면 돌덩이를 떡덩이처럼 먹으라고 권면합니다. 돌덩이는 먹지 못하는 악을 의미하며 여기서는 떡덩이가 말씀이 아니고 배고플 때의 양식을 의미합니다. 아무리 먹고 살기가 힘들어도 정직해야 한다는 것입니다.

그래서 우리는 십자가를 자랑해야 합니다. 십자가가 바로 말씀을 자랑하는 것입니다. 어떤 교회는 십자가가 우상이라고 교회 안에 붙이지 않는 교회도 있었습니다. 잘못 이해하시는 것 같습니다. 예수님께서 우리에게 말씀의 틀, 십자가를 전해 주시려고 오셨습니다. 초림 예수님은 말씀을 지키라고 지킬 수(守)를 가지고 오셨고, 재림 때는 물 수(水), 심판하러 오신다는 것입니다. 반드시 십자가의 도를 지키라는 것입니다. 지키지 않을 때는 물 수, 공의로 심판하시고 말씀을 어겼을 때에는 십자가에 달리게 하신다는 것입니다.

갈 6:14 **"그러나 내게는 우리 주 예수 그리스도의 십자가 외에 결코 자랑할 것이 없으니 그리스도로 말미암아 세상이 나를 대하여 십자가에 못 박히고 내가 또한 세상을 대하여 그러하니라."**

해 석 : 우리는 십자가, 즉 말씀밖에 자랑할 것이 없다는 것입니다. 세상이 예수님을 못 박았으니 예수님도 또한 세상에 대하여 행한 대로 갚아 주리라는 말씀입니다. 말씀을 수직으로 세워서 징벌을 면합시다.

렘 9:23 **"여호와께서 이같이 말씀하시되 지혜로운 자는 그 지혜를 자랑치 말라 용사는 그 용맹을 자랑치 말라 부자는 그 부함을 자랑치 말라."**

해 석 : 세상 것, 즉 지혜 · 용맹 · 부함을 자랑치 말라는 것입니다.

욥 12:17 **"모사를 벌거벗겨 끌어가시며 재판장으로 어리석은 자가 되게 하시며"**

해 석 : 말을 잘하는 재판장이라 할지라도 모사를 벗겨 버리고 재판을 못하는 어리석음에 빠지게 한다는 것입니다. 이 말씀은 강단에서 여호와만 자랑하라는 것입니다. 세상 이야기를 하지 말고 자기 자랑하지 말고 말씀만 양떼들에게 먹이라는 것입니다. 마음의 성전을 세우라는 것입니다.

렘 9:24 **"자랑하는 자는 이것으로 자랑할지니 곧 명철하여 나를**

아는 것과 나 여호와는 인애와 공평과 정직을 땅에 행하는 자인 줄 깨닫는 것이라 나는 이 일을 기뻐하노라 여호와의 말이니라."

해 석 : 자랑을 하려면 명철을 자랑하라, 지혜로운 자는 명철의 자리에 앉는다는 것입니다. 하나님께서는 죄를 싫어하시기 때문에 죄 없는 명철의 자리에 앉는 것을 기뻐하십니다. 사람을 사랑하고 공평과 정직을 땅에서 행해야 된다는 것을 깨달을 때에 기뻐하신다는 것입니다. 그렇기 때문에 여호와를 자랑하라는 것입니다.

계 18:6 **"그가 준 그대로 그에게 주고 그의 행위대로 갑절을 갚아 주고 그의 섞은 잔에도 갑절이나 섞어 그에게 주라."**

해 석 : 이 말씀은 강단에서 성도들에게 말씀을 먹일 때, 세상 이야기와 자기 자랑으로 섞여 먹였을 때, 그가 준 그대로 그에게 주고 그의 행위대로 갑절을 갚아 주고, 그의 섞은 잔에도 갑절이나 섞어 그에게 주라는 것은 순수한 하나님의 말씀만 먹이지 않았기 때문에 고통으로 갚아 주라는 것입니다. 말씀을 정확히 먹여서 성도들의 마음을 말씀으로 수직해서 하나님을 잘 경외하라는 것입니다. 아버지의 뜻은 생명의 길로만 가라는 것입니다.

계 14:10 **"그도 하나님의 진노의 포도주를 마시리니 그 진노의 잔에 섞인 것이 없이 부은 포도주라 거룩한 천사들 앞과 어린 양 앞에서 불과 유황으로 고난을 받으리니"**

해 석 : 말씀으로 성도들을 반석 위에 바로 세우지 못해 진노의 잔을 마시라는 것입니다. 그 진노의 잔에 섞인 것이 없이 부은 포도주라는 것은 행한 그대로 갚아 준다는 것입니다. 거룩한 천사들 앞과 예수님 앞에서 불과 유황으로 심판을 받는다는 말씀입니다.

시 12:6 **"여호와의 말씀은 순결함이여 흙 도가니에 일곱 번 단련한**

은 같도다."

해 석 : 하나님 말씀은 흠과 티가 없이 순결하다는 것입니다. 흠과 티가 없이 일곱 번 걸러 낸 것처럼 완전하듯이 우리의 행위도 순결하고 완전하라는 것입니다. 우리가 하나님의 말씀대로만 하면 모든 행위가 아름답다는 것입니다. 일곱 번 단련한 은, 즉 하나님 말씀은 완전하다는 것입니다. 은은 조금만 섞여도 변질됩니다. 그래서 일곱 번을 걸러 찌끼를 완전하게 걸러 내는 것처럼, 우리의 마음의 찌끼를 십자가 앞에 와서 부패한 마음들을 성령의 불로 녹이라는 것입니다.

겔 22:18 **"인자야 이스라엘 족속이 내게 찌끼가 되었나니 곧 풀무 가운데 있는 놋이나 상납이나 철이나 납이며 은의 찌끼로다."**

해 석 : 하나님께서 에스겔에게 하나님의 백성이 찌끼가 되었다고 말씀하십니다. 은에 찌끼 놋이나 상납이나 철이나 납이 있어 풀무에 넣고 찌꺼기를 걸러 내야 한다고 말씀하십니다. 즉 연단하시겠다고 에스겔에게 말씀을 전하시는 것입니다.

렘 29:10 **"나 여호와가 이같이 말하노라 바벨론에서 칠십 년이 차면 내가 너희를 권고하고 나의 선한 말을 너희에게 실행하여 너희를 이곳으로 돌아오게 하리라."**

해 석 : 하나님께서 말씀하십니다. '너희가 칠십 년(찌끼를 걸러내야 하는 시간)이 차야 돌아오게 하고, 너희를 돌보아 주게 될 것이다. 선한 말, 내가 말씀으로 언약한 약속한 그대로 실행하여 너희를 이곳으로 오게 될 것이다.'

렘 29:11 **"나 여호와가 말하노라 너희를 향한 나의 생각은 내가 아나니 재앙이 아니라 곧 평안이요 너희 장래에 소망을 주려 하는**

생각이라."

해 석 : 하나님께서 말씀하십니다. 우리의 생각을 아시는 하나님께서 우리의 잘못된 것을 고치는 것이 고달프고 힘들지만, 그것이 재앙이 아니라 곧 평안을 주시고 우리에게 하늘의 소망을 주시기 위함이라고 말씀하고 계십니다.

히 12:5 **"또 아들들에게 권하는 것같이 너희에게 권면하신 말씀을 잊었도다 일렀으되"**

해 석 : 하나님께서 아들에게 권하시는 것같이 우리에게도 권면하시는 말씀이 있었는데, 그 말씀을 잊었다고 하시면서 다시 기억하라고 일러 주십니다.

히 12:5 **"내 아들아 주의 징계하심을 경히 여기지 말며 그에게 꾸지람을 받을 때에 낙심하지 말라."**

해 석 : 징계하시는 것이 사랑하는 것이고 소망을 주는 것이니, 낙심하지 말며 슬퍼하지 말라는 것입니다.

히 12:8 **"징계는 다 받는 것이거늘 너희에게 없으면 사생자요 참 아들이 아니니라."**

해 석 : 징계는 잘못하면 누구에게든지 주어지며 부모가 없는 자식은 사생자요, 참 아들이 아니라는 것입니다. 부모의 간섭이 있어야 곧게 바르게 자랄 수 있다는 것입니다.

히 12:9 **"또 우리 육체의 아버지가 우리를 징계하여도 공경하였거든 하물며 모든 영의 아버지께 더욱 복종하여 살려 하지 않겠느냐"**

해 석 : 조상의 부모들이 징계를 해도 공경하는데, 천지를 다스리시는 아버지의 명령을 받고 살면서 더욱 복종하여 살려고 노력하지 않겠

느냐고 묻습니다. 맞습니다. 아멘입니다.

히 12:10 **"저희는 잠시 자기의 뜻대로 우리를 징계하였거니와 오직 하나님은 우리의 유익을 위하여 그의 거룩하심에 참예케 하시느니라."**

해 석 : 조상의 부모님은 자기의 뜻대로 징계하지만, 오직 하나님은 우리들의 유익을 위해 정직하고 아름다운 모습으로 거룩함에 이르도록 인도하십니다.

히 12:11 **"무릇 징계가 당시에는 즐거워 보이지 않고 슬퍼 보이나 후에 그로 말미암아 연달한 자에게는 의의 평강한 열매를 맺나니"**

해 석 : 우리가 고난을 받을 때 슬퍼 보입니다. 그러나 영혼을 사망의 잠에서 깨워 주시는 것입니다. 첫사랑을 회복시켜 주시는 기회입니다. 감사합시다. 그로 말미암아 연단을 통해서 의의 평강 열매를 맺는데 안전한 평안을 누린다는 것입니다.

렘 29:12 **"너희는 내게 부르짖으며 와서 내게 기도하면 내가 너희를 들을 것이요"**

해 석 : 고난을 받을 때 간절히 기도하라는 것입니다.

렘 29:13 **"너희가 전심으로 나를 찾고 찾으면 나를 만나리라."**

해 석 : 우리가 진실한 마음으로 하나님을 찾으면 만나 주시겠다는 말씀입니다.

잠 8:17 **"나를 사랑하는 자들이 나의 사랑을 입으며 나를 간절히 찾는 자가 나를 만날 것이니라."**

해 석 : 하나님의 말씀을 지키며 실행하는 자가 하나님을 사랑하는 것입니다. 이런 사람이 하나님의 사랑을 받으며 만날 수 있다고 하십

니다.

딤전 4:15 "이 모든 일에 전심전력하여 너의 진보를 모든 사람에게 나타나게 하라."

해 석 : 주님의 모든 일을, 마음을 다하고 힘을 다하여 전진해 가는 것을 사람들에게 본을 보이라는 말씀입니다.

겔 22:19 "그러므로 나 주 여호와가 말하노라 너희가 다 찌끼가 되었은즉 내가 너희를 예루살렘 가운데로 모으고"

해 석 : 하나님께서 말씀하십니다. '너희가 찌끼가 되어서 내가 너희를 예루살렘에 모을 것이다.' 그 이유는 말씀이 있는 곳에 모은다는 뜻입니다. '이스라엘' 하면 예수님이 제목으로 생각나듯이 예루살렘은 이스라엘의 수도입니다. 그래서 예루살렘은 제목으로, 예수님의 거처로, 말씀이 있는 곳으로 생각하시면 되겠습니다.

슥 8:3 "나 여호와가 말하노라 내가 시온에 돌아왔은즉 예루살렘 가운데 거하리니 예루살렘은 진리의 성읍이라 일컫겠고 만군의 여호와의 산은 성산이라 일컫게 되리라."

해 석 : 하나님께서 말씀하십니다. 성령님은 하늘나라 시온의 보좌에서 이 땅의 말씀대로 하는 진리의 성읍 예루살렘 교회에 돌아오셔서 거처로 삼으시고, 이곳이 진리의 성읍이며 하나님의 거룩한 성산이라고 고백하시며 이곳에서 영광을 받으십니다.

시 132:13 "여호와께서 시온을 택하시고 자기 거처를 삼고자 하여 이르시기를"

해 석 : 하나님께서 말씀대로 하는 시온의 아름다운 제단을 택하셔서, 그곳에 성령님이 가셔서 영광을 받으시겠다는 것입니다.

시 132:14 **"이는 나의 영원히 쉴 곳이라 내가 여기 거할 것은 이를 원하였음이로다."**

해 석 : 우리의 자녀가 여러 명이 있으면, 부모에게 효도하는 그 집에 머물게 되고 영원한 거처로 삼듯이 하나님께서도 마찬가지입니다.

시 132:15 **"내가 이 성의 식료품에 풍족히 복을 주고 양식으로 그 빈민을 만족케 하리로다."**

해 석 : 하나님께서 거처하시는 성의 식료품에 풍족히 복을 주시고, 양식으로 가난한 백성에게 만족하도록 복을 주시겠다는 것입니다.

시 132:16 **"내가 그 제사장들에게 구원으로 입히리니 그 성도들은 즐거움으로 외치리로다."**

해 석 : 하나님께서 말씀으로 양떼들을 잘 인도하며 진리의 옷을 입히는 목사님들에게 구원을 선물로 주시겠다는 말씀이며, 성도들은 말씀도 좋고 복도 많아 즐거움으로 외친다는 것입니다.

시 132:17 **"내가 거기서 다윗에게 뿔이 나게 할 것이라 내가 내 기름 부은 자를 위하여 등을 예비하였도다."**

해 석 : 하나님께서 다윗의 후손인 예수님의 말씀대로 하는 자는 뿔을 높여 주신다는 말씀이며, 기름을 가진 자를 위하여 등을 준비하시겠다는 것입니다. 등을 준비해 주시는 것은 말씀을 가진 자는 반드시 온 천하에 다니며 빛을 뿌리고, 어두운 세상에 불을 밝혀 주는 존귀한 사람으로 만들어 주신다는 언약의 말씀입니다.

시 132:18 **"내가 저의 원수에게는 수치로 입히고 저에게는 면류관이 빛나게 하리라 하셨도다."**

해 석 : '말씀대로 하지 않는 원수에게는 수치로 입히고 말씀대로 하는

저에게는 이 땅에서도 빛이 나게' 할 뿐 아니라, 저 나라에서도 면류관이 빛나게 될 것이라는 언약의 말씀입니다. 그래서 성도들에게 완전한 말씀을 먹여 마음을 예수님의 마음으로 정화시켜 하나님께 충성하며 경외하라는 것입니다. 경외하는 것은 말씀을 두려워하며 지키는 것입니다. 말씀은 사람을 사랑하며 공평과 정직을 행하는 것을 깨닫는 자를 기뻐하십니다. 강단에서 세상 이야기로 시간 다 보내지 말고 순수한 하나님 말씀으로 성도들의 마음을 하나님의 성전을 만들어서 성령이 충만하도록 하며, 거룩한 백성이 되어 생명길을 이탈하지 않도록 하라는 것입니다.

고전 3:16 **"너희가 하나님의 성전인 것과 하나님의 성령이 너희 안에 거하시는 것을 알지 못하느뇨"**

해 석 : 우리 마음이 하나님의 성전이라는 것입니다. 성령님이 우리 안에 거하시는 것을 알지 못하냐고 묻고 계십니다. 우리 한 사람 한 사람이 교회입니다. 열 사람을 말씀으로 바로 세우면 교회 열 개를 개척하는 것이 됩니다.

고전 3:17 **"누구든지 하나님의 성전을 더럽히면 하나님이 그 사람을 멸하시리라 하나님의 성전은 거룩하니 너희도 그러하니라."**

해 석 : 우리의 마음이 성전이니 깨끗이 하라는 것입니다. 더럽히면 멸하는 것은 죽는 것입니다. 하나님은 거룩하시니 우리도 깨끗하고 거룩하게 하라는 것입니다.

시 102:23 **"저가 내 힘을 중도에 쇠약케 하시며 내 날을 단축케 하셨도다."**

해 석 : 하나님께서 내 힘을 인생의 반쯤 살았을 때 약하게 하셔서 내

날을 단명하게 하셨다는 말씀입니다. 악이 관영하면 이렇게 됩니다. 우리는 매일매일 회개하고 죄를 비워 버립시다. 성결하도록 노력합시다.

시 102:24 **"나의 말이 나의 하나님이여 나의 중년에 나를 데려가지 마옵소서 주의 연대는 대대에 무궁하니이다."**

해 석 : 시편 기자는 자기를 중년에 데려가지 말라고 기도합니다. 생명은 하나님께 있으니 우리도 이렇게 기도해야 합니다.

겔 22:26 **"그 제사장들은 내 율법을 범하였으며 나의 성물을 더럽혔으며 거룩함과 속된 것을 분변치 아니하였으며 부정함과 정한 것을 사람으로 분변하게 하지 아니하였으며 그 눈을 가리워 나의 안식일을 보지 아니하였으므로 내가 그 가운데서 더럽힘을 받았느니라."**

해 석 : 하나님께서 목사님들께 하시는 말씀입니다. 율법을 범하지 말라는 이유는 삶 속에서 성도들이 거룩한 것과 즉 깨끗한 것과 더러운 것, 부정한 것, 정한 것 바르지 못한 것과 바른 것을 정확히 분별해 주지 못해 거룩한 삶을 살지 못하고, 세상 사람과 똑같이 살아 하나님을 영화롭게 하지 못한다는 것입니다. 성도들이 '해야 할' 것과 '하지 말아야 할' 것과 '먹어야 할' 것과 '먹지 말아야 할' 것과 '가지 말아야 할' 것과 '가야 할' 것을 구별하라는 것입니다. 하나님의 것은 모든 것에 거룩할 '성(聖)'이 붙습니다. 교회(성전), 교인(성도), 성경, 성물, 성미…. 모든 것이 구별되어야 한다는 것입니다. 잘못 가르치고 있다고 책망하는 말씀입니다.

계 22:11-12 **"불의를 하는 자는 그대로 불의를 하고 더러운 자는 그대로 더럽고 의로운 자는 그대로 의를 행하고 거룩한 자는 그대로 거룩되게 하라 보라 내가 속히 오리니 내가 줄 상이 내게 있어**

각 사람에게 그의 일한 대로 갚아 주리라."

해 석 : 하나님께서 불의한 자는 불의한 대로 더러운 자는 더러운 대로 의로운 자는 의로운 대로 거룩한 자는 거룩한 대로 각 사람에게 그의 일한 대로 갚아 주리라고 말씀하십니다. 주님께서 이 땅에 말씀을 가지고 오신 것은 주님의 형상을 닮기 위함이요, 거룩하고 깨끗한 삶을 살며 서로 사랑하며 행복하게 살고 우리 때문에 기뻐하시는 주님의 영광이 나타나기 때문입니다.

레 19:2 **"너는 이스라엘 자손의 온 회중에게 고하여 이르라 너희는 거룩하라 나 여호와 너희 하나님이 거룩함이니라."**

해 석 : 십자가는 말씀의 틀입니다. 분명히 말씀을 지켰을 때는 상이 있지만 지키지 않았을 때는 머리엔 가시관을 씌우시고 육체는 못 박히는 형벌을 받게 되기 때문에, 우리는 말씀을 두려워하며 구별된 생활을 해야 할 것입니다. 환경은 아골 골짝이라 해도 소망을 주십니다(풀무의 연단, 호 2:15).

레 4:1 **"여호와께서 모세에게 일러 가라사대"**

해 석 : 하나님께서 모세에게 일러주시는 말씀입니다.

레 4:2 **"이스라엘 자손에게 고하여 이르라 누구든지 여호와의 금령 중 하나라도 그릇 범하였으되"**

해 석 : 하나님께서 모세에게 이스라엘 자손에게 하나님께서 말씀하신 것을 말하라는 것입니다. 하나님께서 금한 것을 하나라도 하게 되면 죄를 범한 것이 된다고 말씀하십니다.

레 4:3 **"만일 기름 부음을 받은 제사장이 범죄하여 백성으로 죄얼을 입게 하였으면 그 범한 죄를 인하여 흠 없는 수송아지로**

속죄 제물을 삼아 여호와께 드릴지니"

해 석 : 만일 기름 부음을 받은 목사님이 백성들에게 말씀을 잘못 전달해서 죄를 입히면, 범한 죄를 인하여 흠 없는 수송아지로 회개예물을 가져오라는 것입니다. 하나님의 백성들이 일을 하고 있는 성도가 어린 송아지입니다. 이 송아지에게 말씀을 잘 먹여 하나님 앞에 흠과 티가 없이 일을 해야 하는데, 죄를 입혔으니 회개 예물을 가져오라는 것입니다. 수송아지로 가져오라는 것은 수컷을 말합니다. 수컷은 암송아지보다 힘이 센 송아지, 남자를 의미합니다. 말씀을 잘 먹여 힘센 송아지가 잘 자라서 창세기 15장 9절에 나오는 3년 된 암소를 만들어 내야 한다는 것입니다. 3년 된 암소는 성부 · 성자 · 성령님의 말씀을 잘 듣고 일을 열심히 하며, 영적 자녀를 많이 만들어 내는 목자가 되어야 한다는 것입니다. 짐승을 가지고 죄를 생각나게 하시고 교훈을 시키시는 거룩하신 하나님이십니다. 그래서 흠 없는 수송아지를 회개 예물로 가지고 오라고 명령하십니다.

고전 16:13 **"깨어 믿음에 굳게 서서 남자답게 강건하여라."**

해 석 : 깨어 있고 믿음에 굳게 선 자는 남자와 같이 힘이 있다는 것입니다.

레 1:1 **"여호와께서 회막에서 모세를 부르시고 그에게 일러 가라사대"**

해 석 : 하나님께서 회막에 모세를 부르셔서 일러 주신 말씀입니다.

레 1:2 **"이스라엘 자손에게 고하여 이르라 너희 중에 누구든지 여호와께 예물을 드리려거든 생축 중에서 소나 양으로 예물을 드릴지니라."**

해 석 : 이스라엘 백성은 하나님을 믿는 백성을 의미합니다. 하나님께

서는 하나님께 예물을 드리려거든 생축을 드리라고 말씀하신 것은 살아 있는 하나님의 백성, 우리를 의미하며 소는 하나님의 집에서 일을 잘하고, 양은 순종을 잘하는 것을 말씀하십니다. 생축은 살아 있는 자가 일하는 것을 의미하며, 죽은 자는 일할 수 없음을 의미하는 것입니다.

레 1:3 "그 예물이 소의 번제이면 흠 없는 수컷으로 회막 문에서 여호와 앞에 열납하시도록 드릴지니라."

해 석 : 하나님께서 예물로 소를 원하시며 흠이 없는 것을 요구하셨습니다. 우리에게 완전하라는 의미입니다. 소는 일을 잘하고 수컷은 힘 있게 일을 많이 하는 것을 의미합니다. 소는 모든 것을 다 주고 갑니다. 그렇듯이 희생을 의미하는 것입니다. 우리가 이런 제물이 되기를 원하시는 것입니다.

흠 없는 수컷으로 드리라는 것은 창세기 17장 1절에 "아브람의 구십구 세 때에 여호와께서 아브람에게 나타나서 그에게 이르시되 나는 전능한 하나님이라 너는 내 앞에서 행하여 완전하라"고 하신 말씀처럼 흠없는 것은 완전한 것을 말씀하시는 것입니다. 수컷은 힘 있는 소를 말하며 남자를 의미하는데, 말씀이 있는 자가 힘이 있고 일을 잘한다는 것입니다. 교회에서 하나님 앞에 열납될 수 있도록 드리라는 명령의 말씀입니다.

사 9:6 "이는 한 아기가 우리에게 났고 한 아들을 우리에게 주신 바 되었는데 그 어깨에는 정사를 메었고 그 이름은 기묘자라, 모사라, 전능하신 하나님이라, 영존하시는 아버지라, 평강의 왕이라 할 것임이라."

해 석 : 한 아기, 한 아들이 예수님이십니다. 이분이 누구인지 소개해

볼까요? 전능하신 하나님이고 영원이 계시는 아버지, 평강의 왕이신 분이시며 신기하고 오묘한 신이시며 어깨에는 정사를 메고 오셨다고 하셨습니다. 어깨는 공의, 저울을 의미하며 심판하러 오셨다는 것입니다. 말씀으로 다스리러 오셨고 현명하고 탁월한 기술로 전쟁을 승리로 이끄는 분이심을 소개합니다. 그래서 우리는 이분을 따라야 합니다. 이분이 하나님의 명령을 받고 오셨습니다.

요 12:50 **"나는 그의 명령이 영생인 줄 아노라 그러므로 나의 이르는 것은 내 아버지께서 내게 말씀하신 그대로 이르노라 하시니라."**

해 석 : 아버지의 명령이 영생이라는 것입니다. 그래서 아버지께서 말씀하신 그대로 내가 너희에게 전해 주노라고 말씀하시는 것입니다.

사 9:7 **"그 정사와 평강의 더함이 무궁하며 또 다윗의 위에 앉아서 그 나라를 굳게 세우고 자금 이후 영원토록 공평과 정의로 그것을 보존하실 것이라 만군의 여호와의 열심이 이를 이루시리라."**

해 석 : 주님의 정치가 평강이기 때문에 더 충만하도록 영원히 무궁하며, 예수님께서 위에서 아래에 사는 민족들을 굳게 세우고 지금부터 영원토록 공평과 정의로 보존하며, 하나님께서 열심히 이 일을 이루시겠다는 말씀입니다.

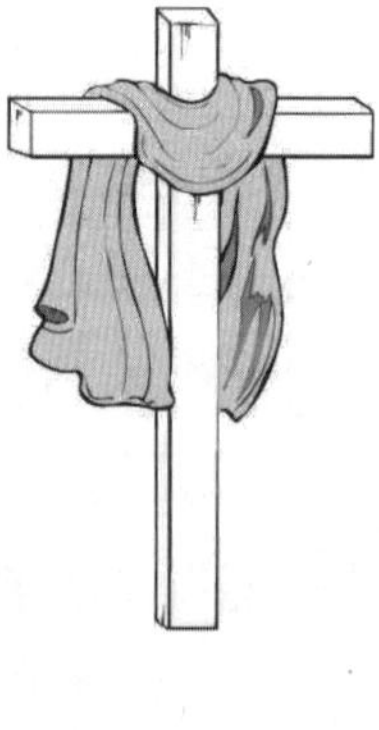

16.
십자가의 희생

고후 7:10 **"하나님의 뜻대로 하는 근심은 후회할 것이 없는 구원에 이르게 하는 회개를 이루는 것이요 세상 근심은 사망을 이루는 것이니라."**

해 석 : 하나님께서는 구원 때문에 근심하고 계십니다. 그래서 주님께서 십자가, 즉 말씀을 가지고 오셔서 희생하신 것입니다.

사 59:13 **"우리가 여호와를 배반하고 인정치 아니하며 우리 하나님을 좇는 데서 돌이켜 포학과 패역을 말하며 거짓말을 마음에 잉태하여 발하니"**

해 석 : 위의 말씀대로 거역하기 때문에 주님이 오셔서 우리의 마음을 말씀으로 정화시켜 주십니다.

사 59:15 **"성실이 없어지므로 악을 떠나는 자가 탈취를 당하는도다 여호와께서 이를 감찰하시고 그 공평이 없는 것을 기뻐 아니하시고"**

해 석 : 성실이 없으므로 악에서 떠났다가 다시 악으로 돌아감을 보셨다는 것입니다. 공평, 공의가 없어 기뻐 아니하신다는 것입니다.

사 59:16 **"사람이 없음을 보시며 중재자 없음을 이상히 여기셨으므로 자기 팔로 스스로 구원을 베푸시며 자기의 의를 스스로 의지하사"**

해 석 : 사람과 하나님 사이에 중간 담을 허시고, 중재 역할을 할 사람

이 없어 스스로 구원하시려고 계획하시고, 하나님의 의를 우리에게 나타내 주셨습니다.

사 59:17 **"의로 호심경(護心鏡)을 삼으시며 구원을 그 머리에 써서 투구를 삼으시며 보수로 속옷을 삼으시며 열심을 입어 겉옷을 삼으시고"**

해 석 : 의의 터를 세울 때 호심경으로, 하나님께서 우리의 마음을 보시고 보호해 주신다는 언약입니다. '구원을 그 머리에 써서 투구를 삼으시며'란 말씀으로 투구를 삼아 주시겠다는 것이고, '보수로 속옷을', 이것은 하나님 앞의 봉사를 의미합니다. 봉사하시는 것은 하나님과 우리 자신밖에 모릅니다. 갚아 주신다는 것입니다. '겉옷을 삼으시고'는 열심히 다해 겉옷을 벗고 추수밭에 일하시면 보수로 갚아 주시겠다는 언약입니다.

히 9:22 **"율법을 좇아 거의 모든 물건이 피로써 정결케 되나니 피흘림이 없은즉 사함이 없느니라."**

해 석 : 말씀을 좇아 일을 해야 모든 물건이 깨끗이 되며, 구원에 대한 희생의 피를 흘려야 우리의 죄를 용서 받을 수 있다는 것입니다. 의를 위해서, 하나님의 나라를 위해 피를 흘리며 희생해야 된다는 것입니다.

레 17:11 **"육체의 생명은 피에 있음이라 내가 이 피를 너희에게 주어 단에 뿌려 너희의 생명을 위하여 속하게 하였나니 생명이 피에 있으므로 피가 죄를 속하느니라."**

해 석 : 육체에 피가 없으면 살 수 없음같이 하나님께서 우리에게 생명의 피를 주셨습니다. 예수님의 피를 우리에게 뿌려 죄를 속해 주셨고 우리는 그로 말미암아 영생을 얻었으므로 우리의 희생의 피를

사람들이 구원받을 수 있도록 교회에 나와서 봉사하라는 것입니다. 피를 단에 뿌리라는 것은 우리가 교회에서 구원 때문에 희생의 피를 뿌리라는 것입니다. 우리는 하나님 앞에 죄인입니다. 그러므로 희생의 피를 뿌렸을 때에 생명에 속하게 하시고 사망에 속하지 않게 해주시겠다는 말씀이며 생명이 피에 있음같이, 희생의 피가 있어야 우리의 죄를 사해 주시며 생명을 얻는다는 것입니다. 예수님께서도 피를 흘리셨습니다. 우리는 대대로 주님이 오실 때까지 구원을 위해 희생의 피를 흘려야 됩니다. 주님의 길을 평탄케 해야 합니다. 후대들이 다 이 땅에서 바르게 살고 행복하게 살다가 마지막은 주님나라에 들어갈 수 있도록, 생명의 일을 해야 생명을 속해 주시겠다는 말씀입니다.

눅 7:44 **"여자를 돌아보시며 시몬에게 이르시되 이 여자를 보느냐 내가 네 집에 들어 오매 너는 내게 발 씻을 물도 주지 아니하였으되 이 여자는 눈물로 내 발을 적시고 그 머리털로 씻었으며"**

해 석 : 예수님께서 시몬에게 마리아를 보라는 것입니다. 마리아는 예수님께서 복음 전하러 다니실 때에 눈물로 기도했고 위로했고 눈물로 하나님 앞에 도와 달라고 예수님 마음을 씻어 주셨다는 것입니다. 그러나 너는 내가 복음 전하러 다닐 때에, 네 집에 들어올 때에 발 씻을 물도 주지 않았다는 것입니다. 이 여인이 하는 행동이 지혜가 있었다고 칭찬하십니다. 머리털이 지혜입니다. 하나님께서 주시는 지혜로 마음을 위로하시고 머리털(지혜)로 주님의 마음과 발을 씻어 주셨습니다.

눅 7:45 **"너는 내게 입맞추지 아니하였으되 저는 내가 들어올 때로부터 내 발에 입맞추기를 그치지 아니하였으며"**

해 석 : 예수님께서 시몬에게 너는 내게 기도하지 않았다는 것입니다. 마리아는 예수님께서 복음 전하러 가셨다 들어오실 때까지 기도하기를 그치지 않았다는 것입니다.

눅 7:46 **"너는 내 머리에 감람유도 붓지 아니하였으되 저는 향유를 내 발에 부었느니라."**

해 석 : 시몬은 예수님께서 복음을 전하러 다니실 때에 돕지도 않았다는 것입니다. 감람유는 말씀을 의미하는데 사람들의 머리에 말씀을 부으러 다니실 때 전혀 도와드리지 않았다는 것입니다. 그러나 마리아는 예수님께서 복음을 전하러 다니실 때에 기도와 물질로 도와드렸다는 것입니다.

감람유를 설명해 볼까요? 예루살렘 동쪽에 감람나무가 많아서 감람산이라고 합니다. 이 감람나무에서 열매를 따서 짜낸 기름이 감람유입니다. 왜 예수님께서는 많은 기름이 있는데 이 감람나무의 기름을 말씀에 비유하셨을까요? 이 감람나무의 기름은 이스라엘의 대표수도 예루살렘에 있고 또 동쪽에 있어서 해(빛 · 말씀)가 뜨므로 이곳의 감람유를 말씀에 비유하셨습니다.

슥 8:3 **"예루살렘은 진리의 성읍이라 일컫겠고 만군의 여호와의 산은 성산이라 일컫게 되리라."**

해 석 : 말씀이 있는 곳이 진리의 교회이며, 하나님의 거룩한 성산이라는 것입니다.

눅 24:47 **"또 그의 이름으로 죄 사함을 얻게 하는 회개가 예루살렘으로부터 시작하여 모든 족속에게 전파될 것이 기록되었으니"**

눅 24:48 **"너희는 이 모든 일의 증인이라."**

눅 24:49 **"볼지어다 내가 내 아버지의 약속하신 것을 너희에게 보내리니 너희는 위로부터 능력을 입히울 때까지 이 성에 유하라 하시니라."**

해 석 : 말씀이 있는 곳이 예루살렘 성읍이고 진리의 성읍이라는 것입니다. 그의 이름 '예수'를 풀이하면 미리 예(豫) 지킬 수(守)입니다. 결국은 '말씀'이라는 뜻을 가지고 있습니다. 죄 사함을 받는 것은 말씀대로 해야 죄 사함을 받기 때문에 예루살렘에 말씀이 있어 그곳에서부터 회개가 나오며, 말씀을 정확히 배웠을 때 확실한 증인이 나온다는 것입니다. 그래서 이곳에 능력을 입히울 때까지 머물러 있으라고 주님은 부탁하십니다.

예루살렘은 이스라엘 수도이며 예수님께서 기뻐하시는 진리의 성읍입니다. 그래서 이곳을 제목으로 생각합니다. 예수님이 하늘로 올라가실 때 제자들에게 부탁하셨습니다. 이곳에 능력을 입히울 때까지 이 성에 유하라고 명하셨습니다.

동쪽은 해 뜨는 곳을 의미하며 해는 말씀을 의미합니다.

그래서 예루살렘 동쪽 감람산에 감람나무의 열매를 짜낸 기름을 말씀에 비유하셨습니다. 왜 또 기름을 하나님 말씀으로 비유했을까요? 하나님께서는 우리가 일을 할 때에 문제없이 매끄럽게 하시길 원하십니다. 다윗이 골리앗과 싸울 때 자기 손에 알맞은 쓰기 좋은 매끄러운 돌을 골라서 사용한 것처럼, 기름은 말씀이며 매끄럽게 일을 하는 그런 의미를 가지고 있다고 생각하시면 됩니다.

렘 48:10 **"여호와의 일을 태만히 하는 자는 저주를 받을 것이요 자기 칼을 금하여 피를 흘리지 아니하는 자도 저주를 당할 것이로다."**

해 석 : 하나님의 일을 게을리 하는 자는 심판하시겠다는 말씀이며, 하

나님의 집에 구원을 위해 희생의 피를 흘리라는 것입니다. 우리는 교회에 협력해야 합니다.

딤전 2:4 **"하나님은 모든 사람이 구원을 받으며 진리를 아는데 이르기를 원하시느니라."**

해 석 : 모든 사람이 구원을 받도록, 또 진리를 알 수 있도록 노력하고 희생하기를 하나님께서는 원하시고 계십니다. 예수님께서 복음 전하러 다니실 때에 협력하고 희생했던 여인이 바로 옥합을 깨뜨려 주님께 드린 여인입니다. 복음을 전할 수 있도록 예물을 모아서 주님께 드린 것입니다.

눅 7:37 **"그 동네에 죄인인 한 여자가 있어 예수께서 바리새인의 집에 앉으셨음을 알고 향유 담은 옥합을 가지고 와서"**

해 석 : 그 동네에 죄인인 한 여인은 갈릴리 호수 서안의 성읍 출신인 일곱 귀신 들린 여인입니다. 누가복음 8장 2절에 보시면, 또한 악귀를 쫓아 내심과 병 고침을 받은 어떤 여자들, 곧 일곱 귀신이 나간 자 막달라인이라 하는 마리아와 이 여인이 예수님께 와서 바리새인과 함께 있을 때 향유를 예수님께 붓습니다. 죄가 많은 곳에 은혜가 많습니다. 우리는 주님의 은혜를 쉽게 잊을 때가 많습니다. 이 여인처럼 우리도 영원무궁 주님께, 하나님의 집에 향유를 부어야 될 것입니다. 우리는 바리새인이 되어서는 안 됩니다. 그들은 율법은 알고 있으나 지키지 않고 외식적이고 위선적입니다. 쉽게 비유를 하자면, 무화과가 잎만 무성하고 열매가 없는 것처럼 행위의 열매는 없고 말만 잘하는 자라고 보시면 됩니다.

▣ 바리새인들의 위선

마 23:1 **"이에 예수께서 무리와 제자들에게 말씀하여 가라사대"**

해 석 : 예수님께서 많은 무리와 제자들에게 말씀하십니다.

마 23:2 **"서기관들과 바리새인들이 모세의 자리에 앉았으니"**

해 석 : 모세의 율법대로 판단한다는 것입니다.

마 23:3 **"그러므로 무엇이든지 저희의 말하는 바는 행하고 지키되 저희의 하는 행위는 본받지 말라 저희는 말만 하고 행치 아니하며"**

해 석 : 저희가 말하는 바는 행하고 말하는 것은 맞게 한다는 것입니다. 그러나 행위는 본받지 말라는 것입니다. 입만 무성하고, 말만 잘한다는 것입니다. 말이 보증수표가 되라는 것입니다. 우리 모두가 이 부분을 조심하라는 것입니다.

눅 7:38 **"예수의 뒤로 그 발 곁에 서서 울며 눈물로 그 발을 적시고 자기 머리털로 씻고 그 발에 입맞추고 향유를 부으니"**

해 석 : '막달라 마리아가 예수님 뒤 발 곁에 서서 울며', 마태복음 5장 4절 말씀에 복음을 위해서 애통하는 자는 복이 있고 주님께 위로를 받을 것이라고 말씀하고 계십니다. 복음을 위해서 애통하는 자는 복이 있고 위로를 받습니다. 예수님께서 복음을 전하시러 다니시는 발을 적시고 눈물로 기도했다는 것입니다.

'자기 머리털로 씻고' 이 말씀은, 우리가 말씀을 머리로 받기 때문에 그 머리에서 나오는 그 지혜가 복음을 협력하게 하고 눈물 뿌려 기도하게 했다는 것입니다. 그렇게 함으로 예수님께서는 자기의 머리털로 씻었다는 것은 머리에 지혜가 있어 그 지혜가 눈물을 흘리게 하며, 그 머리털이 예수님께서 복음 전하러 다니실 때에 눈물로 씻어 주었다는 것입니다.

자기의 죄도 씻어지는 것입니다. 이렇게 희생함으로 죄가 많은 마리아의 죄가 사해지는 것입니다. 그 말씀이 바로 이 말씀입니다.

히 9:22 **"율법을 좇아 거의 모든 물건이 피로써 정결케 되나니 피흘림이 없은즉 사함이 없느니라."**

해 석 : 그의 나라와 그의 의를 세웁시다. 그러면 복이 쌓을 것이 없도록 부어질 것입니다. 그러나 그것이 쉬운 일은 아닙니다. 희생의 피를 흘려야 하는 것입니다. 수고와 땀을 흘려야 된다는 것입니다. 그 발에 입맞추는 것은 예수님께서 발로 복음을 전하러 다니실 때에 기도로 입을 맞추었다는 것입니다. 예수님께서 우리 머리 위에 말씀을 붓습니다. 말씀이 우리의 삶에 그리스도의 향기로 나타나기 때문에 막달아 마리아가 향유를 부은 것은, 예수님께서 복음을 전하러 다니실 때에 많은 예물을 준비해서 힘껏 도왔음을 알 수 있습니다.

막 14:3 **"예수께서 베다니 문둥이 시몬의 집에서 식사하실 때에 한 여자가 매우 값진 향유 곧 순전한 나드 한 옥합을 가지고 와서 그 옥합을 깨뜨리고 예수의 머리에 부으니"**

해 석 : 값진 것, 매우 많은 예물을 드려서 주님께서 복음을 전하러 다니실 때에 사용했다는 것입니다.

막 14:4 **"어떤 사람들이 분내어 서로 말하되 무슨 의사로 이 향유를 허비하였는가"**

해 석 : 세상 사람들, 믿음이 없는 자들은 교회에 돈을 다 갖다 준다고 이야기하고 또 그렇게 생각하고 있습니다. 그러나 허비가 아니고 하늘 창고에 저축이 되는 것입니다.

마 6:19 **"너희를 위하여 보물을 땅에 쌓아두지 말라 거기는 좀과 동록이 해하며 도적이 구멍을 뚫고 도적질하느니라."**

해 석 : 하나님 앞에 영생을 위해서 심은 것은 반드시 갚아 주신다는 것입니다. 수고한 것을 보수하겠다는 말씀입니다. 썩을 것을 심는 자는 보수를 받을 수 없습니다.

눅 16:9 **"내가 너희에게 말하노니 불의의 재물로 친구를 사귀라 그리하면 없어질 때에 저희가 영원한 처소로 너희를 영접하리라."**

해 석 : 예수님께서 우리에게 말씀하십니다. 세상의 불의의 재물로 친구(예수님)를 사귀라는 것입니다. 그리하면 이 땅에서 떠날 때에 영원한 처소, 하늘에서 영접하겠다는 것입니다. 예수님께 향유를 붓는 것은 허비가 아닙니다. 우리는 주님께 마태복음 22장 37절 말씀처럼, 네 마음을 다하고 목숨을 다하고 뜻을 다하여 하나님을 사랑하며 전부를 드리기를 노력합시다.

하나님께서 아브라함에게 이삭을 바치라 한 것은 순교를 의미합니다. 영생을 위해서 모든 것을, 목숨까지 다 드리라는 것입니다. 모리아산이 예루살렘에 있습니다. 예루살렘은 진리의 성읍입니다. 왜 이삭을 모리아산에 데려가서 번제로 드리라고 말씀하셨을까요? 예루살렘은 말씀이 있습니다. 이스라엘의 수도인 예루살렘이 예수님의 제목이기도합니다. 역대상 21장 18절에 하나님께서 갓에게 말씀하십니다. 다윗에게 여부스 사람 오르난의 타작마당에서 여호와를 위하여 단을 쌓으라 하십니다. 여기에서 알곡이 만들어집니다. 하나님께서는 우리 모두가 알곡이 되길 원하십니다. 여기에서 일꾼들이 나오며 말씀이 있는 곳에서 완전한 의인인 종려나무가 나오게 됩니다. 우리 모두가 힘껏 예루살렘에 향유를 부읍시다.

17.
선악과를 조심

선은 말씀이며 선을 멸시하고 악을 따 먹는 것을 의미합니다.

마태복음 19장 17절에 '선한 이는 오직 한 분'이시라고 예수님께서 말씀하십니다(선한 이는 오직 하나님 한 분).

마 19:17 **"네가 생명에 들어가려면 계명들을 지키라."**

해 석 : 우리에게 말씀하고 계십니다. 교회는 다니고 있으나 지키지 않으면 못 들어가는 것입니다. 지킬 수 있도록 노력해야 합니다.

요 12:50 **"그의 명령이 영생인 줄 아노라."**

해 석 : 명령이 무엇입니까? 하나님께서 명하시는 율법을 지켜야 영생을 얻을 수 있다는 것입니다. 선악과를 따 먹은 하와도 있지만 또 선악과를 따 먹은 한 여인을 소개하겠습니다. 선을 삼키고 악을 따 먹은 것입니다. 한 부부가 있습니다. 그럴 때 한 사람이 선악과를 따 먹으면 책망해야 되는 것입니다.

아합왕과 이세벨의 한 부부를 소개합니다. 아합왕이 나봇의 포도원을 탐낼 때, 부인 이세벨이 책망을 했어야 합니다. 그러나 그렇게 하지 못하고 이세벨이 나봇을 죽이고 포도원을 빼앗아 주게 됩니다. 악을 행하여 나중에 이세벨이 비참하게 죽게 됩니다. 책망하며 꾸짖으면 선악과를 따 먹을 리 없습니다. 안타까운 일입니다. 결국은 파멸에 이르게 됩니다. 우리도 예외는 아닙니다. 탐욕이 죽음에까지 이르게 됩니다. 야고보 1장 15절 말씀에 욕심이 잉태한즉 죄를 낳고 죄가 장성한즉 사망을 낳게 됩니다. 우리 모두가 이것을 꼭 기억해야 합니다. 선이 무엇인지 악이 무엇인지 잘 분별해서 지켜야 하며, 선한 말씀을 무시하고 멸시하고 악을 따 먹을 때 죽음이 오게 되는 것입니다. 명심해야 할 것입니다.

전 7:17 **"지나치게 악인이 되지 말며 우매자도 되지 말라 어찌하여 기한 전에 죽으려느냐"**

해 석 : 지나치게 악인이 되면 생명이 길지 못합니다. 주님은 우리의 머리입니다. 하나님의 자녀입니다. 하나님의 얼굴을 늘 생각해야 합니다. 하나님 얼굴에 먹칠을 해서는 안 됩니다. 바로 이것이 우매자입니다. 내 이익만 생각하고 주님의 체면은 생각하지 않고 성령님을 근심시키는 일이 있어서는 안 된다는 것입니다.

엡 5:11 **"너희는 열매 없는 어두움의 일에 참예하지 말고 도리어 책망하라."**

해 석 : 죄에는 참예하지 말고 책망하라는 것입니다. 어두움은 죄며 열매가 없습니다. 아합왕이 나봇의 포도원을 탐냈을 때, 이세벨이 책망했더라면 죄에 참예하지 않았을 것이고, 빛으로 나타나며, 비참하게 죽지 않았을 것입니다. 이 이야기는 실화입니다. 우리는 생명을 지킵시다.

아담과 하와가 선악과를 따 먹으므로 인류에게는 사망이 왔습니다. 우리는 하늘에서 말씀을 가지고 오신 주님께 감사하며 그 말씀을 주야로 묵상하고, 그 말씀을 즐기며 살아야 하겠습니다.

잠 23:14 **"그를 채찍으로 때리면 그 영혼을 음부에서 구원하리라."**

해 석 : 잘못했을 때 책망하면 그 영혼을 음부에서 구원하며, 생명을 건진다는 것입니다.

잠 23:13 **"아이를 훈계하지 아니치 말라 채찍으로 그를 때릴지라도 죽지 아니하리라."**

해 석 : 아이들이 잘못했을 때는 반드시 책망을 하고 훈계하고 그렇게 해도 안 들을 때에는 때리라는 것입니다. 그렇다고 죽지는 않는다는 것입니다. 그러나 인격은 존중하며 사랑의 매임을 알게 하고 상처를 주어서는 안 되는 것을 주의해야 할 부분입니다. 세 살 버릇이 여든까지 간다는 속담이 있듯이 누군가가 고쳐 주지 않으면 힘이 든다는 것입니다. 고아원생들이 사회에서 많은 문제를 일으키는 것은 누군가가 바르게 자랄 수 있도록 간섭하지 않아서입니다. 우리 하나님의 자녀들은 아이를 과잉보호하면 안 되는 것을 기억하고 그때그때 바른 가르침으로 책망합시다.

히 12:8 **"징계는 다 받는 것이거늘 너희에게 없으면 사생자요 참 아들이 아니니라."**

해 석 : 잘못했을 때는 누구든지 징계를 다 받아야 마땅하다고 말씀하십니다. 징계가 없으면 부모가 없는 사생아처럼 된다는 것입니다. 참 아들은 잘못했을 때 징계하고 책망한다는 것입니다.

히 12:9 **"또 우리 육체의 아버지가 우리를 징계하여도 공경하였거든 하물며 모든 영의 아버지께 더욱 복종하여 살려 하지 않겠느냐"**

해 석 : 육체의 아버지도 우리를 징계하거늘, 영과 혼을 육을 다스리는 하나님께서도 마땅히 우리를 간섭하십니다.

막 12:27 **"하나님은 죽은 자의 하나님이 아니요 산 자의 하나님이시라 너희가 크게 오해하였도다 하시니라."**

해 석 : 하나님께서 살아 계셔서 우리를 다 보고 계십니다. '너희가 살아 계신 하나님을 죽었다고 생각하느냐?' 그건 오해라는 것입니다.

사 45:15 **"구원자 이스라엘의 하나님이여 진실로 주는 스스로 숨어 계시는 하나님이시니이다."**

해 석 : 우리를 구원해 주신 이스라엘 하나님은 숨어 계셔서 통치하십니다. 하나님은 영이시기 때문에 아무도 본 사람이 없다고 합니다.

출 3:14 **"하나님이 모세에게 이르시되 나는 스스로 있는 자니라 또 이르시되 너는 이스라엘 자손에게 이같이 이르기를 스스로 있는 자가 나를 너희에게 보내셨다 하라."**

해 석 : 하나님께서 모세에게 말씀하십니다. '나는 누가 만든 것도 아니고 스스로 태초부터 있는 자'라고 말씀을 하십니다. 그래서 너는 이스라엘 자손에게 이렇게 말하라고 일러두십니다. '나를 너희에게 보낸 이는 스스로 계신 자가 보냈다'고, 구원자 이스라엘 하나님이라고 전하라는 것입니다.

히 12:10 **"저희는 잠시 자기의 뜻대로 우리를 징계하였거니와 오직 하나님은 우리의 유익을 위하여 그의 거룩하심에 참예케 하시느니라."**

해 석 : 육의 아버지는 자기의 뜻대로 징계하거니와, 오직 하나님은 우리의 유익을 위해 거룩함에 참예하기 위하여 징계하신다는 것입니다.

겔 22:26 **"그 제사장들은 내 율법을 범하였으며 나의 성물을 더럽혔으며 거룩함과 속된 것을 분변치 아니하였으며 부정함과 정한 것을**

사람으로 분변하게 하지 아니하였으며 그 눈을 가리워 나의 안식일을 보지 아니하였으므로 내가 그 가운데서 더럽힘을 받았느니라."

해 석 : 하나님께서 말씀하십니다. 제사장(목사님)이 율법을 범했다는 것입니다. 왜 그렇게 말씀하실까요? 나의 성물을 더럽혔다는 것입니다. 그 이유는 성도들에게 거룩함과 속된 것(세상에 속한 것)을 구별해서 가르치지 않았고, 부정한 것과 정한 것을 가르치지 않았기 때문에, 그래서 하나님의 안식일이 가리워져서 어떤 것이 하나님께서 기뻐하시는 것인지 싫어하시는 것인지 모른다는 것입니다. 그래서 하나님께서 우리에게 말씀하시길 더럽힘을 받았으며 무시를 당하셨다는 말씀입니다. 그러므로 하나님께서는 또 목자를 치시는 것입니다. 즉 목자를 징계하십니다.

슥 13:7 **"만군의 여호와가 말하노라 칼아 깨어서 내 목자, 내 짝된 자를 치라 목자를 치면 양이 흩어지려니와 작은 자들 위에는 내가 내 손을 드리우리라."**

해 석 : 사역자들이 바르게 못하면 하나님께서는 마귀를 통해서 우리를 치십니다. 마귀가 하나님의 경찰입니다. 사역자들이 잘못하면 마귀가 들어가 엉뚱한 짓을 할 때, 성도들이 보고 삯꾼 목자라 하며 흩어지는 것입니다. 그러나 '작은 자'는 겸손을 의미하며, 그들 위에는 하나님께서 높여주시고 도와주신다는 것입니다.

사 30:20 **"주께서 너희에게 환난의 떡과 고생의 물을 주시나 네 스승은 다시 숨기지 아니하시리니 네 눈이 네 스승을 볼 것이며"**

해 석 : 하나님께서 우리에게 환난과 고생을 주신다고 말씀하십니다. 우리의 행위가 바르게 하기 위하여 네 스승 예수님을 숨기지 않고 우리의 눈이 항상 예수님을 볼 것이며, 말씀을 따라가게 될 것이라

고 말씀하십니다.

요 14:6 **"예수께서 가라사대 내가 곧 길이요 진리요 생명이니 나로 말미암지 않고는 아버지께로 올 자가 없느니라."**

해 석 : 예수님께서 말씀하십니다. '내가 스승이니 나를 따라오라'고. 내가 곧 길이요 진리요 생명이니, 그 나라에 가려면 반드시 스승이신 예수님을 따라야 하기 때문에 숨지 않으시고 항상 인도하시겠다는 말씀입니다.

욥 33:11 **"내 발을 착고에 채우시고 나의 모든 길을 감시하신다 하였느니라."**

해 석 : 우리의 발걸음이 그냥 다니는 것처럼 보이나, 착고에 채우시고 감시하고 계신다는 것입니다.

잠 20:24 **"사람의 걸음은 여호와께로서 말미암나니 사람이 어찌 자기의 길을 알 수 있으랴."**

해 석 : 사람의 걸음은 하나님께서 인도하신다는 것입니다. 그러므로 어찌 사람이 자기의 길을 알 수 있겠느냐는 것입니다.

잠 16:1 **"마음의 경영은 사람에게 있어도 말의 응답은 여호와께로서 나느니라."**

해 석 : 사람이 모든 계획을 세울지라도 응답은 하나님께 있다는 것입니다.

잠 21:1 **"왕의 마음이 여호와의 손에 있음이 마치 보의 물과 같아서 그가 임의로 인도하시느니라."**

해 석 : 만왕의 하나님이십니다. 왕의 마음이 여호와의 손에 있다는 것은 하나님께서는 우리의 마음을 보시고 행한 대로 손으로 성취하신

다는 말씀입니다. 모든 것이 물의 보와 같다는 것은 물을 물보(저수지)에 가두어서 필요할 때마다 꺼내 쓰는 것처럼, 모든 것이 하나님의 손에 있고 사람도 그와 마찬가지라는 것입니다.

렘 17:9 **"만물보다 거짓되고 심히 부패한 것은 마음이라 누가 능히 이를 알리요마는"**

해 석 : 세상에서 제일 부패한 것은 사람의 마음입니다. 사람은 이것을 잘 모르고 하나님 · 예수님 · 성령님만이 알고 계신다는 것입니다.

딛 1:12 **"그레데인 중에 어떤 선지자가 말하되 그레데인들은 항상 거짓말장이며 악한 짐승이며 배만 위하는 게으름장이라 하니"**

해 석 : 그레데에 가서 선교한 사람 중의 어떤 분이 이야기합니다. 그레데 사람들은 항상 거짓말을 잘하며 악한 것이 짐승과 같다는 것입니다. 먹는 것만 생각하고 게으르다는 것입니다.

빌 3:19 **"저희의 마침은 멸망이요 저희의 신은 배요 그 영광은 저희의 부끄러움에 있고 땅의 일을 생각하는 자라."**

해 석 : 짐승같이 살면 마칠 때에는 멸망입니다. 저희가 바라는 목적은 짐승처럼 먹는 것이 목적이기 때문에 그것이 자기들에 신이라는 것입니다. 사람의 배가 신이라는 것입니다. 그러한 자들은 마지막에 부끄러움을 당하며 땅에 속한 자라는 것입니다.

롬 14:17 **"하나님의 나라는 먹는 것과 마시는 것이 아니요 오직 성령 안에서 의와 평강과 희락이라."**

해 석 : 하나님의 나라는 먹는 것과 마시는 데 있는 것이 아니라, 오직 말씀 안에서 의를 심으면 평강과 희락이 기쁨으로 나타난다는 것입니다.

행 3:26 **"하나님이 그 종을 세워 복 주시려고 너희에게 먼저 보내사 너희로 하여금 돌이켜 각각 그 악함을 버리게 하셨느니라."**

해 석 : 하나님께서 이 땅에 예수님을 보내주시고 또 목사님들을 세우셔서, 모든 사람들의 마음을 돌이켜 그 악함을 버리게 하시므로 복을 받을 수 있게 하셨다는 말씀입니다. 하나님께 진실로 감사합시다. 그러므로 우리를 시간시간 교회에 불러 악한 마음을 말씀으로 정화시키시는 것입니다.

시 18:30 **"하나님의 도는 완전하고 여호와의 말씀은 정미하니 저는 자기에게 피하는 모든 자의 방패시로다."**

해 석 : 하나님의 도(말씀)는 사람들의 마음을 완전하게 깎아서 만들 수 있습니다. 마음이 돌짝밭 같고 고집이 세면 풀무에 넣기도 합니다. 풀무는 고통스런 환경에 들어가는 것입니다. 이스라엘 백성이 애굽의 4백 년 종살이, 풀무의 연단 속에 들어간 것을 기억하시면 됩니다. 이렇게 해서 완전한 사람을 만들어 가십니다. 또 하나님의 말씀은 정미하니, 하나님의 말씀은 바를 정(正) 아름다울 미(美), 아름답다는 것입니다.

거짓이 없고 진실한 말씀이라는 것입니다. 그 옛날에 시골에 가 보면 방앗간이 있습니다. 그런데 또 그곳을 정미소라고도 합니다. 거기에 있는 기계에 벼를 집어넣고 기계를 돌리면 쌀이 아름답게 깎여서 나오는 것을 볼 수 있습니다. 그러므로 하나님의 말씀으로 우리 마음을 아름답게 정미하는 곳이 곧 교회요, 이곳이 영적 정미소도 되며 방앗간도 되는 것입니다.

출 30:1 **"너는 분향할 단을 만들지니 곧 조각목으로 만들되"**

해 석 : 사람이 교회입니다. 우리 마음이 조각목이니 하나님을 섬길 수

있는 마음의 분향단을 만들라는 것입니다. –조각목 · 가시나무

고전 3:16–17 **"너희가 하나님의 성전인 것과 하나님의 성령이 너희 안에 거하시는 것을 알지 못하느뇨 누구든지 하나님의 성전을 더럽히면 하나님이 그 사람을 멸하시리라 하나님의 성전은 거룩하니 너희도 그러하니라."**

해 석 : 우리의 마음을 깨끗이 하라는 것입니다. 성령님을 모시라는 것입니다. 우리의 마음에 하나님을 경외할 수 있는 분향단을 만들라는 것입니다. 하나님께서 분향단을 만드실 때 '조각목', 검을 조(皀), 뿔 각(角), 나무 목(木)으로 만들라고 명령하셨습니다. 그 이유가 무엇일까요? 사람을 나무로 비유하십니다. 마음들이 검고 교만한 뿔이 있어 하나님의 말씀의 조각칼로 하나님을 경외할 수 있는 마음의 분향단을 만들라는 것입니다.

잠 26:9 **"미련한 자의 입의 잠언은 술 취한 자의 손에 든 가시나무 같으니라."**

해 석 : 미련한 자의 입은 가시나무, 인생은 가시나무라는 것입니다. 미련의 입을 술 취한 자에게 비유하셨습니다. 남도 찌르고 자기도 찌르고, 그래서 인생은 가시나무라서 조각목으로 분향단을 만들라고 명령하셨습니다. 우리 마음(조각목)을 예수님의 형상으로 만들라는 것입니다.

딛 1:5 **"내가 너를 그레데에 떨어뜨려 둔 이유는 부족한 일을 바로잡고 나의 명한 대로 각 성에 장로들을 세우게 하려 함이니"**

해 석 : 사도 바울이 디도를 그레데에 두고 온 것은 그레데 사람들의 마음을 말씀으로 바로잡기 위하여, 교회를 세우고 장로들을 세우기 위함이라고 디도에게 설명하면서 부탁하는 말씀이 있었습니다.

딛 1:6-9 **"책망할 것이 없고 한 아내의 남편이며 방탕하다 하는 비방이나 불순종하는 일이 없는 믿는 자녀를 둔 자라야 할지라 감독은 하나님의 청지기로서 책망할 것이 없고 제 고집대로 하지 아니하며 급히 분내지 아니하며 술을 즐기지 아니하며 구타하지 아니하며 더러운 이를 탐하지 아니하며 오직 나그네를 대접하며 선을 좋아하며 근신하며 의로우며 거룩하며 절제하며 미쁜 말씀의 가르침을 그대로 지켜야 하리니 이는 능히 바른 교훈으로 권면하고 거스려 말하는 자들을 책망하게 하려 함이라."**

해 석 : 지도자의 자격을 자세히 설명하고 있습니다. 자녀들까지도 불순종하는 일이 없고 믿는 자녀를 둔 자라야 하며, 하나님 말씀을 그대로 지켜야 하며 바른 교훈으로 권면하고 거스려 말하는 자들을 책망해야 한다고 권면합니다.

딛 2:7 **"범사에 네 자신으로 선한 일의 본을 보여 교훈의 부패치 아니함과 경건함과"**

해 석 : 선한 일에 본을 보이는 것은 하나님의 교훈이 빛나게 하라는 것입니다.

딛 2:8 **"책망할 것이 없는 바른 말을 하게 하라 이는 대적하는 자로 하여금 부끄러워 우리를 악하다 할 것이 없게 하려 함이라"**

해 석 : 대적하는 자로 하여금 부끄러움을 당하지 않으며, 악하다 하지 않도록 주의하라고 바울 사도는 디도에게 부탁합니다.

딛 2:9 **"종들로는 자기 상전들에게 범사에 순종하여 기쁘게 하고 거스려 말하지 말며"**

해 석 : 질서를 말씀하십니다. 상전들에게 순종하고 기쁘게 하고 거스르지 말라는 것입니다.

갈 6:6 **"가르침을 받는 자는 말씀을 가르치는 자와 모든 좋은 것을 함께 하라."**

해 석 : 제자는 스승에게 좋은 것을 함께 나누며 기쁨을 함께하라는 것입니다.

딛 2:10 **"떼어 먹지 말고 오직 선한 충성을 다하게 하라 이는 범사에 우리 구주 하나님의 교훈을 빛나게 하려 함이라."**

해 석 : 말씀을 하나도 빠짐없이 잘 지키라는 것입니다. 말씀 앞에 충성을 다하라는 것입니다. 우리가 말씀을 지키므로 하나님께서 영광을 받고 하나님의 교훈이 빛나게 된다는 것입니다.

딤후 3:16 **"모든 성경은 하나님의 감동으로 된 것으로 교훈과 책망과 바르게 함과 의로 교육하기에 유익하니"**

해 석 : 모든 성경은 하나님의 뜻으로 되어 있습니다. 뜻 안에는 우리를 향하신 말씀의 교훈과 책망과 바르게 고치기 위함이며, 의를 나타내는 데 유익한 거룩한 책이라는 것입니다. 하나님께서 예수님을 통해 우리를 고치려고 성경을 보내 주셨습니다. 우리는 이 말씀을 받고 어두운 세상에 일어나 빛을 온 세계에 비춰야 될 것입니다.

신명기 33장 2절에 여호와께서도 세일산에서 일어나셔서 바란산까지 비취셨다고 기록되어 있습니다. 세일산에는 에서의 후손인 에돔이 살고 바란산에는 아브람의 후처인 하갈과 이스마엘이 살고 있었습니다. 세일산은 '험한 산'이라는 이름을 가지고 있고 말씀대로 살지 않으면 험한 인생을 산다는 것입니다. 바란산에서는 길들여지지 않는 들나귀들이 산다는 것입니다. 그래서 비취셨습니다. 우리도 열심히 비춰 봅시다.

18.
하나님의 성취

레 19:1 **"여호와께서 모세에게 일러 가라사대"**

해 석 : 하나님께서 모세에게 부탁하시는 말씀입니다.

레 19:2 **"너는 이스라엘 자손의 온 회중에게 고하여 이르라 너희는 거룩하라 나 여호와 너희 하나님이 거룩함이니라."**

해 석 : 하나님께서 모세에게 말씀하십니다. 이스라엘 모든 백성에게 거룩해야 한다고, 하나님도 거룩하니 너희도 거룩하라는 것입니다. 정직하고 깨끗한 삶을 살아야 한다고 말씀하십니다.

하나님의 성취는 모든 것이 거룩하게 하기 위하여 일을 하십니다. 이 땅의 모든 것을 살피시고 악은 소멸하시고 태우시고 선은 아름답게 거룩하게 이루어 가시는 하나님이십니다. 우리 인생들을 살피시고 거룩하게 성취해 가시는 하나님의 뜻을 따라 살아야 할 것입니다.

사 45:7 **"나는 빛도 짓고 어두움도 창조하며 나는 평안도 짓고 환난도 창조하나니 나는 여호와라 이 모든 일을 행하는 자니라 하였노라."**

해 석 : 우리가 의를 행할 때 우리 가정에 좋은 일, 기쁜 일을 성취하십니다. 즉 빛을 뿌려 주십니다. 평안도 짓고 환난도 창조하십니다. 우리가 죄를 창출할 때는 어두움이 찾아옵니다. 환경에 어려움이

오고 환난도 찾아오며 고난도 시작됩니다. 이 모든 것이 여호와 하나님께서 행하시며 성취하시는 일입니다.

시 119:165 **"주의 법을 사랑하는 자에게는 큰 평안이 있으니 저희에게 장애물이 없으리이다."**

해 석 : 하나님의 말씀을 잘 지키는 자는 큰 평안이 있고, 그 후에는 장애물, 즉 시험거리가 없다는 것입니다. 말씀을 잘 지켜 평안을 누립시다.

욥은 이렇게 이야기합니다.

욥 23:12 **"내가 그의 입술의 명령을 어기지 아니하고 일정한 음식보다 그 입의 말씀을 귀히 여겼구나."**

해 석 : 모든 사람이 목구멍이 포도청이라고 이야기합니다. 먹는 것에 목숨을 겁니다. 좋은 것을 먹으려고. 그러나 욥은 말씀에 목숨을 겁니다. 왜 그럴까요? 생명에 들어가려고. 세 끼 먹는 육의 양식보다 영원한 그 나라를 위해 말씀을 소중히 여깁니다. 참으로 본받을 만한 욥의 신앙을 기억합시다.

요 12:50 **"나는 그의 명령이 영생인 줄 아노라 그러므로 나의 이르는 것은 내 아버지께서 내게 말씀하신 그대로 이르노라 하시니라."**

해 석 : 예수님께서 말씀하십니다. 아버지의 말씀이 영생이기 때문에 아버지께서 나에게 명령하신 말씀을 그대로 우리에게 일러주신다고 말씀하고 계십니다. 명령을 지켜야 형통할 수 있고 영생도 얻을 수 있다는 말씀입니다.

렘 29:11 **"나 여호와가 말하노라 너희를 향한 나의 생각은 내가 아나니 재앙이 아니라 곧 평안이요 너희 장래에 소망을 주려 하는**

생각이라."

해 석 : 하나님께서 말씀하십니다. 우리를 향하신 하나님께서는 우리의 생각을 아십니다. 잘못할 때에는 어려움을 주시는데 그것이 재앙이 아니라 소망을 주는 것이라고 일러 주십니다.

잠 21:1 **"왕의 마음이 여호와의 손에 있음이 마치 보의 물과 같아서 그가 임의로 인도하시느니라."**

해 석 : 왕의 마음이 하나님의 손에 있다는 것은 우리의 마음을 보시고 행한 대로 갚으시고, 사람의 계획대로 가는 것이 아니라 하나님께서 일을 성취하시는 것입니다. 마치 물을 저수지에 가두어 놓고 필요할 때마다 꺼내 쓰는 것처럼 사람도 그러하다는 것입니다.

욥 33:11 **"내 발을 착고에 채우시고 나의 모든 길을 감시하신다 하였느니라."**

해 석 : 우리가 걸어가는 인생길을 살펴보시고, 환경으로 착고를 채우시며 모든 길을 감시하신다고 말씀하십니다.

잠 16:9 **"사람이 마음으로 자기의 길을 계획할지라도 그 걸음을 인도하는 자는 여호와시니라."**

해 석 : 사람들이 마음먹은 대로 되는 게 없다고 하는 말이 바로 이 이야기입니다. 하나님은 완전하십니다. 바르게 가지 못할 때 환경으로 막으십니다. 그래서 선악을 분별할 수 있는 눈이 있어야 하겠습니다.

막 12:27 **"하나님은 죽은 자의 하나님이 아니요 산 자의 하나님이시라 너희가 크게 오해하였도다 하시니라."**

해 석 : '나는 살아 있어 너희를 살피며 다 보고 있다. 너희는 나를 속이

지 말라. 죽은 하나님인 줄 알았더냐? 그건 오해'라고 말씀하고 계십니다. 하나님께서 행한 대로 갚으시는 것을 확인해 보겠습니다.

사 59:17 **"의로 호심경을 삼으시며 구원을 그 머리에 써서 투구를 삼으시며 보수로 속옷을 삼으시며 열심을 입어 겉옷을 삼으시고"**

해 석 : 호심경이란? 보호할 호(護), 마음 심(心), 거울 경(鏡). 우리 모두가 의를 심는 것을 마음에서 거울처럼 보시고 구원의 투구를 씌워 보호하십니다. 우리가 봉사한 것을 속옷처럼 가려져 있는 것을 보시고 보수로 갚아 주십니다. 겉옷은 열심을 의미하며 열심히 일하는 사람은 겉옷을 벗고 일을 합니다. 이 열심을 살아 계신 하나님께서 보시고 갚아 주시겠다고 말씀하십니다.

요 6:27 **"썩는 양식을 위하여 일하지 말고 영생하도록 있는 양식을 위하여 하라 이 양식은 인자가 너희에게 주리니 인자는 아버지 하나님의 인치신 자니라."**

해 석 : 그의 나라와 그의 의를 구하라는 것입니다. 하늘나라를 구하며 영원한 것을 위하여 힘쓰라는 것입니다. 썩는 것은 다 소멸되며 상급도 없습니다.

하늘의 양식을 인자이신 예수님께서 우리에게 주시며, 예수님은 또 아버지께서 말씀으로 예수님께 내려 주신다는 말씀입니다. 예수님께서 좋아하시는 선물을 살펴볼까요? 예수님은 썩지 않는 선물을 좋아하십니다.

마 2:11 **"집에 들어가 아기와 그 모친 마리아의 함께 있는 것을 보고 엎드려 아기께 경배하고 보배합을 열어 황금과 유향과 몰약을 예물로 드리니라."**

해 석 : 동방박사들이 예수님께 선물을 가지고 왔습니다. 황금(변치 않

는 믿음), 유향(그리스도의 향기. 말씀대로 일하는 것), 몰약(예물)입니다. 일하라고 교회에, 하나님 앞에 예물을 가지고 오는 것입니다. 이것이 썩지 않는 양식입니다. 주님은 이 선물을 좋아하십니다. 우리가 이 땅을 떠나갈 때 이 선물을 가지고 주님 앞에 갑니다. 이 선물을 주님께 드리면 주님이 수고했다고 우리에게 생명의 면류관을 씌워 주십니다.

아 4:6 **"날이 기울고 그림자가 갈 때에 내가 몰약 산과 유향의 작은 산으로 가리라."**

해 석 : 인생의 날이 기울고 이 세상을 떠나갈 때 썩지 않는 양식을 위해서 심었던 몰약의 산, 주님이 계시는 곳, 주님의 향기가 가득한 작은(겸손한) 나라, 우리가 이곳을 준비해야 할 것입니다. 우리가 행위로 가는 것이 아니고 하나님의 은혜라고 말하면서 그냥 믿으면 된다고 하시는 그 이야기들을 다시 한 번 생각해 봅시다. 하나님의 은혜는 맞습니다. 그러나 우리의 일한 것들이 하나님의 은혜를 다 갚지는 못합니다. 그러나 행위로 가지 못한다는 것을 오해하시면 안 됩니다. 열심히 충성을 해도 말씀대로 해야 하며, 그렇지 않으면 못 간다는 것입니다. 하나님 말씀을 의지하고 그대로 따라가는 것이 믿음입니다. 우리의 생각대로 고집대로 하면 그 행위로는 가지 못한다고 경고하십니다. 하나님 은혜라고 하면서 그냥 일은 안하고 주일만 지키는 분들이 많이 있습니다. 그러면 안 됩니다. 일을 해야 합니다. 행한 대로 갚으시는 공의의 하나님이십니다.

딤후 2:5 **"경기하는 자가 법대로 경기하지 아니하면 면류관을 얻지 못할 것이며"**

해 석 : 하나님의 법대로 해야 면류관을 받아 쓸 수 있습니다.

사 16:12 **"모압 사람이 그 산당에서 피곤하도록 봉사하며 자기 성소에 나아가서 기도할지라도 무효하리로다."**

해 석 : 하나님의 방법으로 하지 않고 사람의 생각으로 하는 자가 모압 계통입니다. 예를 들면 과거에는 인구가 많다고 아이를 못 낳게 하고 아이를 많이 낳은 집에는 의료 혜택도 안 주고, 지금은 또 많이 낳으라 하는, 사람의 방법대로 하는 이런 일들이 모압 사람입니다. 창세기 1장 28절에, '생육하고 번성하고 충만하라'고 했는데 요즘 결혼도 안하고 자기만 살고 죽는 아담형 산 영, 그런 자가 되어서는 안 되며, 예수님처럼 살려주는 영이 되어야 합니다. 모압은 법을 어기는 것이며 모압은 불순종의 아들이라고 말할 수 있습니다.

사람의 방법대로 하는 자, 교회 일도 마찬가지입니다. 이런 자가 교회에서 피곤하도록 봉사하며 기도할지라도 무효하고 상급이 없다는 것입니다. 우리의 행위가 내 생각대로 하는 것입니다. 믿음으로, 주님의 법대로 해야 합니다. 교회만 다니면 하나님 은혜로 그 나라에 들어간다고 생각하십니까?

일을 해야 합니다. 주님이 우리를 위해 피를 흘리셨습니다. 우리도 구원 때문에 희생의 피를 흘려야 합니다.

히 9:22 **"율법을 좇아 거의 모든 물건이 피로써 정결케 되나니 피흘림이 없은즉 사함이 없느니라."**

해 석 : 하나님의 법을 따라 순종해야 모든 것이 깨끗하게 되고, 희생의 피를 흘려야 죄 사함을 받고 용서해 주신다는 말씀입니다.

19.
하나님의 사랑

잠 8:17 **"나를 사랑하는 자들이 나의 사랑을 입으며 나를 간절히 찾는 자가 나를 만날 것이니라."**

해 석 : 하나님의 계명을 지키는 자들이 하나님을 사랑하는 것입니다. 그리고 하나님의 사랑을 받게 됩니다. 간절히 찾아야 만나 주시겠다는 말씀입니다. 주님의 법을 지키고 사랑받고 간절히 찾고 만나 형통의 길로 갑시다. '네가 나를 사랑하는 것은 나의 계명을 지키는 것이라'고 하십니다.

요일 2:3 **"우리가 그의 계명을 지키면 이로써 우리가 저를 아는 줄로 알 것이요"**

해 석 : 우리가 하나님 말씀을 지키면, 우리가 예수님을 아는 줄로 생각하시겠다는 말씀입니다.

요일 2:4 **"저를 아노라 하고 그의 계명을 지키지 아니하는 자는 거짓말하는 자요 진리가 그 속에 있지 아니하되"**

해 석 : 예수님을 아노라 하고 말씀을 지키지 아니하는 자는 거짓말쟁이라는 것입니다. 하나님의 말씀이 그 속에 없다는 것입니다.

롬 8:16 **"성령이 친히 우리 영으로 더불어 우리가 하나님의 자녀인 것을 증거하시나니"**

해 석 : 우리 안에 주님의 영이 있음을 보시고, 우리가 하나님의 자녀인 것을 성령님은 증거로 확인할 수 있다고 말씀하십니다.

요일 3:8 **"죄를 짓는 자는 마귀에게 속하나니 마귀는 처음부터 범죄함이니라 하나님의 아들이 나타나신 것은 마귀의 일을 멸하려 하심이니라."**

해 석 : 불순종하면 마귀의 소속이요 순종하면 천사의 소속인 것입니다. 우리도 주님처럼 마귀의 일을 멸해야 합니다. 우리는 별입니다. 별은 하늘의 붙어 있어 반짝반짝 이 세상을 비추듯이, 우리는 말씀에 붙어 있어 사람들에게 비추어 어두운 마음들을 몰아내며 사명을 잘 감당해야 하겠습니다. 방향을 제시해 주는 별들이 땅에 떨어지며 찍히는 것은 주님께 사랑받지 못합니다.

사 14:12 **"너 아침의 아들 계명성이여 어찌 그리 하늘에서 떨어졌으며 너 열국을 엎은 자여 어찌 그리 땅에 찍혔는고"**

해 석 : '아침빛같이 뚜렷하고 달같이 아름답고 해같이 밝은 아들, 새벽녘에 계명성별처럼 빛나는 아들이여, 왜 사명을 감당하지 못하고 말씀에서 떨어졌느냐?' 하고 묻고 계십니다. '네가 전에는 여러 나라를 다니면서 이 세상의 황무지 땅을 말씀의 쟁기로 갈아엎어 옥토를 만들더니, 지금은 왜 그렇게 되었느냐?'고 의아해하시며, '왜 별이 하늘에서 떨어져 찍혔는고!' 하시며 한숨 쉬시고 근심하고 계십니다. 성령으로 시작하여 육체로 마치는 별이 되지 말아야 하겠습니다.

갈 3:3 **"너희가 이같이 어리석으냐 성령으로 시작하였다가 이제는 육체로 마치겠느냐"**

해 석 : 어리석은 자가 되지 맙시다. 육신의 생각은 사망입니다. 영은

생명과 평안입니다. 죄과의 열매를 찾아보시겠습니다.

애 4:1 **“슬프다 어찌 그리 금이 빛을 잃고 정금이 변하였으며 성소의 돌이 각 거리 머리에 쏟아졌는고”**

해 석 : 하나님께서 주님을 믿는 백성들을 향해서 하시는 말씀입니다. 첫사랑을 잃어버려 슬프다는 것입니다. 변치 않는 금 믿음이 변했다는 것입니다. 성소(교회)의 돌이 각 머리에 쏟아졌다는 것은, 교회 안에 돌처럼 깨지지 않고 머리가 되는 든든한 일꾼들이 교회 밖에 세상으로 쏟아져 나오는 모습을 보고, 슬프다고 예레미야를 통해 하나님께서 말씀을 하고 계십니다. 이것이 죄의 결과의 열매라는 것입니다.

애 4:2 **“시온의 아들들이 보배로워 정금에 비할러니 어찌 그리 토기장이의 만든 질항아리같이 여김이 되었는고”**

해 석 : 말씀대로 하는 하나님의 자녀들이 보배로워 정금에도 비교할 수 없다는 것입니다. 그런데 어찌 토기장이가 만든 잘 깨지는 질항아리같이 변질되었느냐고 슬퍼하십니다.

애 4:3 **“들개는 오히려 젖을 내어 새끼를 먹이나 처녀 내 백성은 잔인하여 광야의 타조 같도다.”**

해 석 : 하나님께서 우리를 타조에 비유하셨습니다. 들개는 새끼에게 젖을 먹이는데, 하나님의 자녀들이 후대들에게 영의 양식을 안 먹인다는 것입니다. 잔인한 타조에게 비유하셨습니다. 타조는 새끼를 생각하지 않습니다.

애 4:4 **“젖먹이가 목말라서 혀가 입천장에 붙음이여 어린 아이가 떡을 구하나 떼어 줄 사람이 없도다.”**

해 석 : 믿음이 없는 성도들을 어린아이라고 합니다. 말씀이 없어 목말라 하는 성도들의 표현을 입천장에 혀가 붙었다고 말씀하십니다. 떡(말씀)을 구하나 가르칠 자가 없다는 것입니다.

애 4:5 **"진수를 먹던 자가 거리에 외로움이여 전에는 붉은 옷을 입고 길리운 자가 이제는 거름더미를 안았도다."**

해 석 : 진수, 즉 하나님의 말씀을 잘 먹고 일을 잘하던 자가 이제는 일을 안 하고 외롭게 앉아 있다는 것입니다. 전에는 붉은 옷을 입었다는 것은 예수님의 보혈의 피를 의미하며 진리의 옷 입고 있었고 후배를 잘 길렀는데, 지금은 거름더미(더러운 세상) 가운데 앉아 있다고 말씀하십니다. 위의 말씀은 말씀에서 떨어지면 안 된다고 말씀하시고 후대를 잘 기르라는 말씀이십니다.

요일 2:5 **"누구든지 그의 말씀을 지키는 자는 하나님의 사랑이 참으로 그 속에서 온전케 되었나니 이로써 우리가 저 안에 있는 줄을 아노라."**

해 석 : 우리 모두가 하나님의 말씀을 지키는 자는 하나님의 사랑이 우리 안에 있는 것을 알 수 있고, 열매로 나타낼 때 온전케 되었다고 말씀하십니다. 성령님이 우리 안에 계심을 확인할 수 있다고 말씀하십니다.

요일 4:7 **"사랑하는 자들아 우리가 서로 사랑하자 사랑은 하나님께 속한 것이니 사랑하는 자마다 하나님께로 나서 하나님을 알고"**

해 석 : 성경은 사랑 책입니다. 서로 사랑하라고 주님이 가지고 오셨습니다. 우리를 죽기까지 사랑하셨기에 다투지 말고 행복하게 살아가게 하기 위해 말씀을 가지고 오신 것입니다. 지키는 자는 하나님의 뜻을 알고 하나님께 속한 자로 여긴다는 것입니다.

마 22:37-40 **"예수께서 가라사대 네 마음을 다하고 목숨을 다하고 뜻을 다하여 주 너의 하나님을 사랑하라 하셨으니 이것이 크고 첫째 되는 계명이요 둘째는 그와 같으니 네 이웃을 네 몸과 같이 사랑하라 하셨으니 이 두 계명이 온 율법과 선지자의 강령이니라."**

해 석 : 예수님께서 우리에게 부탁하십니다. 마음과 목숨과 뜻을 다하여 계명을 지키라는 것입니다. 이것이 하나님을 사랑하는 것이라고 설명하고 계십니다. 첫째는 명령을 지키는 것이며, 둘째는 이웃을 내 몸과 같이 사랑하는 것입니다. 이 두 계명이 성경 전체 중에 크고 핵심 말씀이라서, 선지자들에게 중요하다고 후대들에게 잘 가르치라고 강한 어조로 말씀하셨다는 내용입니다.

요일 4:16 **"하나님이 우리를 사랑하시는 사랑을 우리가 알고 믿었노니 하나님은 사랑이시라 사랑 안에 거하는 자는 하나님 안에 거하고 하나님도 그 안에 거하시느니라."**

해 석 : 예수님께서 우리를 위해 십자가에서 피 흘리신 그 보혈이 우리를 사랑하신 증거입니다. 그것을 알고 믿었다는 것입니다. 그래서 사랑이라는 것입니다. 그 사랑 안에는 하나님의 명령이 있기에 하나님이 그 안에 거하신다고 말씀하시고, 하나님의 법을 지키는 자도 그 사랑 안에 거하는 자라고 말씀하십니다.

요일 5:3 **"하나님을 사랑하는 것은 이것이니 우리가 그의 계명들을 지키는 것이라 그의 계명들은 무거운 것이 아니로다."**

해 석 : 네가 나를 사랑하는 것은 이것이니 계명을 지키는 것이라, 계명을 지키면 형통하지만 그렇지 않으면 힘이 들고 무거운 짐이 된다는 경고의 메시지입니다.

창 27:40 **"너는 칼을 믿고 생활하겠고 네 아우를 섬길 것이며 네가 매임을 벗을 때에는 그 멍에를 네 목에서 떨쳐버리리라 하였더라."**

해 석 : 이삭이 에서에게 '너는 믿음이 없으니 힘을 믿고 살겠고, 영의 사람 네 아우를 섬길 것'이라고 예언합니다. '네가 매임(죄에 매임)을 벗을 때에는 네 목에 매였던 무거운 멍에가 가벼워질 것이며, 목에서 죄에 줄을 끌러 네 목에서 멍에를 떨쳐 내버리라.' 그러면 살아갈 때에 짐이 가벼워질 것이라는 부탁을 합니다. 계명은 가벼운 것이며 우리에게 성경을 주신 하나님께 감사합시다. 아담이 낳은 가인과 아벨이 있습니다. 하나님께서는 아벨을 사랑하셨습니다. 그 이유는 이것입니다. 하나님께서는 첫것을 기뻐하십니다.

창 4:4 **"아벨은 자기도 양의 첫 새끼와 그 기름으로 드렸더니 여호와께서 아벨과 그 제물은 열납하셨으나"**

해 석 : 아벨은 자기 자신이 양의 첫 새끼와 그 기름으로 하나님께 드렸다는 것은 '양'은 순종을 말하며 아벨을 의미합니다. '첫'것은 십일조를 의미하며 '기름'은 말씀대로 순종해서 열납하셨다는 것입니다. 그러므로 아벨은 사랑하셨고 가인은 미워하셨습니다.

십일조를 설명해 볼까요? 하나님의 명령입니다.

요 12:50 **"나는 그의 명령이 영생인 줄 아노라."**

해 석 : 연중의 십일조는 1년 중 시간의 십일조를 말합니다. 첫 달 첫날부터 7일까지 하나님 앞에 감사하며, 1년을 주님께 맡기는 것입니다. 7일은 완전 숫자이기도하지만 주님 앞에 1년의 생업을 완전히 맡기는 부탁의 예배입니다. 주님이 아주 기뻐하십니다.

이것이 이스라엘 백성의 유월절 예배입니다. 우리가 유월절 예배를 드리는 이유는 무엇일까요? 예수님을 믿는 백성은 다 이스라엘입니다. '이스라엘'은 예수님을 의미하는 것입니다. 이스라엘은 애굽에서 건져 주셨고, 우리는 일본에서 건져 주셨고, 또 지옥에서 출애굽시켜 주셨으니, 1월 1일 첫 시간을 하나님 앞에 드려야 되지 않겠습니까? 이방인들도 해를 보면 소원이 이루어진다고 연중 첫날, 해가 신인 줄 알고 찾아가는데 우리는 해가 바뀌는데 당연히 하나님 앞에 나아가 예배드려야 되지 않겠습니까?

시 37:3 **"여호와를 의뢰하여 선을 행하라 땅에 거하여 그의 성실로 식물을 삼을지어다."**

해 석 : 하나님을 의지하고 바르게 살라는 것입니다. 정직으로 식물을 삼으라는 것입니다.

시 37:4 **"또 여호와를 기뻐하라 저가 네 마음의 소원을 이루어 주시리로다."**

해 석 : 하나님을 기쁘시게 하면 마음의 소원을 이루어 주신다는 말씀입니다. 이방인들이 해를 보면 소원이 이루어진다는 것이 하늘의 해가 아니고 비유로 말씀하셨습니다. 해는 세상을 비추는 빛입니다. 이 빛이 말씀입니다. 하나님 앞에 나와서 말씀을 듣고 우리가 어두운 세상을 비추면 하나님께서 기뻐하실 것입니다. 할렐루야! 이렇게 할 때 우리의 모든 소원이 이루어지는 것입니다. 히스기야의 유월절 행사를 살펴보시겠습니다.

대하 30:1 **"히스기야가 온 이스라엘과 유다에 보내고 또 에브라임과 므낫세에 편지를 보내어 예루살렘 여호와의 전에 와서 이스라엘 하나님 여호와를 위하여 유월절을 지키라 하니라."**

해 석 : 히스기야 왕이 온 이스라엘 남북에, 또 에브라임과 므낫세에게

편지를 보내어 예루살렘 여호와의 전에 와서, 이스라엘 하나님 여호와를 위하여 유월절을 지키라고 명령합니다.

대하 30:13 **"이월에 백성이 무교절을 지키려 하여 예루살렘에 많이 모이니 심히 큰 회라."**

해 석 : 하나님의 백성이 예루살렘에 무교절(유월절)을 지키기 위하여 심히 많이 모였더라는 것입니다. 무교절은 이방 사람과 절교하며 말씀만 먹고 하나님 앞에 영광만 돌리라고 말씀하십니다.

대하 30:22 **"히스기야는 여호와를 섬기는 일에 통달한 모든 레위 사람에게 위로하였더라 이와 같이 절기 칠 일 동안에 무리가 먹으며 화목제를 드리고 그 열조의 하나님 여호와께 감사하였더라."**

해 석 : 히스기야 왕은 모든 레위 사람들을 위로하고, 7일 동안 먹고 하나님께 화목제를 드려 죄를 회개하고 하나님께 감사하며 절기를 지켰다고 기록되어 있습니다. 그 후에 나타난 축복을 살펴보겠습니다.

대하 30:26 **"예루살렘에 큰 희락이 있었으니 이스라엘 왕 다윗의 아들 솔로몬 때로부터 이러한 희락이 예루살렘에 없었더라."**

해 석 : 유월절을 지켰더니 예루살렘에 큰 기쁨이 있었고, 이스라엘 왕 다윗의 아들 솔로몬 때로부터 이러한 희락이 예루살렘에 없었더라는 것입니다. 히스기야 왕 때 유월절을 지켜 많은 축복을 받았다는 메시지입니다.

출 23:14 **"너는 매년 삼차 내게 절기를 지킬지니라."**

해 석 : 이 삼차가 유월절(무교절) · 맥추절 · 추수감사절입니다. 이것이 다 첫것입니다. 유월절은 앞에서 설명을 드렸고 맥추절은 반년 동

안 농사지은 보리의 수확 첫것을 의미합니다. 추수감사 절기는 1년에 수확한 것을 의미하며 이것도 첫것입니다.

신 16:16 **"너의 중 모든 남자는 일 년 삼차 곧 무교절과 칠칠절과 초막절에 네 하나님 여호와의 택하신 곳에서 여호와께 보이되 공수로 여호와께 보이지 말고"**

해 석 : '우리 모든 남자는'이라고 말씀하십니다. 남자는 힘이 있습니다. 말씀이 있는 자는 이 세 절기를 힘껏 하나님께서 택하신 교회에서 드리고 공수, 즉 빈손으로 보이지 말라는 것입니다.

고전 16:13 **"깨어 믿음에 굳게 서서 남자답게 강건하여라."**

해 석 : 깨어 믿음에 굳게 서 있는 자가 남자입니다.

출 23:17 **"너의 모든 남자는 매년 세 번씩 주 여호와께 보일지니라."**

해 석 : 깨어 믿음에 굳게 서 있는 자는 매년 세 번씩 하나님께서 명령하신 절기를 지키라는 것입니다.

한 주간의 첫날이 주일입니다. 첫날 하루를 주님께 드리는 것입니다. 이것도 한 주간의 주일의 첫것을 드리는 것입니다. 이날은 내 날이 아닙니다. 하나님 앞에 구별되어 경건하게 거룩하게 드려지는 시간들입니다. 우리의 시간으로 사용하시면 안 됩니다. 그 뜻은 지금 모든 예배가 줄어가고 있습니다. 주일날 우리 모두가 말씀을 듣고 선한 열매를 맺기를 원하시는 하나님께 예배를 드리지 않고, 우리의 시간으로 사용한다면 나중에는 생명길을 잊어버리게 됩니다. 그래서 첫것을 중요하게 생각하십니다. 새벽예배는 하루의 일과를 주님께 맡기며 기도하는 것입니다. 첫 시간을 하나님께 드리는 것입니다.

예물의 십일조를 살펴보겠습니다.

마 23:23 **"화 있을진저 외식하는 서기관들과 바리새인들이여 너희가 박하와 회향과 근채의 십일조를 드리되 율법의 더 중한바 의와 인과 신은 버렸도다 그러나 이것도 행하고 저것도 버리지 말아야 할지니라."**

해 석 : 형식적으로 십일조를 하는 서기관들과 바리새인들은 화가 있다는 것입니다. 식물과 채소와 모든 십일조를 드리는데 율법, 하나님의 법대로 드리지 않았다는 것입니다. 예물도 드리지만 더 중요한 것은 '의'(바르고 정직하게 번 돈), '인'(겸손하게 드리기를 원하며), '신'(하나님의 것으로 알고 마땅히 하나님께 드리는 십의 일조), 이것이 첫것입니다. 아벨이 양의 첫새끼를 드려서 하나님께서 받으셨습니다. 아벨이 양입니다. 순종을 의미합니다. 첫것을 드렸고 새끼는 그때그때 아까워하지 않고 십일조를 드렸다는 것입니다.

출 23:19 **"너의 토지에서 처음 익은 열매의 첫것을 가져다가 너의 하나님 여호와의 전에 드릴지니라 너는 염소 새끼를 그 어미의 젖으로 삶지 말지니라."**

해 석 : 염소는 불순종을 의미합니다. 십일조를 아까워서 그때그때 내지 않고 어미로 키워서 새끼 낳고 젖을 먹일 때까지 기다리지 말고, 그때그때 내놓으라는 것입니다. 제일 먼저 그의 나라와 그의 의를 위해서 하나님께 드리라는 것입니다. 아홉은 우리가 쓰도록 허락하신 것입니다. 아홉을 쓰고 한 개를 빼앗아 쓰게 되면 주님이 무엇이라 말씀하시겠습니까. 그것은 뻔한 일입니다. 꼭 기억해야 할 것은 하나님의 것은 사람이 취득할 수 없다는 것을 기억해야 합니다. 다 날아가 버린다는 것입니다.

말 3:8 **"사람이 어찌 하나님의 것을 도적질하겠느냐 그러나 너희**

는 나의 것을 도적질하고도 말하기를 우리가 어떻게 주의 것을 도적질하였나이까 하도다 이는 곧 십일조와 헌물이라."

출 12:12 "내가 그 밤에 애굽 땅에 두루 다니며 사람과 짐승을 무론하고 애굽 나라 가운데 처음 난 것을 다 치고 애굽의 모든 신에게 벌을 내리리라 나는 여호와로라."

해 석 : 하나님께서 하신 말씀입니다. 하나님을 섬길 수 있도록 이스라엘 백성을 놓아주라고 바로 왕에게 명령하십니다. 바로 왕이 자기 종으로 삼기 위해 놓아주지 않을 때 밤에 두루 다니시며 애굽 땅에 있는 사람과 짐승의 처음 난 것, 하나님의 것은 다 치십니다. 내 것은 내가 다 가져가리라는 말씀입니다. 그리고 신들에게 벌을 내리는 것은 자기들 멋대로 하니까 자기 자신이 신이라는 것입니다. 육적인 그들에게 벌을 내린다는 것입니다.

사도행전 5장으로 가 보시겠습니다.

아나니아와 삽비라의 죽음을 살펴보겠습니다. 어떻게 해서 죽었는지…. 아나니아와 삽비라가 자기의 소유를 하나님께 드렸는데, 드렸으면 자기의 것이 아닙니다. 드리고 나서 아까운 생각이 들어갔었습니다. 말씀을 살펴보겠습니다.

행 5:1 "아나니아라 하는 사람이 그 아내 삽비라로 더불어 소유를 팔아"

해 석 : 아나니아가 아내와 같이 소유를 팔았습니다.

행 5:2 "그 값에서 얼마를 감추매 그 아내도 알더라 얼마를 가져다가 사도들의 발 앞에 두니"

해 석 : 땅을 팔아서 일부를 감추었을 때 아내도 알았더라는 것입니다.

감춘 나머지를 사도들 앞에 두었습니다.

행 5:3 **"베드로가 가로되 아나니아야 어찌하여 사단이 네 마음에 가득하여 네가 성령을 속이고 땅 값 얼마를 감추었느냐"**

해 석 : 베드로가 아나니아를 책망합니다. '왜 하나님의 것을 감추었느냐?' 성령님께서 베드로를 통해서 말씀하시는 것입니다.

행 5:4 **"땅이 그대로 있을 때에는 네 땅이 아니며 판 후에도 네 임의로 할 수가 없더냐 어찌하여 이 일을 네 마음에 두었느냐 사람에게 거짓말한 것이 아니요 하나님께로다."**

해 석 : 서원을 했으면 이미 바쳐진 것입니다. 땅이 그대로 있을 때에도, 팔았을 때에도 어째서 네 것이 되겠느냐고 묻습니다. 네 임의로 할 수가 없었더냐고 묻는 것은 왜 사탄에게 마음을 빼앗겼느냐는 것입니다. 네가 이렇게 한 행동은 사람에게 거짓말한 것이 아니요, 하나님께 한 것이라는 책망과 권면의 말씀입니다. 우리도 예외는 아닙니다. 아나니아와 삽비라, 둘 중의 한 사람이 잘못을 지적해 주었으면 살 수 있었는데 아쉬운 마음이 듭니다. 부부 중 한 사람이 믿음이 있었다면 선악과를 따 먹지 않았을 것입니다. 우리는 선악을 분별하여 이 사건을 보면서 조심합시다. 십일조도 하나님의 것입니다. 감추지 맙시다. 두려워합시다.

첫것은 하나님께서 교회에서 생명 살리는 데 쓰시고 아홉 개는 우리가 쓰는 것입니다. 탐욕을 버립시다. 하나님의 것은 하나님께서 다 찾아가십니다. 사람이 하나님의 것을 가지지 못하며 다 날아갑니다.

약 5:12 **"내 형제들아 무엇보다도 맹세하지 말지니 하늘로나 땅으로나 아무 다른 것으로도 맹세하지 말고 오직 너희의 그렇다 하는 것은 그렇다 하고 아니라 하는 것은 아니라 하여 죄 정함을 면하라."**

해 석 : 야고보가 우리 모두에게 일러주시는 말씀입니다. 어떤 것에도 치우치지 말고 말과 행실이 잘못되었을 때에는 옳고 그름을 판단해서 선인지 악인지 분명히 하고 권면하라는 것입니다. 알고 있으면서도 가만히 있으면 그자에게 죄를 돌리겠다는 말씀입니다. 분명히 해서 죄를 피하라는 것입니다.

마태복음 5장 37절에도 똑같은 말씀이 나옵니다.

마 5:37 "오직 너희 말은 옳다 옳다, 아니라 아니라 하라 이에서 지나는 것은 악으로 좇아 나느니라."

해 석 : 모든 사람들에게 하나님께서 하시는 말씀입니다. 말씀이 옳으면 옳다, 틀리면 아니라 말을 해서 분명히 가르치라는 것입니다.

베드로후서 1장 20절로 가 보시겠습니다.

벧후 1:20 "먼저 알 것은 경의 모든 예언은 사사로이 풀 것이 아니니"

해 석 : 성경(경)을 풀 때에 먼저 알아야 할 것은 사람의 생각대로 사사로이 풀지 말고 조심하라는 것입니다. 잘못 풀면 악으로 좇아가기 때문입니다.

성경을 아무나 해석 못하게 하시는 것이 바로 이 때문입니다(마 5:37). 사무엘 2장 13절로 한번 가 보시겠습니까?

삼상 2:13 "그 제사장들이 백성에게 행하는 습관은 이러하니 곧 아무 사람이 제사를 드리고…."

해 석 : 목사님들(제사장)께서 하나님의 백성들에게 행하는 습관을 말씀하고 계십니다. 아무에게나 예배(제사)를 드리라고 맡긴다는 것입니다. 삼가 주의해야 할 부분입니다. 꼭 기억하시면 유익이 됩니다. 홉니와 비느하스를 기억하십시오. 예배를 무시하다가 한 날에

죽음이 찾아왔고, 인류의 표징이 되며 우리에게 거울로 삼기 위해 성경에 기록되었습니다. 예배를 아무에게나 맡기지 못하게 하시는 이유가 성경을 잘못 풀면 악으로 좇아가기 때문입니다.

욥 33:14 **"사람은 무관히 여겨도 하나님은 한번 말씀하시고 다시 말씀하시되"**

해 석 : 사람은 죄를 지어도 관심이 없지만, 하나님께서는 죄짓지 못하도록 말씀하시고 또 말씀하십니다.

욥 33:15 **"사람이 침상에서 졸며 깊이 잠들 때에나 꿈에나 밤의 이상 중에"**

해 석 : 사람이 침상에서 깊이 잠잘 때에도 꿈으로도 이상 중에도 깨달을 수 있도록 보여 주신다는 것입니다.

욥 33:16 **"사람의 귀를 여시고 인치듯 교훈하시나니"**

해 석 : 하나님께서 사람의 귀를 여시고 죄짓지 못하도록 말씀으로 인을 쳐서 도장을 찍듯이 교훈하십니다.

욥 33:17 **"이는 사람으로 그 꾀를 버리게 하려 하심이며 사람에게 교만을 막으려 하심이라."**

해 석 : 사람을 이용하는 꾀 · 교만, 이것이 죄이며 하나님께서는 이것을 밤낮으로 막으십니다.

욥 33:18 **"그는 사람의 혼으로 구덩이에 빠지지 않게 하시며 그 생명으로 칼에 멸망치 않게 하시느니라."**

해 석 : 하나님은 사람이 지옥 구덩이에 빠지지 않게 하시며, 생명이 죄를 지어 멸망의 칼에 죽게 하지 않기를 원하시며 근심하시고 막으십니다.

욥 33:19 **"혹시는 사람이 병상의 고통과 뼈가 늘 쑤심의 징계를 받나니"**

해 석 : 가끔 어떤 사람이 병상에서 고통이 있고 뼈가 늘 쑤시는 것은 징계이며 회개하라는 것입니다. 회개할 때 사탄의 가시가 빠져 나가는 것입니다. 늙으면 자연적으로 뼈가 쑤시는 병이 찾아오는 줄 알고 있는데 그것이 아닙니다. 원망하고 감사가 없고 평생 죄를 쌓으면 뼈 쑤심이 찾아옵니다.

요 5:6 **"거기 삼십팔 년 된 병자가 있더라."**

해 석 : '삼'은 '성부 · 성자 · 성령님'을 의지하지 않고, '팔'은 마태복음 5장에 나오는 '팔복음'을 맺지 못해 오랜 기간 동안 고생한 것을 기억해야 할 것입니다.

시 32:3 **"내가 토설치 아니할 때에 종일 신음하므로 내 뼈가 쇠하였도다."**

해 석 : 내가 회개치 않을 때에 종일 아파서 신음하였더니, 내 뼈가 약해졌다는 것입니다.

시 32:4 **"주의 손이 주야로 나를 누르시오니 내 진액이 화하여 여름 가물에 마름같이 되었나이다(셀라)"**

해 석 : 죄로 인하여 영육 간에 진액이 다 빠져 화가 찾아온 것입니다. 여름에 물이 없어 가뭄이 찾아온 것처럼 자기의 육체가 그렇다는 것입니다.

애 3:39 **"살아 있는 사람은 자기 죄로 벌을 받나니 어찌 원망하랴"**

해 석 : 음부에 떨어지지 않도록 살아 있을 때 회개하기 위하여 벌을 주신다는 것입니다.

욥 33:20 **"그의 마음은 식물을 싫어하고 그의 혼은 별미를 싫어하며"**

해 석 : 죄를 지어서 고통받는 사람의 마음이 이렇다는 것입니다. 고통이 커서 음식을 싫어하고 맛있는 별미도 싫어한다는 것입니다.

욥 33:21 **"그의 살은 파리하여 보이지 아니하고 보이지 않던 뼈가 드러나서"**

해 석 : 살은 썩어 없어지고 뼈가 드러나 뼈도 쇠약해진다는 것입니다. 우리 모두가 죄를 무서워하고 하나님을 두려워합시다.

욥 33:22 **"그의 혼이 구덩이에, 그의 생명이 멸하는 자에게 가까워 지느니라."**

해 석 : 회개하지 않으면 생명은 소멸되고 구덩이, 땅 속에 있는 지옥으로 들어간다는 뜻입니다. 지옥이 가까워진다는 것입니다.

욥 33:23 **"그럴 때에 만일 일천 천사 가운데 하나가 그 사람의 해석자로 함께 있어서 그 정당히 행할 것을 보일진대"**

해 석 : 고통 중에 있을 때 영의 사람이 그 이유가 무엇인지 설명을 해 주어서 정직하게 행할 것을 가르친다는 것입니다. 회개를 시킨다는 것입니다.

시 32:5 **"내가 이르기를 내 허물을 여호와께 자복하리라 하고 주께 내 죄를 아뢰고 내 죄악을 숨기지 아니하였더니 곧 주께서 내 죄의 악을 사하셨나이다(셀라)."**

해 석 : 내 죄를 하나님께 자복하고 아뢰더니 내 죄를 용서해 주셨다는 말씀입니다.

욥 33:24 **"하나님이 그 사람을 긍휼히 여기사 이르시기를 그를**

건져서 구덩이에 내려가지 않게 하라 내가 대속물을 얻었다 하시리라."

해 석 : 회개했더니 불쌍히 여겨 지옥에 내려가지 않게 하시며 주님을 통해서 대속물, 한 생명을 건졌다는 것입니다.

욥 33:25 "그런즉 그 살이 어린 아이보다 연하여져서 소년 때를 회복할 것이요"

해 석 : 회개했더니 치료가 되어 소년처럼 맑고 깨끗한 피부로 회복시키실 것이라고 말씀하십니다.

시 32:6 "이로 인하여 무릇 경건한 자는 주를 만날 기회를 타서 주께 기도할지라 진실로 홍수가 범람할지라도 저에게 미치지 못하리이다."

해 석 : 회개로 인하여 경건한 자는 주를 만날 기회가 있었다고 말씀하시고, 또 회개의 기도를 통해서 재앙이 범람할지라도 미치지 못하게 하시며 방패가 되어 주시겠다는 말씀입니다. 하나님은 정직한 자를 기뻐하십니다.

잠 2:7 "그는 정직한 자를 위하여 완전한 지혜를 예비하시며 행실이 온전한 자에게 방패가 되시나니"

해 석 : 이 세상을 살아가는 지혜가 성경에 다 들어 있습니다. 이 지혜를 행실이 온전한 자에게 주시며 하나님께서 재앙을 막아 주시고 방패가 되어 주시겠다는 메시지입니다.

욥 38:36 "가슴 속의 지혜는 누가 준 것이냐 마음속의 총명은 누가 준 것이냐"

해 석 : 하나님께서 욥에게 묻습니다. '가슴에 지혜와 마음속의 총명은 누가 주었느냐?' 그건 당연히 아버지께서 주신 것입니다.

전 10:10 "무딘 철 연장 날을 갈지 아니하면 힘이 더 드느니라

오직 지혜는 성공하기에 유익하니라."

해 석 : 우리를 잘 들지 않는 연장으로 비유하셨습니다. 정직하고 성실한 자에게는 살아가는 데 힘이 들지 않도록 지혜를 부어 주시며, 성공하기에 유익하도록 해 주신다는 희락의 말씀입니다. 하나님 앞에 나와 지혜의 말씀을 얻으라는 것입니다.

창 15:1 **"이후에 여호와의 말씀이 이상 중에 아브람에게 임하여 가라사대 아브람아 두려워 말라 나는 너의 방패요 너의 지극히 큰 상급이니라."**

해 석 : 하나님께서 아브람에게 말씀하십니다. '너는 이 세상을 살아가는데 두려워 말라. 나는 너의 모든 것을 지키며 어려움을 막아 주는 방패이며, 네가 나를 아는 것이 큰 상급(큰 선물)이라'고 말씀하십니다. 하나님을 의지합시다.

고후 7:10 **"하나님의 뜻대로 하는 근심은 후회할 것이 없는 구원에 이르게 하는 회개를 이루는 것이요 세상 근심은 사망을 이루는 것이니라."**

해 석 : 우리 모두가 하나님의 뜻대로 이루어 가길 걱정하십니다. 구원받기를 바랍니다. 아나니아가 하나님의 예물을 감추었을 때, 부인 삽비라가 알고 있었더라고 했습니다. 그러면 삽비라가 옳고 그름을 책망하며 권면했어야 하는데 선악과를 같이 따 먹어 한 날에 같이 죽게 되었습니다. 꼭 기억해야 할 부분입니다.

행 5:5 **"아나니아가 이 말을 듣고 엎드러져 혼이 떠나니 이 일을 듣는 사람이 다 크게 두려워하더라."**

해 석 : 베드로가 아나니아에게 왜 하나님을 속이느냐고 책망했을 때, 그 말을 듣고 엎드러져 죽었습니다. 이렇게 이 사건을 기록해 놓은 것은 이 일이 온 세상에 표징이 되라는 것입니다. 하나님의 성물은

내 것이 아닙니다. 십일조를 조심합시다. 서원한 것은 내 것이 아닙니다. 엘리의 두 아들, 홉니와 비느하스가 예배를 무시하다가 한 날에 죽어 우리에게 표징이 되었습니다.

삼상 2:34 **"네 두 아들 홉니와 비느하스가 한 날에 죽으리니 그 둘의 당할 그 일이 네게 표징이 되리라."**

해 석 : 이런 사건들이 증거가 되어 조심하라는 것입니다. 하나님의 것을 가지고 교회를 세워 나가십니다. 많은 사람을 구원시키십시다. 저는 삼가 하나님의 것은 '취급주의' 하시라는 부탁의 말씀을 드리고 싶습니다.

행 5:6 **"젊은 사람들이 일어나 시신을 싸서 메고 나가 장사하니라."**

해 석 : 아나니아가 죽어서 장사 지냈다는 이야기입니다.

행 5:7-8 **"세 시간쯤 지나 그 아내가 그 생긴 일을 알지 못하고 들어오니 베드로가 가로되 그 땅 판 값이 이것뿐이냐 내게 말하라 하니 가로되 예 이뿐이로라."**

해 석 : 삽비라는 남편이 하나님을 속인 일로 죽은 것을 알지 못하고 들어왔습니다. 들어오는 것을 보고 땅값을 물었습니다. "이것뿐이냐?" 아내 역시 똑같이 그것뿐이라고 속였습니다.

행 5:9 **"베드로가 가로되 너희가 어찌 함께 꾀하여 주의 영을 시험하려 하느냐 보라 네 남편을 장사하고 오는 사람들의 발이 문앞에 이르렀으니 또 너를 메어 내가리라 한대"**

해 석 : 베드로가 책망합니다. '어떻게 해서 부부가 똑같이 속이느냐? 네 남편이 속이므로 죽어서 장사하고 오는 것을 보라. 너도 네 남편처럼 죽어 장사를 지내게 될 것이다.'

행 5:10 **"곧 베드로의 발 앞에 엎드러져 혼이 떠나는지라 젊은 사람들이 들어와 죽은 것을 보고 메어다가 그 남편 곁에 장사하니"**

해 석 : 베드로의 말이 떨어지자마자 발 앞에 엎드러져 혼이 떠나가며 죽은 것을 보고, 남편 곁에 장사해 주었다는 말씀입니다.

고린도전서 2장 10절로 가 보시겠습니다.

고전 2:10 **"오직 하나님이 성령으로 이것을 우리에게 보이셨으니 성령은 모든 것 곧 하나님의 깊은 것이라도 통달하시느니라."**

해 석 : 아나니아와 삽비라는 성령님이 깊이 통달하시는 이 부분을 몰랐던 어린 믿음인 것 같습니다. 교회에서 이런 일들이 많이 일어나고 있습니다. 잘 가르치시기를 소망합니다.

마가복음 12장 27절을 확인해 보시겠습니다.

막 12:27 **"하나님은 죽은 자의 하나님이 아니요 산 자의 하나님이시라 너희가 크게 오해하였도다 하시니라."**

해 석 : 아나니아와 삽비라는 하나님께서 살아 계셔서 보고 계심을 모르고, 죽은 하나님으로 오해했습니다. 하나님은 살아 계십니다.

행 5:11 **"온 교회와 이 일을 듣는 사람들이 다 크게 두려워하니라."**

해 석 : 정말 우리는 하나님 경외하기를 두려워해야 합니다. 하나님의 성물은 하나님의 법대로 사용하는 것이 유익합니다.

하나님의 성물에 대해서 살펴보겠습니다.

레 27:30 **"땅의 십분 일 곧 땅의 곡식이나 나무의 과실이나 그 십분 일은 여호와의 것이니 여호와께 성물이라."**

해 석 : 땅의 십분의 일이 하나님의 것이기 때문에 곡식이나 과실이나 십분의 일은 하나님의 성물이라는 것입니다. 그러므로 하나님의 집

으로 가져가야 합니다. 제일 좋은 것으로 최상품으로 여호와 앞에 가져가시면 그것이 옳은 행실입니다.

겔 45:1 "너희는 제비 뽑아 땅을 나누어 기업을 삼을 때에 한 구역을 거룩한 땅으로 삼아 여호와께 예물로 드릴지니 그 장은 이만 오천 척이요 광은 일만 척이라 그 구역 안 전부가 거룩하리라."

해 석 : 이스라엘 백성이 가나안에 들어가서 땅을 나누어 가질 때, 거룩한 땅을 구별하여 하나님께 예물로 드려서 성전을 세워 제사장에게 돌리고, 하나님께 영광을 돌리라는 것입니다. 하나님께 드린 구역 안은 전부가 거룩하다고 말씀하십니다. 꼭 주의할 점이 있습니다. 교회를 세울 때 거룩하고 깨끗한 땅을 골라야 합니다. 공동묘지는 안 됩니다. 그 옆도 안 됩니다. 더러운 땅입니다. 절터를 사서 교회를 세우는 것도 안 됩니다. 거기는 더러운 마귀의 집입니다. 성령님은 더러운 곳에 임재하시지 않습니다.

잠언 18장 18절로 가 보시겠습니다.

잠 18:18 "제비 뽑는 것은 다툼을 그치게 하여 강한 자 사이에 해결케 하느니라."

해 석 : 이스라엘 백성들이 가나안에 들어가서 다투지 말고 사이좋게 땅을 나누고, 깨끗하고 거룩한 땅, 좋은 땅은 하나님께 돌리라고 명령하십니다.

출 3:5 "하나님이 가라사대 이리로 가까이 하지 말라 너의 선 곳은 거룩한 땅이니 네 발에서 신을 벗으라."

해 석 : 모세가 하나님 앞에 섰을 때 가까이 하지 말라고 말씀하셨습니다. 네가 선 곳은 거룩한 땅이니 신을 벗으라고 명령하십니다. 온 천지를 밟고 다닌 더러운 신을 벗으라는 것입니다. 교회 강단에 신

발을 신고 올라가도 안 됩니다. 올라가는 분들도 있었습니다. 하나님께서 절을 어떻게 처리하셨나 확인해 보겠습니다.

왕하 10:26 **"바알의 당 있는 성으로 가서 바알의 당에서 목상들을 가져다가 불사르고"**

해 석 : 하나님께서 예후를 찾아 기름을 붓고 왕을 삼아 바알을 섬기는 자는 다 죽이고, 바알 당으로 가서 목상을 가져다가 다 불살라 버렸습니다. 그 절은 어떻게 사용했는지 살펴보겠습니다.

왕하 10:27 **"바알의 목상을 헐며 바알의 당을 훼파하여 변소를 만들었더니 오늘날까지 이르니라."**

해 석 : 절은 다 헐고 부수고 불사르고 변소를 만들었습니다. 옛날에는 변소라 불렀지만 지금은 화장실이라 부릅니다. 사역하시는 분들께서는 에스겔 45장 1절을 기억하셨으면 유익이 되겠습니다.

왕하 10:30 **"여호와께서 예후에게 이르시되 네가 나 보기에 정직한 일을 행하되 잘 행하여 내 마음에 있는 대로 아합집에 다 행하였은즉 네 자손이 이스라엘 왕위를 이어 사 대를 지나리라 하시니라."**

해 석 : 하나님께서 예후에게 말씀하셨습니다. 하나님 보시기에 정직한 일을 행하되 잘 행하여, 하나님께서 아합집에 행하고 싶은 일을 네가 대신 잘했으니, 네 자손에게 이스라엘 왕을 4대까지 이어가게 하리라고 말씀하셨습니다. 절터에 교회를 세우신 분들은 하나님 앞에 회개 예물을 드리며 용서를 많이 구해야 될 것 같습니다. 하나님께서 하나님을 무시하는 행위라고 말씀하시지 않겠습니까? 삼가 주의해야 할 부분입니다. 조심합시다. 공동묘지 근처도 안 됩니다. 좋은 땅, 거룩한 땅, 깨끗한 곳이라야 합당합니다.

다윗이 군대를 계수하고 그 징벌로 백성이 온역으로 7만 명이 죽었을 때, 하나님께서 갓에게 오르난의 타작마당에 가서 제사를 드리라고 했습니다. 지금은 예배입니다. 왜 오르난의 타작마당에 가서 제사(예배)를 드리라고 했을까요? 다윗이 말씀을 몰라서 죄를 지었으니 예루살렘 제단에 가서 듣고 깨달으라는 의미입니다.

대상 21:18 **"여호와의 사자가 갓을 명하여 다윗에게 이르시기를 올라 가서 여부스 사람 오르난의 타작마당에서 여호와를 위하여 단을 쌓으라 하신지라."**

해 석 : '여부스'는 '예루살렘'의 옛날 이름입니다. 그 뜻은 스가랴 8장 3절에 보시면 진리의 성읍이라는 것입니다. 말씀이 있는 곳입니다. 누가복음 24장 47절에도 능력이 입히울 때까지 이 성에 유하라 하셨습니다. 예루살렘, 왜 이곳을 제목으로 쓰실까요? '이스라엘' 하면 예수님이 생각납니다. 예루살렘이 수도입니다. 그래서 제목으로 쓰시는 걸로 생각하시면 됩니다. 오르난이 이 여부스(예루살렘)에 살고 있었습니다. '오르난'의 이름은 '강하다'는 뜻을 가지고 있습니다. 말씀을 많이 아는 자가 힘이며 강합니다. 그래서 오르난의 타작마당에 가서 제사(예배)를 드리라는 것입니다. 말씀이 있는 곳, 이곳이 예루살렘 성전입니다. 알곡을 만들어 내는 성전인 예루살렘에 머물러야 되겠습니다. 여기서 제사(예배)를 드리다가 천사를 보게 됩니다. 여기에 하나님이 계신 줄 알고 이 타작마당을 내게 팔라는 것입니다.

대상 21:22 **"다윗이 오르난에게 이르되 이 타작하는 곳을 내게 붙이라 너는 상당한 값으로 붙이라 내가 여호와를 위하여 여기 한 단을 쌓으리니 그리하면 온역이 백성 중에서 그치리라."**

해 석 : 다윗이 오르난에게 말을 합니다. 이 타작하는 곳을 자기에게

팔라고 합니다. 많은 값으로 자기에게 팔라는 것입니다.

대상 21:23 **"오르난이 다윗에게 고하되 왕은 취하소서 내 주 왕의 좋게 여기시는 대로 행하소서 보소서 내가 이것들을 드리나이다 소들은 번제물로 곡식 떠는 기계는 화목으로 밀은 소제물로 삼으시기 위하여 다 드리나이다."**

해 석 : 오르난이 다윗에게 이야기를 합니다. 왕은 이 타작마당을 가지라고. 왕이 좋으신 대로 하라고. '눈으로 다 보십시오. 여기 있는 것들을 다 드리겠나이다. 소도 기계도 밀 소제물도 다 드리겠다'고 합니다. 그러나 거절합니다.

하나님 앞에 드려지는 예물들을 살펴보겠습니다. 소는 열심히 일하는 희생을 의미하며 우리가 소가 되어야 합니다. 우리가 번제물이 되는 것입니다. 그러므로 창세기 49장 6절에 소의 발목의 힘줄을 끊는 자가 있었다는 것입니다. 창세기 49장 7절에 하나님의 노염이 혹독하니 저주를 받을 것이라고 말씀하십니다. 왜 그렇게 말씀하실까요? 교회에서 일을 잘하시는 분들을 시기 · 질투 · 혈기로 대적하는 자는, 일 잘하는 소의 발목의 힘줄을 끊는 것과 다를 바가 없다는 것입니다. 이 부분을 우리는 삼가 조심해야 되겠습니다.

또 곡식 떠는 기계는 우리가 곡식 떠는 기계가 되어야 한다는 것입니다. 하나님의 도구로 사용되는 것입니다. 우리가 말씀으로 후대들을 가르쳐 알곡을 만들어 내는 것입니다. 타작은 왜 합니까? 알곡을 얻으려고 하는 것입니다. 이 기계를 화목으로 하나님께 드린다는 것입니다. 우리가 구원의 방주에서 일을 할 때 하나님과 화목해지는 것입니다. 그렇지 않으면 평안할 수가 없다는 것입니다. 주님의 길을 예비하며 첩경을 평탄케 하는 자가 평안하게 될 것입니다.

욥 22:21 **"너는 하나님과 화목하고 평안하라 그리하면 복이 네게 임하리라."**

해 석 : 우리는 하나님 앞에 기계가 되어 일을 해야 됩니다. 그래야 이 기계가 화목이 되는 것입니다. 우리는 하나님 앞에 죄인들입니다. 일을 할 때 죄를 용서받고 사해지는 것입니다.

렘 48:10 **"여호와의 일을 태만히 하는 자는 저주를 받을 것이요 자기 칼을 금하여 피를 흘리지 아니하는 자도 저주를 당할 것이로다."**

해 석 : 하나님의 일을 게을리하는 자는 화가 있다고 경고하고 계십니다. 자기 칼(희생의 피)을 말씀하시는 것입니다. 희생의 피를 흘리지 않는 자는 화가 있다는 것입니다. 아론이 부지런하여 지팡이에 살구꽃이 핀 것처럼, 야곱이 부지런하여 살구꽃이 핀 것처럼, 우리도 하나님 앞에 꽃 중에 제일 먼저 피는 살구꽃이 되어 주님의 기쁨이 되어 드립시다.

지팡이는 능력을 의미합니다. 아론은 부지런하므로 살구꽃이 피었고 능력을 받았다는 것입니다. 소제물(밀)을 하나님께 드린다고 말씀하고 계십니다. 우리가 소제물이 되어야 되겠습니다. 마음(밀)들이 깨어지고 부서져서 깨끗하고 하얀 가루가 되어, 뜨거운(연단) 떡시루에 푹 쪄서 하나님 진설상에 바쳐진 것처럼, 우리의 모습이 이렇게 되어야 한다는 것입니다. 하나님 앞에 숨이 푹 죽어야 합니다. 연단 속에 숨이 죽어지며 아름다운 하얀 꽃이 피어 정결하게 되어지는 것을 볼 수가 있습니다. 하나님의 보좌 앞에 이런 자가 설 수 있습니다.

하얀 것은 하나님의 말씀으로 흠과 티가 없는 것을 의미하고, 가루는 우리의 육적 생각을 말합니다. 하나님 앞에 걸림돌이 되는 불순물을 말씀의 기계로 갈아, 까만 우리의 마음들이 이 기계에 들어가면 하얀 가루로 되어 나오게 되어지는 모습들이 너무 아름답습니다. 바로 이런 모습들이 우리의 모습입니다. 우리를 이렇게 고치기 위하여 주님을 이 땅에 보내주셨습니다. 하나님께 감사합시다.

출 25:30 **"상 위에 진설병을 두어 항상 내 앞에 있게 할지니라."**

해 석 : 하나님 앞에 항상 진설병(성도들이 먹을 말씀의 떡을 준비)을 차려 놓은 것처럼 하나님 앞에 흠과 티가 없이 말씀으로, 즉 일꾼을 만들어 항상 하나님 앞에 세워 놓으라는 것입니다.

레 24:5 **"너는 고운 가루를 취하여 떡 열둘을 굽되 매 덩이를 에바 십분 이로 하여"**

해 석 : 밀은 소제, 떡 열둘은 성령의 떡, 십분의 이는 여섯 개씩 두 줄이며 사람을 의미합니다. 이 떡을 성도들 앞에 항상 준비해서 말씀을 먹이라는 게 진설떡상입니다.

레 24:6 **"여호와 앞 순결한 상 위에 두 줄로 한 줄에 여섯씩 진설하고"**

해 석 : 하나님 앞에 순결한 일꾼을 세우라는 것입니다. 열둘을 두 줄로 여섯씩 놓으라는 것입니다. 12숫자에서 1은 절대자 하나님을 의미하고, 2는 짝수로 주님과의 연합을 의미하며, 1+2=는 성령 숫자입니다. 한 줄로 여섯 개로 놓으라는 것은 여섯 번제날에 사람을 만들어서 이것은 사람을 의미하며, 바로 이 진설의 떡이 하나님의 앞에서 일할 일꾼이 이런 모습이어야 한다는 것입니다. 이 열둘의 숫자는 주님의 제자를 의미합니다. 예수님께서 생명의 떡이 된 것처럼 우리도 하나님 앞에 진설떡이 되라는 것입니다. 그래서 밀을 소제로 드리며 우리의 마음을 드려야 함을 비유로 말씀하셨습니다.

20.
거룩한 것이 무엇인가

레 19:1 **"여호와께서 모세에게 일러 가라사대"**

해 석 : 하나님께서 모세에게 부탁하시는 말씀입니다.

레 19:2 **"너는 이스라엘 자손의 온 회중에게 고하여 이르라 너희는 거룩하라 나 여호와 너희 하나님이 거룩함이니라."**

해 석 : 하나님께서 이스라엘 모든 백성에게 말하라고 모세에게 부탁하십니다. 하나님은 선하시고 깨끗하시고 흠과 티가 없으신 분이시니 너희도 내 앞에서 완전하라는 것입니다.

창 17:1 **"아브람의 구십구 세 때에 여호와께서 아브람에게 나타나서 그에게 이르시되 나는 전능한 하나님이라 너는 내 앞에서 행하여 완전하라."**

해 석 : 우리의 모습들이 예수님의 형상을 닮으며 인격이 흠과 티가 없이 갖추며 겸손하라는 부탁입니다.

시 16:3 **"땅에 있는 성도는 존귀한 자니 나의 모든 즐거움이 저희에게 있도다."**

해 석 : 교회를 많이 다니고 있지만 하나님의 말씀을 존귀기 여기고 구별된 생활을 하는 자가 성도입니다. 그렇지 않으면 교인에 불과합니다.

하나님의 즐거움이 성도에게 있다고 고백하십니다.

성도는 거룩자입니다. 하나님께서 존귀하게 여기고 그에게 즐거움을 얻는다고 말씀하십니다. 이런 자를 즐거워하십니다.

사 44:28 **"고레스에 대하여는 이르기를 그는 나의 목자라 나의 모든 기쁨을 성취하리라 하며 예루살렘에 대하여는 이르기를 중건되리라 하며 성전에 대하여는 이르기를 네 기초가 세움이 되리라 하는 자니라."**

해 석 : 주님이 고레스에 대하여 말씀하십니다. '그는 나의 목자, 나의 모든 기쁨을 성취하는 자'라고 왜 그렇게 말씀하셨을까요? 예루살렘을 중건하며 기초를 세운다는 것은 말씀을 가지고 교인들을 성도로 세워서 하나님을 잘 경외하며 마태복음 5장에 기록되어 있는 팔복음의 열매를 맺게 하시니, 하나님의 기쁨이요 우리 모두를 유익하게 해주므로 기쁨을 성취하신다고 말씀하십니다.

누가복음 24장 49절에 능력을 입히울 때까지 이 성에 유하라고 예수님이 마지막 베다니에서 떠나실 때에 부탁하셨습니다. 예루살렘은 (슥 8:3) 진리의 성읍이라 말씀하셨고, 여기에 말씀이 있고 성경을 뜨겁게 풀어 주기 때문에 여기에 머물러 있으라는 것입니다.

역대상 21장 18절에, 여호와의 사자가 갓을 명하여 다윗에게 부탁해서 여부스(예루살렘) 성전에 올라가서 오르난의 타작마당에 가서 단(예배)을 쌓으라 한 이유는, 여기에서 알곡이 나오므로 머물러 있으라는 것이며, 타작마당은 알곡을 얻으려고 타작을 하는 것이 아닐까요.

창 22:2 **"여호와께서 가라사대 네 아들 네 사랑하는 독자 이삭을 데리고 모리아 땅으로 가서 내가 네게 지시하는 한 산 거기서 그를**

번제로 드리라."

해 석 : 하나님께서 말씀하십니다. 아브라함에게 아들 이삭을 데리고 모리아로 가서 번제로 드리라고 하는 것은 이곳이 오르난의 타작마당 예루살렘(여부스), 솔로몬이 지은 성전입니다. 여기서 이삭에게 이 제단에서 충성하고 희생의 피를 흘리며, 많은 사람을 구원하며 하나님께 영광 돌리라는 것이며 기초가 되는 것입니다. 그래서 이삭이 이곳에서 번제로 드려지게 되는 것입니다. 이것이 예루살렘을 중건하는 것이며 기초가 되는 것입니다. 이 책을 통해서 성령님께서 독자 여러분들의 마음에 성전을 세우시는 것입니다. 우리 모두가 고레스와 같은 목자가 되며, 주님이 우리 때문에 기쁨을 성취하시는 도구가 됩시다.

사 58:13 "만일 안식일에 네 발을 금하여 내 성일에 오락을 행치 아니하고 안식일을 일컬어 즐거운 날이라, 여호와의 성일을 존귀한 날이라 하여 이를 존귀히 여기고 네 길로 행치 아니하며 네 오락을 구치 아니하며 사사로운 말을 하지 아니하면"

해 석 : 하나님의 성일, 안식일이라 하여 세상에 오락을 하지 않으며, 사사로운 말도 삼가고 하나님의 성일을 존귀히 여기는 자, 이런 자를 기뻐하십니다. 이런 자가 거룩한 자입니다.

주일날 예배를 마치고 등산 가고 백화점 다니고 골프 치러 가고 식당에 다니며 자기의 날이라 착각하시면 안 됩니다. 이날은 성일이라 조심스러우며 지혜롭게 하시는 것이 우리에게 유익이 될 것입니다. 예배 마쳤는데 어떠냐고요? 아무렇게 하다 보면 모든 것이 질서가 무너지게 됩니다. 구약시대나 그렇게 하지 지금은 아니라고요? 율법이 폐했다고요? 성경을 상세히 상고해 봅시다.

롬 3:31 **"그런즉 우리가 믿음으로 말미암아 율법을 폐하느뇨 그럴 수 없느니라 도리어 율법을 굳게 세우느니라."**

해 석 : 믿음은 율법을 굳게 세웁니다. 하나님의 말씀을 지켰을 때, 그것이 믿음이고 율법을 굳게 세우는 것입니다.

마 5:19 **"그러므로 누구든지 이 계명 중에 지극히 작은 것 하나라도 버리고 또 그같이 사람을 가르치는 자는 천국에서 지극히 작다 일컬음을 받을 것이요 누구든지 이를 행하며 가르치는 자는 천국에서 크다 일컬음을 받으리라."**

해 석 : 누구든지 작은 것 하나라도 버리지 않고 가르치는 자는 천국에서 크다고 인정을 받고, 또 작다고 무관심하며 버리고 가르치지 않는 자는 작다는 것입니다. 우리는 작은 것 하나라도 지키고 가르쳐서 크다고 인정받고 존귀하며 거룩한 자가 됩시다. 작은 것에 충성하는 자가 큰 것에도 충성을 한다는 것입니다.

사 58:14 **"네가 여호와의 안에서 즐거움을 얻을 것이라 내가 너를 땅의 높은 곳에 올리고 네 조상 야곱의 업으로 기르리라 여호와의 입의 말이니라."**

해 석 : 하나님을 존귀히 여기시는 자는 하나님께서 즐거움을 주시겠다는 언약의 말씀이며, 머리가 되게 하시며 꼬리가 되지 않게 해 주시고 하나님의 기업으로 축복하시겠다는 언약입니다.

시 87:7 **"노래하는 자와 춤추는 자는 말하기를 나의 모든 근원이 네게 있다 하리로다."**

해 석 : 노래하고 춤출 일이 자기에게 달려 있다고 시편 기자는 말합니다. 왜 그럴까요? 행한 대로 갚으시는 공의의 하나님이십니다.

존귀한 자가 됩시다. 하나님께서 우리에게 노래하고 춤출 일들을 많이 창출시켜 주실 것입니다. 미움받는 것도 이쁨받는 것도 자기에게 달려 있다는 것입니다.

잠 21:1 **"왕의 마음이 여호와의 손에 있음이 마치 보의 물과 같아서 그가 임의로 인도하시느니라."**

해 석 : 우리가 어떻게 하느냐에 따라서 하나님께서 우리 마음을 보시고, 손으로 축복과 화를 정하시며 우리의 길을 인도하신다는 것입니다.

대상 4:10 **"야베스가 이스라엘 하나님께 아뢰어 가로되 원컨대 주께서 내게 복에 복을 더 하사 나의 지경을 넓히시고 주의 손으로 나를 도우사 나로 환난을 벗어나 근심이 없게 하옵소서 하였더니 하나님이 그 구하는 것을 허락하셨더라."**

해 석 : 야베스가 하나님께 근심 없는 복을 달라고 기도를 드렸습니다. 그랬더니 허락하셨습니다. 왜 허락하셨을까요?

대상 4:9 **"야베스는 그 형제보다 존귀한 자라 그 어미가 이름하여 야베스라 하였으니 이는 내가 수고로이 낳았다 함이었더라."**

해 석 : 야베스는 하나님 보시기에 그 형제보다 존귀한(말씀을 경외하는) 자라 말씀하셨고, 그래서 구한 것을 허락하셨더라고 말씀하십니다. 이러한 자가 존귀한 자며 거룩한 자며 성도입니다.

삼상 2:30 **"나를 존중히 여기는 자를 내가 존중히 여기고 나를 멸시하는 자를 내가 경멸히 여기리라."**

해 석 : 구별되고 거룩한 성도를 기뻐하시고 하나님의 법을 지키는 자가 존중히 여김을 받고 사랑받습니다. 하나님을 멸시하는 자는 반

드시 보응하십니다.

고전 3:16 **"너희가 하나님의 성전인 것과 하나님의 성령이 너희 안에 거하시는 것을 알지 못하느뇨"**

해 석 : 우리의 몸이 하나님의 성전입니다. 우리 안에 성령님이 계십니다.

엡 5:29-30 **"누구든지 언제든지 제 육체를 미워하지 않고 오직 양육하여 보호하기를 그리스도께서 교회를 보양함과 같이 하나니 우리는 그 몸의 지체임이니라."**

해 석 : 우리의 몸이 성전이기 때문에 육체를 함부로 하지 말라는 것입니다. 예수님께서 교회를 아끼듯이 우리의 몸은 지체이기 때문에 보호하라는 것입니다. 건강해야 교회를 섬길 수 있습니다.

고전 3:17 **"누구든지 하나님의 성전을 더럽히면 하나님이 그 사람을 멸하시리라 하나님의 성전은 거룩하니 너희도 그러하니라."**

해 석 : 우리의 몸이 성전인데 몸과 마음을 더럽히면 멸한다는 것입니다. 죽는다는 것입니다. 하나님은 거룩하니 너희도 깨끗하고 거룩하라는 것입니다. 말씀을 통해서 거룩해지기 때문에 말씀을 정확히 풀어 주는 예루살렘 성전으로 가서 능력을 입히울 때까지 머물러 있으라고 부탁하셨고, 예루살렘은 중건되며 말씀이 기초가 되어 성도들의 마음이 반석 위에 굳게 세워져 하나님께서 원하시는 대로 우리가 만들어져 거룩함으로 하늘나라를 이루어 갈 수 있어야 한다고 부탁하십니다. 거룩해야 존귀한 자가 될 수 있고 하나님께서 우리를 사랑하시며, 땅의 높은 곳에 올려 주시며 머리가 되게 해주신다는 것입니다. 별과 같이 되게 하시며 많은 자손을 주시겠다고 언약하셨습니다.

겔 22:26 **"그 제사장들은 내 율법을 범하였으며 나의 성물을 더럽혔으며 거룩함과 속된 것을 분변치 아니하였으며 부정함과 정한 것을 사람으로 분변하게 하지 아니하였으며 그 눈을 가리워 나의 안식일을 보지 아니하였으므로 내가 그 가운데서 더럽힘을 받았느니라."**

해 석 : 하나님께서 목회하시는 분들께 하시는 말씀입니다. 제사장들이 율법을 범했다는 것은 성도들을 바르게 가르치지 못했다는 것입니다. 거룩함, 즉 하나님께서 기뻐하시는 일과 싫어하시는 것을 구별하라는 것입니다. 하나님의 자녀가 해야 될 것과 하지 말아야 할 것과, 정한 것(정직한 것)과 부정한 일은 구별하여 행하라는 것입니다. 거룩한 것은 깨끗하고 흠과 티가 없는 것을 의미합니다. 속된 것은 세상에 속해 있는 것입니다.

구별해서 삶을 살라는 것입니다. 가야 할 곳과 가지 말아야 할 곳이 있습니다. 절에 행사가 있다고 놀러 가시고 구경 가시고 하면 주님이 기뻐하시지 않습니다. 예수 믿는 사람이 점치고 철학관에 가도 안 됩니다. 귀신에게 제사하는 고사장에 가도 안 됩니다. 또 한 가지 문제는 집안의 제사는 어떻게 하냐고요? 집안의 제사도 참석할 필요는 없습니다. 그러나 지혜롭게 제사하기 전에 선물을 가지고 가서 인사하고 마음 상하지 않게, 왜 제사가 필요 없는지 설명해야 합니다. 살아 계실 때 효도하는 것이지 이미 떠나신 분이 다시는 올 수 없음을 설명하고, 예배를 드릴 수 있도록 권하고 기도하고 더욱더 친절하게 잘해야 할 것입니다. 안 된다고요? 미리 포기하지 마십시오. 하나님께서 하십니다. 힘들어도 해야 할 부분입니다. 희생이 있어야 승리할 수 있습니다.

우리 모두가 힘써야 할 것입니다. 예수 믿으면서 이것도 하고 저것도 하면 안 됩니다. 에베소 교회가 첫사랑이 식어 가면서 니골라당의 행위를 보여서 미워하셨습니다.

계 2:4 **"그러나 너를 책망할 것이 있나니 너의 처음 사랑을 버렸느니라."**

해 석 : 처음 순수하며 뜨겁게 주님을 사랑하던 그 믿음을 회복하라는 것입니다.

계 2:5 **"그러므로 어디서 떨어진 것을 생각하고 회개하여 처음 행위를 가지라 만일 그리하지 아니하고 회개치 아니하면 내가 네게 임하여 네 촛대를 그 자리에서 옮기리라."**

해 석 : 어디서부터 잘못되었는지 생각하고 회개하여 고치라는 것입니다. 그렇게 하지 않으면 축복도 거두신다는 것입니다.

촛대가 없으면 불을 밝힐 수가 없습니다. 성령의 불이 없으면 우리는 인도함을 받을 수가 없습니다. 우리의 환경이 사방이 캄캄한 밤이 되어 고난을 겪게 될 것입니다.

계 2:6 **"오직 네게 이것이 있으니 네가 니골라당의 행위를 미워하는도다 나도 이것을 미워하노라."**

해 석 : 니골라당은 적당주의를 말합니다. 예수 믿는 사람은 구별해서 행동을 해야 합니다. 이것도 하고 저것도 하고 세상 사람과 똑같이 하는 것을 책망하셨습니다. 믿는 사람이 제사 음식을 먹으면 안 됩니다.

우리의 몸은 하나님의 성전이라고 하셨습니다. 니골라당처럼 살지 말고 해야 될 것과 하지 말아야 될 것을 분별해야 됩니다. 이것저것 다 하는 것은 니골라당입니다.

고전 3:16 **"너희가 하나님의 성전인 것과 하나님의 성령이 너희**

안에 거하시는 것을 알지 못하느뇨"

해 석 : 성령님이 우리 안에 계시는데 왜 더러운 귀신이 만진 음식을 우리 몸 안에 넣습니까? 성찬식을 할 때도 마찬가지임을 알아야 합니다. 술 마시고, 담배 피우고, 피 먹고, 개고기 먹고, 뱀 먹고, 쥐 먹고… 기타 등등. 이것을 드시는 분들 성찬식할 때 절대로 성물을 받으시면 안 됩니다. 작은 일로 생각하시면 안 됩니다.

하나님 앞에 죄가 있으면 회개하고 금식하고 이런 것들을 철저히 깨끗하게 한 다음에 받으라는 것입니다. 누가 이런 것을 먹느냐고요? 있습니다. 이 땅 위에, 예수 믿는 사람 가운데 있습니다. 꼭 주의하십시오. 생명과 연결됩니다.

롬 14:20 **"식물을 인하여 하나님의 사업을 무너지게 말라 만물이 다 정하되 거리낌으로 먹는 사람에게는 악하니라."**

해 석 : 먹는 것 때문에 하나님의 사업을 무너지게 하지 말라는 것입니다. 만물이 다 깨끗한 것 같지만 거리끼는 식물도 있다는 것입니다. 꺼림칙한 음식이 있는데 알고도 먹는 자는 악하다고 주님이 말씀하시는 것입니다. 우리 몸이 하나님의 성전입니다.

고전 11:27 **"그러므로 누구든지 주의 떡이나 잔을 합당치 않게 먹고 마시는 자는 주의 몸과 피를 범하는 죄가 있느니라."**

해 석 : 성찬을 받을 사람, 분명히 세례받은 사람이 주님의 떡과 잔을 받을 수 있는 자격이 주어집니다. 세례는 물(말씀)로 죄를 씻는다는 의미를 담고 있습니다. 결론은 몸과 마음을 깨끗하게 한 다음에 잔을 받는 것이 합당하다고 설명하고 계십니다. 합당하게 하지 않는 것은 주님의 몸과 피를 욕되게 하는 것과 다를 바 없고 죄가 된다고 말씀하십니다.

고전 11:28 **"사람이 자기를 살피고 그 후에야 이 떡을 먹고 이 잔을 마실지니"**

해 석 : 각자 자기를 살피라는 것입니다. 하나님 앞에 거리낌이 있는지 살피고 잔을 받으라는 것입니다.

고전 11:29 **"주의 몸을 분변치 못하고 먹고 마시는 자는 자기의 죄를 먹고 마시는 것이니라."**

해 석 : 우리의 몸은 주님이 핏값을 주고 사셨습니다. 우리의 몸이 주님의 것입니다. 주님의 성물이 주님의 몸입니다. 주님의 성물을 함부로 하면 바로 그것이 죄라는 것입니다. 자기의 죄를 먹고 마시는 것이 되는 것입니다.

고전 11:30 **"이러므로 너희 중에 약한 자와 병든 자가 많고 잠자는 자도 적지 아니하니"**

해 석 : 성물을 함부로 먹고 마시며 자기를 살피지 않아 약한 자가 생겼고 병든 자도 생겼다는 것입니다. 잠자는 자도 적지 않다는 것은 죽었다는 것입니다. 죽은 자가 적지 않다는 것은 많다는 것입니다. 두려워하고 조심합시다. 제사 음식에 관해서도 아직 잘 모르는 분이 있습니다. 하나님이 주신 것이라서 기도하고 먹어도 된다고 하시는 분도 있습니다. 어디에 그런 말씀이 있는지 묻고 싶습니다.

고전 10:20 **"대저 이방인의 제사하는 것은 귀신에게 하는 것이요 하나님께 제사하는 것이 아니니 나는 너희가 귀신과 교제하는 자 되기를 원치 아니하노라."**

해 석 : 믿지 아니하는 이방인의 제사는 귀신에게 하는 것이요, 우리가 귀신과 교제하기를 원치 않으신다고 말씀하고 계십니다.

고전 10:21 **"너희가 주의 잔과 귀신의 잔을 겸하여 마시지 못하고 주의 상과 귀신의 상에 겸하여 참예치 못하리라."**

해 석 : 귀신의 상에 참예치도 못하게 하셨고, 귀신의 잔도 마시지 못한다는 명령이십니다.

고전 10:22 **"그러면 우리가 주를 노여워하시게 하겠느냐 우리가 주보다 강한 자냐"**

해 석 : 우리가 제사 음식을 먹으면 진노하신다는 것입니다. 진노하실 때 감당할 수 있으면 먹어보라는 것과 다를 바가 없습니다. 그러나 주님보다 강하면 드시라는 것입니다. 그러나 우리는 주님보다 강하지 못하기 때문에 먹어서는 안 된다는 것입니다.

고전 10:27 **"불신자 중 누가 너희를 청하매 너희가 가고자 하거든 너희 앞에 무엇이든지 차려 놓은 것은 양심을 위하여 묻지 말고 먹으라."**

해 석 : 이방인이 우리를 청했을 때, 우리가 그 자리에 가고자 하거든 우리 앞에 차려 놓은 것은 그가 속이지 않고 솔직하게 말을 한다는 것입니다. 누가 말을 안 해도 보면 알 수 있기 때문에, 양심을 위하여 묻지 말고 먹으라는 것입니다.

고전 10:28 **"누가 너희에게 이것이 제물이라 말하거든 알게 한 자와 및 양심을 위하여 먹지 말라."**

해 석 : 우리 앞에 차려진 음식이 제물이라고 누가 말하거든, 절대로 먹지 말고 양심을 속이지 말라는 것입니다.

계 2:14 **"그러나 네게 두어 가지 책망할 것이 있나니 거기 네게 발람의 교훈을 지키는 자들이 있도다 발람이 발락을 가르쳐 이스라엘**

앞에 올무를 놓아 우상의 제물을 먹게 하였고 또 행음하게 하였느니라."

해 석 : 주님이 이스라엘 백성에게 두어 가지 책망할 것이 있다고 말씀하십니다. 왜 하나님의 교훈을 받지 않고 발람의 교훈을 받느냐고 책망하십니다. 두어 가지가 우상의 제물을 먹게 하고, 또 그것을 섬기게 한다는 것입니다. 그래서 버가모 교회는 우상의 제물 때문에 주님이 나타나실 때 좌우에 날선 검을 가지고 나타나셨습니다. 왜 그렇게 하셨을까요? 심판하시겠다고 사도 요한에게 경고의 메시지를 보내신 것입니다.

ΑΩ 두아디라 교회에 보낸 편지

계 2:20 **"그러나 네게 책망할 일이 있노라 자칭 선지자라 하는 여자 이세벨을 네가 용납함이니 그가 내 종들을 가르쳐 꾀어 행음하게 하고 우상의 제물을 먹게 하는도다."**

해 석 : 주님께서 두아디라 교회에 책망할 것이 있다고 말씀하십니다. 왜 이세벨을 용서 하느냐는 것입니다. 우상을 섬기게 하고 우상의 제물을 먹게 하느냐는 것입니다.

계 2:21 **"또 내가 그에게 회개할 기회를 주었으되 그 음행을 회개하고자 아니하는도다."**

해 석 : 회개할 기회도 있었는데 회개하지 않고 뉘우침이 없다는 것입니다.

계 2:22 **"볼지어다 내가 그를 침상에 던질 터이요 또 그로 더불어 간음하는 자들도 만일 그의 행위를 회개치 아니하면 큰 환난 가운데 던지고"**

해 석 : 회개치 아니하면 병들어 침상에 눕게 하시겠다는 말씀입니다. 그들과 함께 더불어 간음하는 자들도 만일 그 행위를 회개치 아니하면 큰 환난 가운데 던진다는 것입니다.

계 2:23 **"또 내가 사망으로 그의 자녀를 죽이리니 모든 교회가 나는 사람의 뜻과 마음을 살피는 자인 줄 알지라 내가 너희 각 사람의 행위대로 갚아 주리라."**

해 석 : 우상을 섬기고 우상의 제물을 먹고 한 그 자녀를 사망으로 죽인다는 것입니다. 모든 교회를 섬기는 사람의 뜻과 마음을 살피는 자인 줄 너희는 알고 깨달으라는 것입니다. 각 사람의 행한 대로 갚아 줄 것이니 조심하라는 것입니다.

막 12:27 **"하나님은 죽은 자의 하나님이 아니요 산 자의 하나님이시라 너희가 크게 오해하였도다 하시니라."**

해 석 : '나는 살아 있어 너희 모든 행위를 다 보고 있다. 죽었다는 생각은 조금도 하지 말아라. 그건 오해다.' 이 두 교회가 우상 때문에 침상에 던져지고 자녀가 사망 가운데 던져지는, 큰 환난 가운데 던져지는 일이 생기게 됩니다. 우리도 예외는 아닙니다. 마음속 깊이 새겨서 조심합시다.

계 2:24 **"두아디라에 남아 있어 이 교훈을 받지 아니하고 소위 사단의 깊은 것을 알지 못하는 너희에게 말하노니 다른 짐으로 너희에게 지울 것이 없노라."**

해 석 : 두아디라에 남아 있어 하나님의 교훈을 받지 않고 사탄의 깊은 것을 깨닫지 못하는 자들에게 말씀하십니다. 너희는 침상에 던지는 짐, 자녀가 사망 가운데 던져지는 짐, 이것만이 너희에게 합당하고 다른 짐은 없고 무거운 이 짐이 너희에게 합당하다는 것입니다. 우

상의 제물이 얼마나 무섭고 두려운 것인지 분명히 알아야 할 것입니다. 버가모 교회에서, 두아디라 교회에서 떠납시다. 우상을 섬겨서는 안 되는 것과 제물을 먹어서는 안 되는 것을 가르치지 않는 교회는 버가모 교회와 두아디라 교회와 다를 바가 없습니다.

창 12:1 **"여호와께서 아브람에게 이르시되 너는 너의 본토 친척 아비 집을 떠나 내가 네게 지시할 땅으로 가라."**

해 석 : 하나님께서 명령하시는 곳으로 가라는 것입니다. 우리의 아비는 마귀였습니다. 영적 마귀의 친척인 아비 집을 떠나라는 것입니다. 영적으로 버가모와 두아디라는 마귀의 집입니다. 이곳을 떠나지 않고는 하나님의 교훈을 받을 수 없고 사탄의 깊은 것도 깨달을 수 없어서 그 자리만 고집하다가 망하게 되는 것입니다.

호 4:6 **"내 백성이 지식이 없으므로 망하는도다."**

해 석 : 하나님의 백성이라 할지라도 말씀을 모르면 망합니다.

잠 8:12 **"나 지혜는 명철로 주소를 삼으며 지식과 근신을 찾아 얻나니"**

해 석 : 주님은 말씀하십니다. 주님은 지혜가 있어서 명철의 자리, 죄 없는 자리에만 주소를 삼고 죄 있는 자리에는 거처하지 않는다는 말씀입니다. 그래서 우리에게 지식, 성경 말씀을 부지런히 찾아 얻으라는 것입니다.

시 122:1 **"사람이 내게 말하기를 여호와의 집에 올라가자 할 때에 내가 기뻐하였도다."**

해 석 : 시편 기자는 사람들이 자기에게 교회에 올라가자고 할 때에 기뻐했다는 것입니다. 생명의 말씀이 있기 때문에 기뻐했고 구원이

있기 때문에 기뻐했다는 것입니다. 다윗은 여호와의 집에 올라가는 것을 기뻐했고 항상 말씀을 부지런히 찾아다니는 것입니다.

왕상 15:4 **"그 하나님 여호와께서 다윗을 위하여 예루살렘에서 저에게 등불을 주시되 그 아들을 세워 후사가 되게 하사 예루살렘을 견고케 하셨으니"**

해 석 : 다윗이 이스라엘 성전을 준비하니 그 정성을 보시고, 지혜로운 아들 솔로몬을 주셔서 예루살렘 성전을 짓게 하시고 등불을 밝혀 주신다는 말씀입니다.

아론의 지팡이에 싹이 나고 살구꽃이 핀 것과 야곱이 살구나무가 되었다는 것은 여호와의 일을 부지런히 했다는 것입니다. 우리도 하나님의 도구로 사용하기에 합당한 자가 되려면 열심히 말씀을 찾아 얻어야 될 것입니다.

말씀대로 해야 예루살렘 성전을 얻을 수 있습니다. 예루살렘 성전에서 알곡이 나옵니다. 이곳이 여부스(과거의 예루살렘) 성전, 오르난의 타작마당입니다. 주님은 이 땅의 책임자로 보내주셨고 하나님은 농부이십니다. 이 땅은 추수밭입니다. 하나님은 알곡을 거두시길 원하십니다. 그래서 하나님은 다윗에게 오르난의 타작마당에 가서 제사하라, 예배하라 부탁하신 것입니다.

왕상 15:5 **"이는 다윗이 헷 사람 우리아의 일 외에는 평생에 여호와 보시기에 정직히 행하고 자기에게 명하신 모든 일을 어기지 아니하였음이라."**

해 석 : 말씀을 늘 사모하며 기도하며 명철에 자리에 앉기를 힘썼기 때문에 우리아의 일 외에는 평생에 정직했고, 자기에게 명하신 모든 일을 어기지 않았습니다.

시 42:1 **"하나님이여 사슴이 시냇물을 찾기에 갈급함같이 내 영혼이 주를 찾기에 갈급하니이다."**

해 석 : 다윗이 하나님께 갈급한 심정을 말씀드립니다. '사슴이 산에 살다가 물을 먹으려면 얼마나 헤매며 물을 갈급히 찾는지요? 제가 그 심정입니다.'라고 고백하며 기다리고 있습니다. 만나 주십시오. 우리도 이런 심정으로 주님을 사모해야 할 것입니다.

마 5:8 **"마음이 청결한 자는 복이 있나니 저희가 하나님을 볼 것임이요"**

해 석 : 마음이 정직한 자를 만나 주십니다.

잠 8:17 **"나를 사랑하는 자들이 나의 사랑을 입으며 나를 간절히 찾는 자가 나를 만날 것이니라."**

해 석 : 주님을 사랑하는 것은 주님의 법을 지키는 것입니다. 그래야 주님이 우리를 사랑해 주십니다. 우리 모두가 자녀들을 기르고 있습니다. 자녀들에게 부모님을 사랑하느냐고 물어보십시오. 다 사랑한다고 대답할 것입니다. 그래 놓고도 말을 안 듣는 아이가 있을 것입니다. 그 아이는 부모님을 사랑하는 것이 아닐 것입니다. 하나님과 우리의 관계가 다를 바가 없습니다.

시 42:2 **"내 영혼이 하나님 곧 생존하시는 하나님을 갈망하나니 내가 어느 때에 나아가서 하나님 앞에 뵈올꼬"**

해 석 : 다윗이 하나님을 만나기를 그리워하며, '살아 계신 그분은 위엄하시고 광대하시고 생존하시는 하나님이시라. 어느 때에 만나 뵈올꼬' 갈망하며 기다리고 있습니다.

시 132:1 **"여호와여 다윗을 위하여 그의 모든 근심한 것을 기억하소**

서.”

해 석 : 모든 기도를 전능하신 하나님께서 해결해 달라는 간절한 기도이며 부탁입니다.

욥 8:5 “네가 만일 하나님을 부지런히 구하며 전능하신 이에게 빌고”

해 석 : 게으르지 말고 하나님을 부지런히 찾고, 능치 못할 일이 없으신 하나님께 기도하라는 것입니다.

시 132:2 “저가 여호와께 맹세하며 야곱의 전능자에게 서원하기를”

해 석 : 다윗이 전능하신 하나님께 맹세 서약을 합니다.

시 132:3 “내가 실로 나의 거하는 장막에 들어가지 아니하며 내 침상에 오르지 아니하며”

해 석 : 다윗이 잠자는 집에 들어가지 않고, 잠자는 침대에 올라가지 않고 기도하겠다고 하나님과 서약을 합니다.

시 132:4 “내 눈으로 잠들게 아니하며 내 눈꺼풀로 졸게 아니하기를”

해 석 : 다윗이 자기 눈으로 졸지 않고 잠들지 않고 힘써 기도하겠다고 다짐하는 모습입니다. 우리도 이렇게 기도하는 모습을 본받아야 하겠습니다.

시 132:5 “여호와의 처소 곧 야곱의 전능자의 성막을 발견하기까지 하리라 하였나이다.”

해 석 : ‘하나님께서 계시는 처소, 전능자가 계시는 성막을 발견하기까지’란 응답하실 때까지, 만나 주실 때까지 기도하겠다는 대단한 각오입니다. 다윗왕이 여호와를 위해 법궤를 찾아 그것을 예루살렘으

로 옮기고자 했던 간절한 소망과 성취를 염원하는 거룩한 기도입니다. 우리도 이런 모습이 되길 소망합니다.

욥 8:6 **"또 청결하고 정직하면 정녕 너를 돌아보시고 네 의로운 집으로 형통하게 하실 것이라."**

해 석 : 마음이 청결하고 영적으로 깨끗하고 거룩한 것을 의미하며 정직하면 우리를 돌아보시고, 의로운 집이면 형통케 하신다는 것입니다.

하나님의 자녀로서 해야 할 것과 하지 말아야 할 것을 구분하며, 먹을 것과 먹지 말아야 할 것을 구분하며, 가야 할 곳과 가지 말아야 할 곳을 구분해야 하는 것이 거룩한 백성이며 꼭 지켜야 할 본분임을 알아야 하겠습니다. 우리가 어느 나라에 살든지 그 나라의 법을 준수해야 하듯이 하늘나라의 백성은 하늘의 법을 지켜야 합니다. 그 나라의 법은 거룩한 것입니다. 그래서 하나님께서는 청결하고 깨끗해서 우리가 형통하길 소망하십니다.

잠 3:19 **"명철로 하늘을 굳게 펴셨고"**

해 석 : 이 말씀은 명철은 악에서 떠나는 것인데 천국 문은 명철의 문으로 굳게 닫아 놓았다는 것입니다. 거룩한 자만이 들어갈 수 있음을 성경에서 말씀하고 있습니다. 그 나라, 주님이 계시는 곳을 소개해 볼까요?

계 21:21 **"그 열두 문은 열두 진주니 문마다 한 진주요 성의 길은 맑은 유리 같은 정금이더라."**

해 석 : 열두 문은 성령의 문입니다. '열'은 하나님을 의지함을 뜻하며, '둘'은 주님과 연합하여 성령님과 같이 일을 하는 것입니다. 진주는

눈물을 의미합니다. 조개가 진주를 만들기까지 힘이 들어 눈물을 많이 흘린다는 것은, 아름다운 것을 만들어 내기까지 얼마나 힘이 드는가를 깨우쳐 줍니다.

우리도 그 나라에 들어가려면, 또 거룩해지려면 눈물을 많이 흘려야 될 것입니다. 하늘나라의 길은 유리같이 투명하다는 것입니다. 깨끗하고 청결하며 정금, 변치 않는 믿음의 반석으로 되어 있으니, 우리도 그렇게 되어야 그 나라의 백성이 될 수 있다고 설명하고 있습니다. 꼭 구별된 백성이 되도록 노력합시다.

엡 3:13 **"그러므로 너희에게 구하노니 너희를 위한 나의 여러 환난에 대하여 낙심치 말라 이는 너희의 영광이니라."**

해 석 : 하나님께서 우리에게 부탁하시는 말씀입니다. 너희가 의를 위하여 환난을 겪는 것에 대하여 낙심하지 말라는 것입니다. 하나님께서 보상해 주시는 상급은 영광으로 나타난다는 것입니다.

Hallelujah!

21.
불순종

요나가 순종하지 않으므로 어두운 고기 뱃속 구덩이에 빠졌고, 노아 홍수 때 순종하지 않으므로 많은 사람이 물구덩이에 빠져 죽었습니다.

창 14:10 **"싯딤 골짜기에는 역청 구덩이가 많은지라."**

해 석 : 싯딤 골짜기에는 가시나무가 많다는 것입니다. 그 뜻은 우리 인생들이 가시라는 것입니다. 가시같이 꾹꾹 찌르는 인생들이 싯딤 골짜기에 많이 살고 있다는 것을 의미합니다. 이 세상이 싯딤 골짜기입니다. 가시 같은 인생이 많아 역청 구덩이가 많다는 것입니다. 역청은 '말씀'을 의미하는데 말씀을 의지하지 않았기 때문에 자기에게 합당한 구덩이, 수렁에 빠진다는 것입니다.

노아가 배를 만들 때 물이 들어오지 못하도록 안팎으로 역청을 칠하라고 명령하셨습니다. 물이 들어오면 생명을 잃기 때문입니다. 그래서 말씀을 의미하기도 합니다. 말씀을 어기면 이 구덩이에 빠져 죽는다는 것입니다. 하나님께서는 이 세상을 바다로 비유하시기도 합니다. 바람이 불고 풍랑이 일 때가 있으므로 하나님을 의지하라는 것입니다.

전 11:7 **"빛은 실로 아름다운 것이라 눈으로 해를 보는 것이 즐거**

운 일이로다."

해 석 : 며칠 동안 비가 오다가 햇빛을 보면 마음이 즐겁듯이 말씀도 그러하다는 것입니다. 빛을 보고 말씀을 바라보라는 것입니다. 말씀은 거짓말이 없기 때문에 아름답다는 것입니다.

전 11:8 "사람이 여러 해를 살면 항상 즐거워할지로다 그러나 캄캄한 날이 많으리니 그날을 생각할지로다 장래 일은 다 헛되도다."

해 석 : 사람이 여러 해를 살면 즐거운 일이지만 캄캄하고 어두운 날이 많으니 그날을 생각해서 빛을 바라보라는 것입니다. 말씀을 바라보라는 것입니다. 그래야 캄캄함이 없고 즐겁게 지낼 수 있다는 것입니다. 한번 살펴보기로 하겠습니다.

시 122:3 "예루살렘아 너는 조밀한 성읍과 같이 건설되었도다."

해 석 : 예루살렘은 이스라엘 수도입니다. 우리나라의 수도 서울이 한국을 대표하듯이 예루살렘은 이스라엘을 대표합니다. 그래서 이스라엘 하면 예수님이 생각나듯이 예루살렘은 이스라엘을 대표하며, 그곳이 예수님이 계시는 곳이고 진리의 성읍이라고도 합니다. 예수님께서 계시는 곳은 어느 성전입니까?

슥 8:3 "나 여호와가 말하노라 내가 시온에 돌아왔은즉 예루살렘 가운데 거하리니 예루살렘은 진리의 성읍이라 일컫겠고 만군의 여호와의 산은 성산이라 일컫게 되리라."

해 석 : 하나님께서 고백하십니다. 네가 하늘의 보좌에서 내려와서 말씀대로 하는 제단, 예루살렘 제단에 들어가 영광을 받아야 되겠다는 것입니다. 그곳을 진리의 성읍이라 부르게 될 것이고, 그곳이 하나님의 거룩한 성산이 된다고 말씀하십니다.

요 12:50 **"나는 그의 명령이 영생인 줄 아노라 그러므로 나의 이르는 것은 내 아버지께서 내게 말씀하신 그대로 이르노라 하시니라."**

해 석 : 예수님께서는 하나님의 명령이 영생이라고 말씀하십니다. 그러므로 예수님께서 너희에게 이르는 말을 아버지께서 말씀하신 그대로 나는 너희에게 전해 주노라고 말씀하고 계십니다. 그러므로 잘 지키고 믿고 따르라는 것입니다. 그분이 시온, 하늘의 보좌에서 내려오셔서 예루살렘에 계시니 조밀한 성읍이라고 말씀하십니다. 이 땅도 지혜롭게 완벽하게 만드셨고 우리의 육체도 완벽하게 만드셨습니다. 인생을 살아가는 데 성공하는 비결, 승리하는 비결이 성경 안에 잘 기록되어 있습니다. 실수 없이 완전히 조직적이고 세밀하게 예루살렘 성전 안의 법궤 속에 이 말씀이 있어, 나라도 민족도 교회도 회사도 가정도 사업도 이 말씀대로만 하면 승리한다는 것입니다. 무너지지 않고 성읍들이 잘 건설된다는 것입니다.

인생에 걸어가는 길을 잘 설명해 놓았습니다. 악이 없는 명철의 곳에 거주지를 삼고 말씀을 삼가 조심하며 말씀을 얻기를 노력하고, 말씀을 얻으려고 조밀하게 되어 있는 예루살렘 성전으로 들어가서 주님께 경배하며 말씀을 얻읍시다.

잠 9:1 **"지혜가 그 집을 짓고 일곱 기둥을 다듬고"**

해 석 : 하나님의 말씀대로만 하면, 집의 모든 기둥과 집을 견고히 세울 수 있습니다. 하나님의 말씀으로 지혜롭고 명철하며 조직적이고 조밀하게 확실하게 기록되어 있는 것이 성경입니다. 하나님의 말씀이 집을 짓고 기둥이 되고 반석 위에 지은 견고한 집이 된다는 것입니다. 우리에게 이렇게 하라는 부탁이십니다.

시 19:7 **"여호와의 율법은 완전하여 영혼을 소성케 하고 여호와의**

증거는 확실하여 우둔한 자로 지혜롭게 하며"

해 석 : 하나님의 말씀은 사람을 바로 걷기에 완전하게 만들어서 영혼을 살리시며, 하나님의 말씀은 확실해서 우둔하고 미련한 자를 지혜롭게 하십니다.

시 19:8 **"여호와의 교훈은 정직하여 마음을 기쁘게 하고 여호와의 계명은 순결하여 눈을 밝게 하도다."**

해 석 : 하나님의 말씀은 거짓이 없고 진실하고 정직해서 누구의 마음도 상하지 않고 기쁘게 하며, 하나님의 말씀은 순수해서 세상의 것이 섞이지 않아 영의 눈이 밝아질 것이라는 것입니다. 우리를 세우시는 데 조직적이고 세밀하시다는 것입니다.

시 122:1 **"사람이 내게 말하기를 여호와의 집에 올라가자 할 때에 내가 기뻐하였도다."**

해 석 : 사람들이 다윗에게 하나님의 성전에 올라가자 할 때에 다윗이 기뻐했다는 것입니다. 하나님의 말씀은 진실하고 정직하며 우둔한 자를 지혜롭게 하고 영의 눈이 밝아지며 사람을 세우는 데 완전하며, 조직적이고 조밀하다는 것을 다윗은 알고 성전에 올라갈 때에 기뻐했다는 것입니다.

우리가 성전에 올라가 말씀을 들을 때, 그 말씀을 듣고 지키면 우리가 넘어지지 않도록 허리에 띠를 띠는 것입니다. 듣고 지키지 않을 때는 넘어지게 됩니다. 문설주에서 말씀을 기다립시다. 성전에 모이기를 힘씁시다.

시 40:2 **"나를 기가 막힐 웅덩이와 수렁에서 끌어 올리시고 내 발을 반석 위에 두사 내 걸음을 견고케 하셨도다."**

해 석 : 우리가 말씀의 지식이 없어 망합니다. 그래서 성전에 자주 올라

가야 합니다. 그렇지 않으면 기가 막힐 웅덩이와 수렁에 빠지게 됩니다. 빠지고 나서 성전에 해결 받으러 올라가게 되면 그때는 얼마나 힘이 더 들겠습니까? 성전에 올라가기를 힘씁시다. 순종하기를 노력합시다.

시 40:1 **"내가 여호와를 기다리고 기다렸더니 귀를 기울이사 나의 부르짖음을 들으셨도다."**

해 석 : 성전에 올라가서 내 하나님께 기가 막힐 웅덩이와 수렁에서 건져 달라고 기도하며 응답을 기다리고 기다렸더니, 귀를 기울이시사 부르짖음을 들으시고 해결해 주셨다는 말씀입니다.

시 40:3 **"새 노래 곧 우리 하나님께 올릴 찬송을 내 입에 두셨으니 많은 사람이 보고 두려워하여 여호와를 의지하리로다."**

해 석 : 기가 막힐 웅덩이와 수렁에서 끌어 올리시고 해결해 주시니 새 노래, 곧 하나님께 감사해서 찬송을 올려 드린다는 것입니다. 이 영광을 사람들이 보고 두려워하여 하나님을 의지했다는 것입니다.

시 20:1 **"환난 날에 여호와께서 네게 응답하시고 야곱의 하나님의 이름이 너를 높이 드시며"**

해 석 : 환난이 오면 기도하라는 것입니다. 그러면 응답해 주시겠다는 말씀입니다. 야곱의 하나님이 동일한 우리의 하나님이십니다. 야곱에게 환난 때에 응답하신 것처럼 나에게도 응답하신다는 것입니다. 환난에서 건져 주신다는 것입니다.

시 20:2 **"성소에서 너를 도와주시고 시온에서 너를 붙드시며"**

해 석 : 말씀대로 해야 붙들어 주시며 성소에서, 구원의 방주에서 일을 해야 도와주신다는 것입니다. 환난이 오면 성소에 나와서 하나님

앞에 기도하라는 것입니다.

시 20:3 **"네 모든 소제를 기억하시며 네 번제를 받으시기를 원하노라(셀라)."**

해 석 : 하나님께 드려지는 예물과 예배를 받으신다는 것입니다. 말씀대로만 하면 소제를 기억하고 번제를 받으시며 응답하신다는 것입니다.

시 20:4 **"네 마음의 소원대로 허락하시고 네 모든 도모를 이루시기를 원하노라."**

해 석 : 하나님의 뜻대로만 하면 우리의 소원을 이루어 주시고 우리의 중보 기도를 허락하신다는 것입니다.

우리는 순종에 자리에 앉읍시다. 그러면 좋은 것을 얻게 됩니다. 불순종은 어둠이며 환난을 주시고, 순종은 빛이며 평안을 주십니다.

사 45:7 **"나는 빛도 짓고 어두움도 창조하며 나는 평안도 짓고 환난도 창조하나니 나는 여호와라 이 모든 일을 행하는 자니라 하였노라."**

해 석 : 우리의 모든 것을 살펴서 평안과 환난을 주십니다.

시 30:11 **"주께서 나의 슬픔을 변하여 춤이 되게 하시며 나의 베옷을 벗기고 기쁨으로 띠 띠우셨나이다."**

해 석 : 말씀대로 하면 슬픔이 변하여 춤이 되게 하시고, 베옷(눈물의 옷)을 벗기시고 기쁨으로 옷을 입혀 주신다는 것입니다.

신명기 28장 1-14절은 순종에 대한 축복입니다. 그리심산(우편)은 진리의 옷을 입은 자, 이 산에 앉기를 축복합니다.

신명기 28장 15-68절은 불순종에 대한 저주입니다. 에발산(좌편)은 진리의 옷을 벗은 자, 이 산에 앉지 맙시다.

렘 2:13 **"내 백성이 두 가지 악을 행하였나니 곧 생수의 근원되는 나를 버린 것과 스스로 웅덩이를 판 것인데 그것은 물을 저축지 못할 터진 웅덩이니라."**

해 석 : 이방인이 아니고 하나님의 백성이 두 가지 악을 행하고 있다는 것입니다. 생명의 근원되신 하나님께서 생명을 주관하십니다. 그 하나님을 잊어버렸다는 것입니다. 스스로 웅덩이를 판 것인데 이것은 터진 웅덩이, 세상의 웅덩이를 팠다는 것입니다. 이것은 다 새어 나가 버립니다. 그러므로 교회의 우물, 영생의 물을 마시라는 것입니다. 세상의 웅덩이는 전대에 구멍을 낸 터진 웅덩이입니다. 한꺼번에 다 날아가는 깨진 웅덩이입니다. 썩을 것을 구하면 다 날아가 버립니다. 그물이 찢어져 복이 다 새어 나갑니다(요 21:11).

학 2:18 **"너희는 오늘부터 이전을 추억하여 보라 구월 이십사일 곧 여호와의 전 지대를 쌓던 날부터 추억하여 보라."**

해 석 : 하나님께서 우리에게 말씀하십니다. 너희는 이전, 하나님의 일을 하지 않았을 때와 구원의 열매를 맺기 위해 일했을 때를 비교해 보라는 것입니다. 어느 때가 더 복이 많았는지….

학 2:19 **"곡식 종자가 오히려 창고에 있느냐 포도나무, 무화과나무, 석류나무, 감람나무에 열매가 맺지 못하였었느니라 그러나 오늘부터는 내가 너희에게 복을 주리라."**

해 석 : 창고에 열매가 없었다고 말씀하고 계십니다. '복이 많이 날아갔지 않느냐?' 하고 묻고 계십니다. 하나님의 일을 하는 그날부터는 내가 복을 주리라는 언약의 말씀입니다.

하나님께서 이렇게 말씀하십니다.

시 127:1 **"여호와께서 집을 세우지 아니하시면 세우는 자의 수고가 헛되며 여호와께서 성을 지키지 아니하시면 파수꾼의 경성함이 허사로다."**

해 석 : 국가든 교회든 가정이든 하나님께서 지켜 주셔야 견고하다고 말씀하십니다. 전능하신 하나님의 손에 있습니다. 말씀을 의지합시다.

사 26:4 **"너희는 여호와를 영원히 의뢰하라 주 여호와는 영원한 반석이심이로다."**

해 석 : 하나님께서 우리에게 말씀하십니다. '너희는 하나님을 영원히 의지하라. 우리의 주인이신 하나님을, 영원히 무너지지 않는 말씀의 반석이신, 조직적이고 조밀하게 기록해 놓으신 그 말씀을 의지하라. 그리할 때 절대로 실패가 없을 것이다.' 그리고 승리로 이끌어 주시는 하나님께 감사합시다.

시 127:2 **"너희가 일찍이 일어나고 늦게 누우며 수고의 떡을 먹음이 헛되도다 그러므로 여호와께서 그 사랑하시는 자에게는 잠을 주시는도다."**

해 석 : 하나님 말씀대로만 하면 무너지지 않는데, 지혜가 없어 우리의 방법대로 하면 헛된 일이 되고 맙니다. 하나님의 방법대로 하면 잘되고 평안해서 잠을 잘 잘 수 있지만, 그렇지 못하면 어려움이 와서 잠을 못 이룬다는 말씀입니다. 우리를 사랑하시는 하나님, 이 땅에 주님을 통해서 말씀을 보내주신 그분께 감사하며 영광을 돌립시다.

시 119:165 **"주의 법을 사랑하는 자에게는 큰 평안이 있으니 저희에게 장애물이 없으리이다."**

해 석 : 주의 법은 하나님께서 우리를 사랑하사 이 세상을 살아가면서

평안하고 행복할 수 있도록 넘어지지 않도록, 말씀을 지혜롭게 조밀하게 기록해서 우리에게 주셨습니다. 잘 지키면 장애물이 없고 평안하다는 것입니다.

잠 22:17 **"너는 귀를 기울여 지혜 있는 자의 말씀을 들으며 내 지식에 마음을 둘지어다."**

해 석 : 항상 말씀에 귀를 기울여 지혜의 말씀을 들으라는 것입니다. 하나님 말씀에 마음을 두라는 것입니다.

잠 22:18 **"이것을 네 속에 보존하며 네 입술에 있게 함이 아름다우니라."**

해 석 : 각자의 심령에 말씀을 새기며 잊어버리지 말고 보존하며, 항상 말씀을 선포하여 듣는 이로부터 구원을 얻게 하라는 것입니다. 듣는 이가 악을 버리고 생명의 길로 가는 것이 아름다운 일이라고 말씀하십니다.

잠 22:19 **"내가 너로 여호와를 의뢰하게 하려 하여 이것을 오늘 특별히 네게 알게 하였노니"**

해 석 : 하나님께서 우리 택한 백성이 하나님을 의지할 수 있도록 하게 하기 위하여, 특별히 말씀을 주셔서 알게 했다는 메시지입니다. 많이 감사합시다.

잠 19:3 **"사람이 미련하므로 자기 길을 굽게 하고 마음으로 여호와를 원망하느니라."**

해 석 : 하나님의 말씀을 지키지 않는 것은 미련한 짓이며, 그 길을 정로로 가지 않고 구부러진 곳으로 가다가 어려움이 오면 하나님을 원망한다는 것입니다. 꼭 순종해서 어려움이 없도록 합시다.

22.
의인의 터

시 11:3 **"터가 무너지면 의인이 무엇을 할꼬"**

해 석 : 하나님께서는 시편 기자를 통해서, '의인의 터가 무너지면 의인은 무엇을 할꼬?' 물으시며 근심하고 계십니다.

롬 10:1 **"형제들아 내 마음에 원하는 바와 하나님께 구하는 바는 이스라엘을 위함이니 곧 저희로 구원을 얻게 함이라."**

해 석 : 사도 바울이 로마 형제들에게 바울이 원하는 것과 하나님께 구하는 것이 이스라엘 백성을 구원하는 일이라고, 하나님의 의에 대해 무지한 백성을 향해 명백히 밝히고 있습니다.

롬 10:2 **"내가 증거하노니 저희가 하나님께 열심이 있으나 지식을 좇은 것이 아니라."**

해 석 : 바울은 '내가 분명히 너희에게 증거한다. 열심과 충성심은 있으나 말씀대로 하지 않는다.'고 지적하고 있습니다.

롬 10:3 **"하나님의 의를 모르고 자기 의를 세우려고 힘써 하나님의 의를 복종치 아니하였느니라."**

해 석 : 하나님의 의가 있고 자기 의가 있으니, 하나님의 의를 세워야 한다고 우리 모두에게 부탁하시는 말씀입니다.

롬 10:4 **"그리스도는 모든 믿는 자에게 의를 이루기 위하여 율법의 마침이 되시니라."**

해 석 : 예수님은 모든 자에게 본이 되시며 하나님께서 명령하신 율법을 이 땅에서 완수하시고, 사랑의 마침으로 마무리하시고 하늘로 승천하실 때 우리에게 마지막 부탁이 예루살렘에 머물러 있으라는 것입니다. 말씀대로 해서 율법이 마침이 되라는 것입니다. 말씀대로 하는 교회에 능력을 입히울 때까지 머무르라는 것입니다.

하나님께서는 우리의 조상 아브라함에게 의에 대해서 약속하십니다. 후사를 줄 테니 의를 세우라고 말씀하십니다.

창 15:1 **"이후에 여호와의 말씀이 이상 중에 아브람에게 임하여 가라사대 아브람아 두려워 말라 나는 너의 방패요 너의 지극히 큰 상급이니라."**

해 석 : 하나님께서 아브람에게 말씀을 하십니다. '두려워 말라.'고 부탁하시며 내가 너의 방패가 되어 주시겠다는 언약을 하십니다. 그것은 전능의 하나님을 의미하며 '아브람, 네가 나를 아는 것이, 또한 나를 하나님 아버지로 모시는 것이 얼마나 큰 상급이며 선물이라는 것'을 말씀하십니다. 모든 것을 지키시고 세우시며 인도하시며 환난을 막아 주시는 전능의 하나님을 의지하라는 것입니다.

창 15:2 **"아브람이 가로되 주 여호와여 무엇을 내게 주시려나이까 나는 무자하오니 나의 상속자는 이 다메섹 엘리에셀이니이다."**

해 석 : 아브람이 말씀드립니다. '하나님께서 무엇을 주시려고 하십니까? 저는 자식이 없으니 나의 상속자는 이 다메섹 엘리에셀이 될 것입니다.'라고 말씀을 드리고 있습니다.

창 15:3 **"아브람이 또 가로되 주께서 내게 씨를 아니주셨으니 내 집에서 길리운 자가 나의 후사가 될 것이니이다."**

해 석 : 아브람이 '주인 되신 하나님께서 내게 자식을 주시지 않았기 때문에, 다른 데서 데려와서 길리운 자식이 나의 후사가 되고 대를 이어 가게 될 것입니다.' 하고 말씀드리고 있습니다.

창 15:4 **"여호와의 말씀이 그에게 임하여 가라사대 그 사람은 너의 후사가 아니라 네 몸에서 날 자가 네 후사가 되리라 하시고"**

해 석 : 하나님의 말씀이 아브람에게 임하여 말씀하십니다. '길리운 자가 후사가 아니라 네 몸에서 날 자가 네 후사가 될 것이다.'라고 직접 말씀하십니다.

창 15:5 **"그를 이끌고 밖으로 나가 가라사대 하늘을 우러러 뭇별을 셀 수 있나 보라 또 그에게 이르시되 네 자손이 이와 같으리라."**

해 석 : 아브람을 밖으로 이끌어 내어 말씀하십니다. 하늘을 쳐다보라는 것입니다. 청사진을 직접 보여 주시면서 수많은 별들을 셀 수 있느냐고 물으십니다. 그리고 네 자손들이 이와 같을 것이라고 말씀하십니다.

창 15:6 **"아브람이 여호와를 믿으니 여호와께서 이를 그의 의로 여기시고"**

해 석 : 아브람과 사라가 나이 많아 늙었고 사라의 경수는 끊어졌는데도 불구하고, 여호와께서 능치 못할 일이 없음을 믿는 아브람을 의로 여기셨습니다. 사도신경도 이와 다를 바가 없습니다. 믿어지지 않으면 고백할 수 없는 내용의 글들이 담겨져 있습니다. 그 전체가 신비하고 오묘한 사건들입니다. 사도신경 전체가 믿어지면 놀라운

믿음입니다. 믿지 못할 조건 속에서 믿어지는 믿음, 그것을 보시고 하나님은 의로 여기셨습니다.

이 아브람의 사건과 똑같습니다. 믿음이 없으면 믿어지지 않습니다. 우리의 상식으로는 계산이 안 되는 사건들입니다. 전능의 하나님을 믿어야 할 것입니다.

창 15:7 **"또 그에게 이르시되 나는 이 땅을 네게 주어 업을 삼게 하려고 너를 갈대아 우르에서 이끌어 낸 여호와로라."**

해 석 : 아브람에게 다시 말씀하십니다. 나는 너를 하나님의 업을 삼으려고 갈대아 우르에서 이끌어 내어 가나안 땅으로 인도하셨다는 것입니다.

창 15:8 **"그가 가로되 주 여호와여 내가 이 땅으로 업을 삼을 줄을 무엇으로 알리이까"**

해 석 : 아브람이 말씀을 드립니다. '주인 되신 하나님, 제가 이 땅에서 어떤 업을 삼아야 하는지 무엇으로 알 수 있을까요?' 하고 하나님께 여쭈어 봅니다.

시 50:5 **"이르시되 나의 성도를 네 앞에 모으라 곧 제사로 나와 언약한 자니라 하시도다."**

해 석 : 하나님께서 '나의 성도를 내 앞에 모으라.'고 말씀하십니다. 예배의 자리에서 말씀으로 언약하자는 것입니다. 그래서 아브람이 하나님과 제사, 즉 예배를 통해서 말씀으로 언약을 하게 됩니다. 우리를 교훈시키기 위하여 짐승을 가지고 오라고 명령하십니다.

시 50:13 **내가 수소의 고기를 먹으며 염소의 피를 마시겠느냐"**

해 석 : 하나님께서 드시고 마시려고 짐승을 잡아 바치라는 것이 아니

라는 것입니다. 짐승을 통해서 교훈을 주시려고 가지고 오라는 것입니다. 성경의 숫자를 가지고도 교훈을 주시는 지혜의 하나님, 모략과 모사가 넘치는 그 하나님께서 주님을 붙잡고 일하신 것처럼 우리들도 성령님과 연합하여 요한복음 2장 6절에 나오는 두세 통, 즉 '둘'은 주님과 연합, '세 통'은 성부 · 성자 · 성령님을 의지하는 깨지지 않는 돌항아리(머리)가 됩시다. 하나님께서 주시는 말씀을 머리에 잘 담읍시다.

전 3:18 **"내가 심중에 이르기를 인생의 일에 대하여 하나님이 저희를 시험하시리니 저희로 자기가 짐승보다 다름이 없는 줄을 깨닫게 하려 하심이라 하였노라."**

해 석 : 전도서 기자가 마음에 깨달은 것이 짐승과 다를 바가 없다는 것을 알았다는 것입니다.

전 3:19 **"인생에게 임하는 일이 짐승에게도 임하나니 이 둘에게 임하는 일이 일반이라 다 동일한 호흡이 있어서 이의 죽음같이 저도 죽으니 사람이 짐승보다 뛰어남이 없음은 모든 것이 헛됨이로다."**

해 석 : 인생에게도 짐승에게도 호흡이 있고 죽음이 있다는 것입니다. 다 흙으로 돌아간다는 것입니다.

전 3:20 **"다 흙으로 말미암았으므로 다 흙으로 돌아가나니 다 한 곳으로 가거니와"**

해 석 : 우리를 만드신 이가 우리를 흙으로 만드셨으니, 사람이나 짐승이나 다 흙으로 돌아간다고 말씀하십니다.

전 3:21 **"인생의 혼은 위로 올라가고 짐승의 혼은 아래 곧 땅으로 내려가는 줄을 누가 알랴"**

해 석 : 사람의 혼은 위로 올라갑니다. 성도는 존귀한 자입니다. 말씀대로 산 자는 위로, 천국에 들어갑니다. 말씀이 없으면 짐승과 다를 바가 없다는 것입니다. 그래서 짐승의 표 육육육을 받지 말며 하나님의 말씀을 받으라는 것입니다. 짐승의 마음을 받는 자는 땅밑의 지옥으로 내려가게 됩니다.

시 16:3 **"땅에 있는 성도는 존귀한 자니 나의 모든 즐거움이 저희에게 있도다."**

해 석 : 존귀한 자가 됩시다. 역대상 4장 10절의 야베스처럼, '하나님께 복에 복을 더하사 지경을 넓혀 주시고 환난을 벗어나 근심이 없게 하옵소서.' 할 때 응답해 주셨습니다. 존귀하고 미쁘게 보신 것입니다.

우리가 하나님 앞에 존귀함을 받는 것은 하나님의 날, 즉 주일을 내 시간으로 쓰지 않고 하나님의 성물을 내 것으로 쓰지 않고, 하나님의 법도를 따라 순종할 때입니다. 하나님을 우리가 존귀히 모셔 드릴 때 우리가 존귀히 여김을 받을 수 있을 것입니다.

시 16:4 **"다른 신에게 예물을 드리는 자는 괴로움이 더할 것이라 나는 저희가 드리는 피의 전제를 드리지 아니하며 내 입술로 그 이름도 부르지 아니하리로다."**

해 석 : 다른 신에게 예물을 드리시는 분은 회개하며 회개 예물을 드려야 합니다. 그 예물이 생명 살리는 데 쓰여졌을 때 죄가 도말되는 것입니다. 시편 기자는 다른 신에게 예물을 드리는 자는 괴로움이 더할 것이라고 설명하고 있습니다. 다윗은 '나는 이방인처럼 다른 신에게 희생의 피를 드리지 않고, 어리석은 짓은 하지 않는다.'고 고백합니다. '더러운 이방신들은 자기 입에 담지도 않고 부르지도

않겠다.'는 각오를 우리에게 성경을 통해서 말씀하고 있습니다.

나아만이 문둥병을 고치고 나서 "이스라엘 외에는 온 천하에 신이 없는 줄을 아나이다"(왕하 5:15)라고 고백했습니다. 또 나아만이 하나님께 언약한 말씀이 있습니다. "이제부터는 종이 번제든지 다른 제든지 다른 신에게는 드리지 아니하고 다만 여호와께 드리겠나이다"(왕하 5:17). 이렇게 환난을 통해서 큰 것을 깨달았습니다. 환난이 복이라는 말씀입니다. 다른 신에게 예물을 드리는 자는 괴로움이 더하는 줄 알고 조심합시다. 나아만은 이런 마음을 가지고 있었기 때문에 고침을 받았습니다.

사 5:18 "거짓으로 끈을 삼아 죄악을 끌며 수레 줄로 함같이 죄악을 끄는 자는 화 있을진저"

해 석 : 예수님을 믿는다고 하면서 이런 죄의 문제를 해결하지 않고, 그냥 교회를 다니는 것이 거짓이라는 것입니다. 회개하여 죄를 끊어 버리라는 것입니다. 죄를 수레(마음)에 담아서 가지고 다니지 말라는 것입니다.

잠 19:27 "내 아들아 지식의 말씀에서 떠나게 하는 교훈을 듣지 말지니라."

해 석 : 하나님의 말씀만 잘 듣고, 말씀을 떠나게 하는 세상 교훈은 받지 말며 열조(조상)의 습관은 본받지 말라는 부탁의 말씀입니다.

창 15:9 "여호와께서 그에게 이르시되 나를 위하여 삼 년 된 암소와 삼 년 된 암염소와 삼 년 된 수양과 산비둘기와 집비둘기 새끼를 취할지니라."

해 석 : 위의 말씀은 우리에게 어떤 교훈을 줄 것인가 생각해 봅시다.

제사 때는 반드시 번제물이 있어야 합니다. 우리가 번제물이 되어야 되겠습니다. 우리가 다 처음에는 암염소입니다. 암염소가 말씀을 잘 듣고 수양이 되는 것입니다. 수양은 순종을 잘 합니다. 그래서 소처럼 일을 많이 합니다. 나중에는 이 소가 성령의 바람을 타고 산비둘기가 되어 산을 넘고 강을 건너 선교사가 되어 일하며, 집비둘기는 가정과 교회를 지키며 주변에 날아다니며 성령님의 인도를 받으며 성령의 새 비둘기가 되어 하나님의 일을 하는 것입니다. 삼 년은 성부 · 성자 · 성령님을 의지하는 것을 의미합니다.

하나님께서는 이 아브람에게 사람의 업, 하나님의 업을 맡기려고 준비하고 계획하시고 계셨습니다. 사람을 세워 하나님의 일꾼을 만들려고 하시는 것이었습니다. 그 후에 아브람이 번제물을 가지고 왔습니다. 그 후에 어떻게 되었는지 살펴보겠습니다.

창 15:10 **"아브람이 그 모든 것을 취하여 그 중간을 쪼개고 그 쪼갠 것을 마주 대하여 놓고 그 새는 쪼개지 아니하였으며"**

해 석 : 아브람이 모든 짐승을 가지고 와서 쪼갰다고 설명하고 있습니다. 쪼개는 것이 무엇인가 살펴보겠습니다.

시 49:12 **"사람은 존귀하나 장구치 못함이여 멸망하는 짐승 같도다."**

해 석 : 사람은 존귀하다고 말씀하십니다. 장구, 즉 긴 세월 동안 깨닫지 못하면 멸망하는 짐승이나 다를 바가 없고, 구원받지 못한 것을 말씀하고 있습니다. 그래서 말씀으로 쪼개라는 것입니다.

히 4:12 **"하나님의 말씀은 살았고 운동력이 있어 좌우에 날선 어떤 검보다도 예리하여 혼과 영과 및 관절과 골수를 찔러 쪼개기까지 하며 또 마음의 생각과 뜻을 감찰하나니"**

해 석 : 사람이 살아서 움직이는 것처럼 하나님의 말씀이 사람의 마음을 움직이며, 좌우로 잘 드는 예리한 말씀의 칼이 있어 혼과 영과

육체의 생각들을 살펴서 악들은 다 쪼개 버린다는 것입니다. 마음과 생각을 꿰뚫어 보신다는 것입니다.

고전 2:10 **"오직 하나님이 성령으로 이것을 우리에게 보이셨으니 성령은 모든 것 곧 하나님의 깊은 것이라도 통달하시느니라."**

해 석 : 하나님께서는 성령으로 모든 것을 감찰하시고 이끌어 가십니다.

계 13:18 **"지혜가 여기 있으니 총명 있는 자는 그 짐승의 수를 세어 보라 그 수는 사람의 수니 육백 육십 륙이니라."**

해 석 : 지혜가 있고 총명이 있는 자는 짐승의 수를 세어 보라는 것입니다. 이 말씀은 말씀이 없으면 무지해서 하나님의 뜻을 모르는 사람들이라는 뜻을 표현하신 것입니다. 여섯째 날에 사람을 만들어 육이라는 숫자를 사용하고 있습니다. 그래서 육육육 표를 받지 말라는 것은, 짐승의 마음을 받지 말라는 교훈을 우리에게 항상 들려주시는 것입니다. 마귀의 영과 마귀의 정신과 마귀의 마음을 받지 말라는 교훈입니다. 아브람은 다 쪼개고 새는 쪼개지 않았다는 것입니다. 자녀를 말씀으로 쪼개지 못했다는 것입니다. 자녀가 할례를 받지 못했다는 것입니다. 할례는 마음의 할례를 말씀하시는 것입니다. 필요 없는 악들을 잘라 내지 못해서 큰 연단에 들어가게 된 것입니다. 그의 나라와 그의 의를 구하는 것이, 자녀들을 반듯이 세우는 것이 하나님 나라를 세우는 것이 되겠습니다. 우리가 자녀를 잘못 기르면 반드시 책임을 물으십니다.

창 15:11 **"솔개가 그 사체 위에 내릴 때에는 아브람이 쫓았더라."**

해 석 : 솔개는 귀신 새입니다. 사체는 죽은 사람을 의미합니다. 사람은 살아 있으나 영혼이 죽어 있으면 사체나 다를 바가 없습니다.

이런 사람이 귀신의 처소가 됩니다. 귀신은 영혼을 사냥합니다. 그래서 마귀의 일을 그 사람을 통해서 이루어 가는 것입니다. 아브람이 그 귀신을 쫓았다고 기록되어 있고, 우리도 오늘날 살아가면서 주변에서 기도하는 사람들이 귀신 들린 자에게서 귀신을 쫓아내는 모습들을 볼 수 있습니다. 성경에서도 예수님께서 귀신 들린 자에게서 귀신을 쫓아 주셨습니다.

창 15:12 **"해질 때에 아브람이 깊이 잠든 중에 캄캄함이 임하므로 심히 두려워하더니"**

해 석 : 아브람이 말씀의 해, 영적인 해가 질 때에 캄캄함이 임하므로 심히 두려워했더라는 것입니다. 우리도 예외는 아닙니다. 깨어 있어야 합니다.

창 15:13 **"여호와께서 아브람에게 이르시되 너는 정녕히 알라 네 자손이 이방에서 객이 되어 그들을 섬기겠고 그들은 사백 년 동안 네 자손을 괴롭게 하리니"**

해 석 : 아브람에게 일러두시는 말씀입니다. '너는 분명히 알고 있으라. 네 자손이 이방 사람 애굽 사람의 객, 나그네가 되어 그들 애굽 사람을 섬기고 4백 년 동안 애굽에서 머슴살이를 하며 괴로움을 당할 것'이라는 것입니다. 왜 그럴까요? 하나님의 말씀을 잊어버렸기 때문입니다.

시 50:22 **"하나님을 잊어버린 너희여 이제 이를 생각하라 그렇지 않으면 내가 너희를 찢으리니 건질 자 없으리라."**

해 석 : 아브람의 후손이 하나님을 잊어버려, 위의 창세기 15장 13절의 말씀이 여기에 해당되는 말씀입니다.

창 15:14 **"그 섬기는 나라를 내가 징치할지며 그 후에 네 자손이 큰 재물을 이끌고 나오리라."**

해 석 : 이스라엘이 섬기는 애굽을 통해서 하나님께서 죄를 강하게 무겁게 다스린다는 말씀이며, 징계를 받고 나올 때 위로금으로 큰 재물을 가지고 나오게 할 것이라고 설명하고 계십니다.

출12:36 **여호와께서 애굽 사람으로 백성에게 은혜를 입히게 하사 그들의 구하는 대로 주게 하시므로 그들이 애굽 사람의 물품을 취하였더라."**

해 석 : 하나님은 위로의 하나님이십니다. 고생한 대가로 위로해 주시는 하나님, 애굽 사람으로 은혜를 입혀 그가 구하는 대로 주시게 하셔서 큰 재물을 이끌고 애굽에서 고생을 마치고 돌아온 아브람의 후손. 우리는 이 사건들을 잊어서는 안 됩니다. 예수님의 대로를 평단케 해야 되겠습니다.

사 40:1 **"너희 하나님이 가라사대 너희는 위로하라 내 백성을 위로하라."**

해 석 : 우리 하나님이 말씀하십니다. 고난받는 백성을 위로하라고, 하나님의 백성을 위로하라고 하십니다.

사 40:2 **"너희는 정다이 예루살렘에 말하며 그것에게 외쳐 고하라 그 복역의 때가 끝났고 그 죄악의 사함을 입었느니라 그 모든 죄를 인하여 여호와의 손에서 배나 받았느니라 할지니라."**

해 석 : 너희는 정답게 말을 하라는 것입니다. 누구에게? 예루살렘에 있는 자들에게 바로 깨닫고, 진실로 하나님께 대하는 자에게 복역이 끝났고 죄사함을 받았다고 말하라는 것입니다. 죄는 지으면 반드시 대가를 치러야 하기 때문에 죄를 삼가 조심해야 되겠습니다

(예루살렘은 진리의 성읍임).

렘 29:11 **"나 여호와가 말하노라 너희를 향한 나의 생각은 내가 아나니 재앙이 아니라 곧 평안이요 너희 장래에 소망을 주려 하는 생각이라."**

해 석 : 하나님께서 말씀하십니다. 우리를 향한 하나님의 생각은 재앙이 아니라 평안, 장래의 소망, 하늘의 영원한 안식처를 주시기 위함이라는 것입니다.

우리는 살면서 생명길을 수없이 이탈하게 됩니다. 그럴 때마다 실타래처럼 얽히는 주변의 어지러움, 왜 그럴까요? 바로 이런 문제들 때문입니다. 주변을 잘 살피시고 하나님 앞에 올무가 되시는 장애물은 걷어치우는 것이 평안할 것입니다.

욥 22:21 **"너는 하나님과 화목하고 평안하라 그리하면 복이 네게 임하리라."**

해 석 : 죄가 있으면 하나님과 화목할 수가 없고 평안할 수가 없습니다. 화목해야 복이 임하는 것입니다.

창 15:15 **"너는 장수하다가 평안히 조상에게로 돌아가 장사될 것이요"**

해 석 : 하나님께서 아브람에게 너는 오래 살다가 평안히 열조가 가는 길로 간다는 것입니다.

창 15:16 **"네 자손은 사 대 만에 이 땅으로 돌아오리니"**

해 석 : 애굽에서 4백 년 동안 종살이하다가 해방되어 돌아오게 됨을 말씀하고 계십니다.

창 15:17 **"해가 져서 어둘 때에 연기 나는 풀무가 보이며 타는**

횃불이 쪼갠 고기 사이로 지나더라."

해 석 : 말씀에 해가 져서 어두울 때에는 반드시 연기나는 풀무에 들어 간다는 것을 보여 주셨고, 횃불이 쪼갠 고기 사이로 지나가는 것은 말씀으로 쪼개진 자가 어두운 곳을 다니며 횃불을 밝힐 수 있다는 것을 보여 주셨습니다.

결론은 하나님 나라를 세우라는 것입니다. 열심히 아름다운 나라를 세워 봅시다. 고레스와 같은 목자가 될 수 있도록 노력해 봅시다.

사 44:28 **"고레스에 대하여는 이르기를 그는 나의 목자라 나의 모든 기쁨을 성취하리라 하며 예루살렘에 대하여는 이르기를 중건되리라 하며 성전에 대하여는 이르기를 네 기초가 세움이 되리라 하는 자니라."**

해 석 : 하나님께서 이사야를 통해 고레스에 대해서 말씀하십니다. 그는 나의 진실한 목자라고 고백하시고 나의 기쁨을 고레스에게 성취하신다는 것입니다. 예루살렘에 대해 말씀하시는 것은 고레스가 예루살렘 교회에서 목회를 하고 있는데, 성도들의 마음의 성전이 중건되도록 말씀으로 잘 세운다는 것입니다. 기초, 즉 작은 말씀 하나라도 잘 가르친다는 것입니다.

행 13:22 **"폐하시고 다윗을 왕으로 세우시고 증거하여 가라사대 내가 이새의 아들 다윗을 만나니 내 마음에 합한 사람이라 내 뜻을 다 이루게 하리라 하시더니"**

해 석 : 사울이 순종하지 않으므로 폐하시고 다윗을 왕으로 세우십니다. '이새의 아들 다윗을 만나니 내 마음에 합한 자'라고 고백하시면서 하나님의 뜻을 다 이루시겠다는 것입니다. 우리도 주님을 기쁘시게 하는 믿음을 가지도록 노력해 봅시다. 다윗처럼!

23.
성령님의 근심

엡 4:30 **"하나님의 성령을 근심하게 하지 말라 그 안에서 너희가 구속의 날까지 인치심을 받았느니라."**

해 석 : 우리가 하나님의 자녀로서 아버지께 근심을 끼쳐 드려서는 안 된다는 것입니다. 구원받을 그날까지 하나님의 자녀로 이미 도장처럼 인치심을 받았기 때문에 계속 간섭하시고 이끌어 가시는데, 속을 썩여서는 안 된다는 것입니다.

고후 7:10 **"하나님의 뜻대로 하는 근심은 후회할 것이 없는 구원에 이르게 하는 회개를 이루는 것이요 세상 근심은 사망을 이루는 것이니라."**

해 석 : 하나님께서는 매일매일 지옥으로 떨어지는 영혼을 바라보면서 안타까워하십니다. 세상의 근심은 사망이며 쓸데없는 근심이라는 것입니다.

히 9:27 **"한번 죽는 것은 사람에게 정하신 것이요 그 후에는 심판이 있으리니"**

해 석 : 우리는 죄 때문에 죽습니다. 우리의 조상 아담과 하와가 선악과를 따 먹은 사건은 우리가 잘 알고 있습니다. 선(말씀)을 멸시하며 거역하고 악을 따 먹은 것입니다. 그래서 아담은 산 영이며 자기만

살고 죽었습니다. 그 후 예수님께서 우리에게 하나님의 말씀을 가지고 오셔서 그 말씀대로 지키면 살 수 있음을 알려 주시고, 3년 공생애 기간 동안 하늘의 모든 것을 알려 주셨습니다. "죄에 대하여라 함은 저희가 나를 믿지 아니함이요"(요 16:9). 믿지 않으면 반드시 심판이 있습니다.

마 4:3 **"시험하는 자가 예수께 나아와서 가로되 네가 만일 하나님의 아들이어든 명하여 이 돌들이 떡덩이가 되게 하라."**

해 석 : 우리는 이 땅을 살아가면서 시험하는 자가 많습니다. 악을 주어 먹게 하는 자가 많습니다. 먹지 못할 돌덩이를 떡덩이인 줄 알고 먹다가 토해 내고 죽는 일이 많습니다. 분별해서 먹어야 할 것입니다. 생명의 길을 가려면 악을 금식해야 합니다.

전 11:9 **"청년이여 네 어린 때를 즐거워하며 네 청년의 날을 마음에 기뻐하여 마음에 원하는 길과 네 눈이 보는 대로 좇아 행하라 그러나 하나님이 이 모든 일로 인하여 너를 심판하실 줄 알라."**

해 석 : 하나님께서 전도서 기자를 통해 모든 사람이 다 청년의 때가 있었기 때문에 시간을 아끼라는 메시지입니다. 즐거워하고 기뻐하고 원하는 길과 눈이 보이는 대로 좇아 행하라고 하시면서, 마지막은 심판이 있다고 깨어 있으라는 것입니다.

하루가 천년 같고 천년이 하루 같다고 하시는 주님의 말씀을 잘 기억하고 세월을 아낍시다. 청년들에게는 하루가 천년같이 긴 것처럼 느껴지지만 그렇지 않다는 것입니다. 물의 흐름같이 빠르다는 것입니다. 또 연세가 있으신 분은 천년이 하루같이 빠르다고, '어느새 내 나이가 이렇게 되었네?' 하시면서 해놓은 것이 없다고 한탄하십니다. 하나님께서는 에돔 백성, 또는 암몬과 모압 백성, 이런 자들 때문에 늘 근심하십니다. 에돔은 에서의 후손입니다. 이들은 세일산에서 살고 있습니다. 세일산은 험한 산이라는 뜻을 가지고 있습니다. 하나님이 없다고 하는 사상입니다. 그래서 험한 인생을 산다는 것입니다. 이들은 에발산에도 머물러 있습니다. 에발산은 '벗었다'는 뜻을 가지고 있습니다. 진리의 옷을 입지 않았다는 것입니다.

신명기 28장 14절에는 순종의 복이 나옵니다.

신명기 28장 15-68절에는 불순종에 대해 나옵니다.

순종은 그리심산, 오른편의 산을 말하며 불순종은 에발산, 왼쪽 산을 의미합니다. 에돔은 세일산과 에발산에 살고 있어 하나님께서 근심하십니다. 모압과 암몬은 육적인 계통입니다.

느 13:1 **"그날에 모세의 책을 낭독하여 백성에게 들렸는데 그 책에 기록하기를 암몬 사람과 모압 사람은 영영히 하나님의 회에 들어오지 못하리니"**

해 석 : 암몬과 모압이 하나님의 나라에 들어오지 못한 이유가 말씀대로 살지 못하고 악을 행했기 때문입니다.

느 13:2 **"이는 저희가 양식과 물로 이스라엘 자손을 영접지 아니하고 도리어 발람에게 뇌물을 주어 저주하게 하였음이라 그러나 우리 하나님이 그 저주를 돌이켜 복이 되게 하셨다 하였는지라."**

해 석 : 암몬과 모압은 믿음이 없는 자입니다. 하나님의 백성들을 양식과 물을 주지도 않고 괴롭히고 저주하고 행실이 악합니다. 이런 자들은 지옥에 가게 됩니다. 하나님께서 근심하십니다. 이들도 하나님께서 만드신 창조물인데 주인을 몰라보니 마음이 근심스럽다는 것입니다. 선한 마음을 갖도록 노력합시다.

시편 53장 1절에 이렇게 말씀하고 계십니다.

시 53:1 **"어리석은 자는 그 마음에 이르기를 하나님이 없다 하도다 저희는 부패하며 가증한 악을 행함이여 선을 행하는 자가 없도다."**

해 석 : 하나님이 없다고 하는 자가 어리석은 자입니다. 그렇기 때문에 악을 행하는 것입니다.

막 12:27 **"하나님은 죽은 자의 하나님이 아니요 산 자의 하나님이시라 너희가 크게 오해하였도다 하시니라."**

해 석 : 나는 영이라서 너희가 볼 수 없지만 살아 있어 너의 모든 것을 다 알고 있다는 것입니다. 살아 계신 하나님이라는 것을 말씀하며 너희가 크게 오해했다고 말씀하고 계십니다.

시 139:1-2 **"여호와여 주께서 나를 감찰하시고 아셨나이다 주께서 나의 앉고 일어섬을 아시며 멀리서도 나의 생각을 통촉하시오며"**

해 식 : 하나님께서 모든 것을 감찰하신나는 섯을 기억하시고 항상 조심해야 되겠습니다. 앉고 일어섬을 아시며 멀리서도 우리의 생각을 다 감찰하십니다.

시 139:3 **"나의 길과 눕는 것을 감찰하시며 나의 모든 행위를 익히 아시오니"**

해 석 : 우리의 모든 행위를 아시기 때문에 조심하라는 것입니다.

시 139:4 **"여호와여 내 혀의 말을 알지 못하시는 것이 하나도 없으시니이다."**

해 석 : 성령님께서 우리의 혀의 말과 생각까지도 다 아십니다. 감찰하시는 이가 있으니 우리 모두가 항상 겸손해야 되겠습니다.

시 60:8 **"모압은 내 목욕통이라 에돔에는 내 신을 던지리라 블레**

셋아 나를 인하여 외치라 하셨도다."

해 석 : 목욕통은 더러운 것을 씻어내는 곳이라서 깨끗하지는 못한 곳입니다. 모압이나 에돔이나 육의 사람입니다. 그곳에 하나님의 신을 보낸다는 것입니다. 블레셋은 떠돌아다니는 방랑자입니다. 그렇기 때문에 블레셋에게 하나님께서 부탁하시는 말씀이 이것입니다. 곳곳에 다니면서 하나님을 경외하고 주님을 믿으라고 광고해 달라는 부탁을 외치라는 것입니다.

딤전 2:4 **"하나님은 모든 사람이 구원을 받으며 진리를 아는 데 이르기를 원하시느니라."**

해 석 : 하나님의 소원은 모든 사람이 구원을 얻고 진리의 말씀을 깨닫기를 원하십니다.

시 60:9 **"누가 나를 이끌어 견고한 성에 들이며 누가 나를 에돔에 인도할꼬"**

해 석 : 누가 하나님의 말씀을 가지고 북한에 들어가며 중동지역에 들어가서 견고한 하나님의 성을 세울까, 염려하시는 말씀입니다.

사 6:8 **"내가 또 주의 목소리를 들은즉 이르시되 내가 누구를 보내며 누가 우리를 위하여 갈꼬 그 때에 내가 가로되 내가 여기 있나이다 나를 보내소서."**

해 석 : 이사야가 주님의 목소리를 듣게 됩니다. 주님께서 내가 누구를 보내며 누가 주님을 위하여 가느냐는 것입니다. 그때에 이사야가 '제가 여기 있습니다. 저를 보내소서.' 하고 고백합니다. 우리는 완전하며 하나님의 전신 갑주를 입고 떠나야 합니다. 세례 요한은 전신 갑주를 입었습니다.

마 3:4 "이 요한은 약대 털옷을 입고 허리에 가죽띠를 띠고 음식은 메뚜기와 석청이었더라."

해 석 : 약속 약(約) 자 큰 대(大) 자, 성경을 의미하며 약대를 털옷이라고도 합니다. 왜 털옷이냐고요? 심판받을 때는 떨리니까 떨지 않도록 성경(약대 털옷)을 입어야 합니다. 석청, 즉 말씀을 먹으니 힘이 있어 작은 메뚜기가 높이 뛰는 것처럼, 말씀으로 무장하라는 것입니다.

빌 2:12 "그러므로 나의 사랑하는 자들아 너희가 나 있을 때 뿐 아니라 더욱 지금 나 없을 때에도 항상 복종하여 두렵고 떨림으로 너희 구원을 이루라."

해 석 : 사도 바울이 빌립보 교회에 편지한 글입니다. 바울이 성도들에게, 내가 있을 때나 없을 때나 항상 말씀에 복종하여 주님 앞에 두렵고 떨리는 마음으로 구원을 이루라는 것입니다.

엡 6:5 "종들아 두려워하고 떨며 성실한 마음으로 육체의 상전에게 순종하기를 그리스도께 하듯 하여"

해 석 : 모든 사람에게 두렵고 떨리며 성실한 마음으로 주님께 하듯 하라는 것입니다. 이것이 주님의 가르침이고 이것 때문에 이 땅에 오셨다고 말씀하고 계십니다.

히 12:14 "모든 사람으로 더불어 화평함과 거룩함을 좇으라 이것이 없이는 아무도 주를 보지 못하리라."

해 석 : 이 땅의 모든 사람은 하나님께서 창조하신 하나님의 자녀입니다. 그래서 모두를 사랑하십니다. 주님의 말씀으로 화목하고 화평하고 진실하며 경건하고 깨끗한 거룩한 삶을 살아야 주님께서 기뻐하시며, 행복한 날을 보낼 수 있고 주님을 만날 수 있다는 것입니다.

24.
사람의 회개를 기다리시는 하나님

욥 33:14 **"사람은 무관히 여겨도 하나님은 한번 말씀하시고 다시 말씀하시되"**

해 석 : 사람은 죄를 가볍게 여기지만 하나님은 깨달을 때까지 말씀하시고 또 말씀하시고, 우리의 죄를 깨닫게 하기 위하여 주님이 이 땅에 말씀을 가지고 오셨습니다.

욥 33:15 **"사람이 침상에서 졸며 깊이 잠들 때에나 꿈에나 밤의 이상 중에"**

해 석 : 사람이 침상에서 졸 때나 잠들 때에도 환상이나 꿈으로 보여주셔서, 항상 죄를 짓지 못하게 하시고 회개를 기다리는 하나님이십니다.

욥 33:16 **"사람의 귀를 여시고 인치듯 교훈하시나니"**

해 석 : 사람들의 귀를 여시고 말씀으로 인치시고, 마음에 도장처럼 새겨놓고 교훈하신다는 것입니다.

욥 33:17 **"이는 사람으로 그 꾀를 버리게 하려 하심이며 사람에게 교만을 막으려 하심이라."**

해 석 : 사람에게 꾀를 버리게 하며 교만을 막으려고, 침상에서나 졸 때나 잠들 때 환상이나 꿈으로 보여서 깨닫게 하는 것입니다.

욥 33:18 **"그는 사람의 혼으로 구덩이에 빠지지 않게 하시며 그 생명으로 칼에 멸망치 않게 하시느니라."**

해 석 : 하나님께서 사람의 혼을 구덩이에 빠지지 않게 하시기 위하여, 매일매일 새벽에도 불러 주시고 수요일도 불러 주시고 금요일도 불러 주십니다. 갈대와 같은 우리를 세속에 물들지 않도록, 죄악에 빠지지 않도록, 생명의 길을 이탈하지 않도록 말씀으로 인쳐 주시는 그 사랑을 깨닫고, 우리는 주님의 마음에 그 애타 하시는 그 심정을 알고 완전할 수 있도록 노력해야 되겠습니다.

시 51:16 **"주는 제사를 즐겨 아니하시나니 그렇지 않으면 내가 드렸을 것이라 주는 번제를 기뻐 아니하시나이다."**

해 석 : 구약시대는 '제사'이고 신약은 '예배'인데, 예배를 싫어하시는 하나님이 어디 있겠습니까? 가증한 예배이고 진실하지 못한 예배이기 때문에 주님은 기뻐하시지 않는다는 것입니다. 그래서 우리에게 요구하시는 것이 상한 심령을 내놓으라는 것입니다. 즉 '회개'를 촉구하시는 것입니다.

시 51:17 **"하나님의 구하시는 제사는 상한 심령이라 하나님이여 상하고 통회하는 마음을 주께서 멸시치 아니하시리이다."**

해 석 : 예배 때 바라고 원하시는 예배는 회개를 기다리고 계십니다. 회개하는 자는 기뻐 받으시는 줄 믿고 감사함으로 정문에 들어가면 됩니다.

시 51:18 **"주의 은택으로 시온에 선을 행하시고 예루살렘성을 쌓으소서."**

해 석 : 주의 은혜로 성령님이 임재하시는 곳에서 선을 행하게 하시고,

예루살렘(진리의 성읍)에서 의의 터를 말씀으로 굳게 세울 수 있도록 도와달라는 말씀입니다.

잠 28:13 **"자기의 죄를 숨기는 자는 형통치 못하나 죄를 자복하고 버리는 자는 불쌍히 여김을 받으리라."**

해 석 : 죄를 가지고 있는 자는 평안하지 못하다는 것입니다. 죄 때문에 형통하지 못하니 회개하라는 것입니다. 그리하면 우리를 긍휼히 여겨주시고 형통케 해주신다는 감사의 말씀입니다.

요 16:9 **"죄에 대하여라 함은 저희가 나를 믿지 아니함이요"**

해 석 : 말씀을 믿고 말씀대로 따라가야 죄가 아니라는 것입니다.

롬 14:23 **"믿음으로 좇아 하지 아니하는 모든 것이 죄니라."**

해 석 : 말씀을 믿지 않고 좇아 하지 않는 자는 모두가 다 죄로 여기신다는 것입니다. 죄의 삯은 사망이며 죽음에까지 이르게 된다는 것입니다. 하나님께서는 우리들이 생명을 다할 때까지 평안하고 행복하기를 원하십니다. 자복하는 것은 범죄 사실을 스스로 고백하고 항복하며 죄를 버리는 것입니다. 그럴 때 용서가 된다는 것입니다.

애 3:39 **"살아 있는 사람은 자기 죄로 벌을 받나니 어찌 원망하랴"**

해 석 : 죄를 지으면 우리는 반드시 대가를 치러야 한다는 것입니다. 그렇게 함으로 깨닫게 된다는 것입니다. 자기의 행한 대로 갚아주시기 때문에 누구도 원망할 수 없다는 것입니다.

애 3:33 **"주께서 인생으로 고생하며 근심하게 하심이 본심이 아니시로다."**

해 석 : 주님이 우리를 고생시키는 이유가 일부러가 아니라 바로 가게

하기 위함이라는 것입니다.

사 30:20 "주께서 너희에게 환난의 떡과 고생의 물을 주시나 네 스승은 다시 숨기지 아니하시리니 네 눈이 네 스승을 볼 것이며"

해 석 : 주님께서 우리에게 연단하시는 것은 정로의 길로 가게 하기 위한 것입니다. 스승은 우리 주님을 말씀하시는 것입니다. 우리를 고치기 위하여 반드시 선생님 역할을 하시겠다는 것입니다. 주님이 끈을 놓지 않고 우리를 생명의 길로 이끄시는 것을 우리의 눈으로 볼 것이라는 메시지이기도 합니다. 환난의 떡과 고생의 물을 주시는 것을 우리는 잘 알고 있지만, 성경을 통해서 다시 한 번 확인해 보겠습니다.

호 2:14 "그러므로 내가 저를 개유하여 거친 들로 데리고 가서 말로 위로하고"

해 석 : 주님이 말씀하십니다. 그러므로 내가 저를 개유(開諭), 즉 열 개(開), 깨우칠 유(諭), '깨닫기 위하여 거친 들, 광야에 홀로 서게 한다'는 것입니다. 홀로서기란 참으로 힘듭니다. 힘든 생활을 한다는 것입니다. 말로 위로하고 말씀으로는 위로를 하지만 생활은 힘들어진다는 것입니다.

호 2:15 "거기서 비로소 저의 포도원을 저에게 주고 아골 골짜기로 소망의 문을 삼아 주리니 저가 거기서 응대하기를 어렸을 때와 애굽 땅에서 올라오던 날과 같이 하리라."

해 석 : 거친 들에서 생활할 수 있도록 처소를 주시는데 아골 골짝에 소망을 삼고 살아가라는 것입니다. 아골은 힘든 골짝, 죽음의 골짝입니다. 여기서 하나님께서 응답해 주신다는 것입니다.

그 응답이 무엇입니까? 너희가 정로의 길을 이탈했기 때문에 바로 걷게 하기 위해 내가 너희를 거친 들로 데려왔다는 것입니다. 너희를 고치기 위해서는 이스라엘 백성이 애굽에서 연단받고 올라오던 날과 같이 그렇게 힘들게 하시겠다는 응답을 주시는 것입니다.

시 119:165 **"주의 법을 사랑하는 자에게는 큰 평안이 있으니 저희에게 장애물이 없으리이다."**

해 석 : 하나님의 명령을 지키면 장애물도 없고 거친 들도 없습니다. 형통합니다. 좋은 것으로 가득 넘치도록 채워 주십니다. 우리 모두가 주님의 사랑을 가득히 담을 수 있도록 노력합시다.

시 7:10 **"나의 방패는 마음이 정직한 자를 구원하시는 하나님께 있도다."**

해 석 : 정직한 자에게 하나님은 구원을 시켜주실 거라고 약속하시고, 우리가 살아갈 때 어려움이 있으면 해결해 주시고 재앙을 막아 주신다는 것입니다.

회개하는 자가 정직한 자입니다. 회개하는 자가 깨끗한 자입니다. 주님이 기뻐하시는 회개, 모두 다 주님 앞에 풀어 놓읍시다.

시 7:12 **"사람이 회개치 아니하면 저가 그 칼을 갈으심이여 그 활을 이미 당기어 예비하셨도다."**

해 석 : 회개하지 않으면 죽음이 온다는 것입니다. 그만큼 하나님께서 죄를 싫어하시는 것입니다.

민 14:33 **"너희 자녀들은 너희의 패역한 죄를 지고 너희의 시체가 광야에서 소멸되기까지 사십 년을 광야에서 유리하는 자가 되리라."**

해 석 : 죄는 삼사 대까지 내려간다고 언약이 되어 있습니다. 죄를 유산으로 물려주면 안 되는 것입니다. 자녀들이 우리의 패역한 죄를 지

고 우리가 이 땅을 떠나갔을 때, 우리의 시체가 소멸되기까지 40년을 세상에서 방황하는 자가 된다는 것입니다. 믿음으로 유산을 물려줍시다.

민 14:34 **"너희가 그 땅을 탐지한 날 수 사십 일의 하루를 일 년으로 환산하여 그 사십 년간 너희가 너희의 죄악을 질지니 너희가 나의 싫어 버림을 알리라 하셨다 하라."**

해 석 : 주님이 우리에게 죄를 얼마나 싫어하시는지를 말씀하십니다. 하루의 죄를 1년으로 계산해서 죄악의 대가를 짐지운다는 것입니다. 그 이유는 그만큼 죄를 싫어하시는 것을 우리에게 알게 하기 위함이라는 것입니다.

시 7:12 **"사람이 회개치 아니하면 저가 그 칼을 갈으심이여 그 활을 이미 당기어 예비하셨도다."**

해 석 : 사람이 자기의 죄를 자복하지 아니하면 죽을 기계를 준비해 놓으신다는 것입니다. 그건 질병도 될 수도 있고 사고도 될 수 있고, 여러 가지 하나님의 방법으로 준비하신다는 것입니다.

시 6:7 **"내 눈이 근심을 인하여 쇠하며 내 모든 대적을 인하여 어두웠나이다."**

해 석 : 다윗의 눈이 죄로 인하여 쇠하여지고, 모든 대적으로 인하여 어두워졌으며 고통스럽다는 것입니다.

시 6:6 **"내가 탄식함으로 곤핍하여 밤마다 눈물로 내 침상을 띄우며 내 요를 적시나이다."**

해 석 : 다윗이 죄로 인하여 탄식하게 되며 곤고하게 되고 괴로워서 밤마다 눈물을 흘리는데, 얼마나 많이 흘렸는지 침대를 눈물로 띄웠

다고 표현하며, 방에 깔아 놓았던 요가 젖었다고 말씀하고 있습니다. 하나님 앞에 진실한 회개가 있었던 것입니다.

시 69:3 **"내가 부르짖음으로 피곤하여 내 목이 마르며 내 하나님을 바람으로 내 눈이 쇠하였나이다."**

해 석 : 다윗이 하나님께 자기의 죄를 용서해 달라고 부르짖음으로 피곤하고 목이 마르고, 또한 하나님의 얼굴을 기다리며 응답을 바라는 마음이 지쳐 눈이 쇠하였음을 고백하고 있습니다.

시 132:1 **"여호와여 다윗을 위하여 그의 모든 근심한 것을 기억하소서."**

해 석 : 다윗이 하나님께 죄를 회개하며, 고통스러워하는 것을 기억하시고 용서해 달라는 간절한 회개 기도입니다.

시 132:2 **"저가 여호와께 맹세하며 야곱의 전능자에게 서원하기를"**

해 석 : 다윗이 하나님께 맹세합니다. 야곱이 외롭고 방황할 때 동행하시며 길을 인도하신 전능의 하나님을 알고, 다윗은 그 하나님을 인정하며 하나님께 이렇게 서원하게 됩니다.

시 132:3 **"내가 실로 나의 거하는 장막에 들어가지 아니하며 내 침상에 오르지 아니하며"**

해 석 : 다윗이 진실로 하나님 앞에 서원한 것이 이것입니다. 자기의 장막, 거처하는 방에 들어가지 않고, 침대에 잠자러 들어가지 않고 기도하겠다는 서원을 한 것입니다. 기도하기를 얼마나 힘썼는가 확인해 보겠습니다.

시 132:4 **"내 눈으로 잠들게 아니하며 내 눈꺼풀로 졸게 아니하기를"**

해 석 : 잠자지 않기를 힘썼으며 기도하기를 노력했다는 말씀입니다.

시 132:5 **"여호와의 처소 곧 야곱의 전능자의 성막을 발견하기까지 하리라 하였나이다."**

해 석 : 하나님께서 거처하시는 처소, 곧 교회에서 응답이 있을 때까지 기도하겠다는 서원을 하고 맹세를 합니다. 우리도 이런 기도의 모습이 갖추어지길 소망합니다.

말 1:2 **"여호와께서 가라사대 내가 너희를 사랑하였노라 하나 너희는 이르기를 주께서 어떻게 우리를 사랑하셨나이까 하는도다 나 여호와가 말하노라 에서는 야곱의 형이 아니냐 그러나 내가 야곱을 사랑하였고"**

해 석 : 하나님께서 말씀하십니다. 우리를 사랑하였노라고. 그러나 우리는 주께서 어떻게 사랑하셨냐고 한다는 것입니다. 에서와 야곱은 두 형제지만 하나님께서는 야곱을 사랑하셨습니다. 그 이유를 살펴볼까요?

잠 8:17 **"나를 사랑하는 자들이 나의 사랑을 입으며 나를 간절히 찾는 자가 나를 만날 것이니라."**

해 석 : 하나님의 법을 지키는 자가 하나님을 사랑하는 것입니다. 그리고 사랑을 받을 수가 있습니다. 또한 간절히 사모하는 자가 주님을 만날 수 있습니다. 야곱은 그 성실한 모습이 창세기 30장 37절에 이렇게 기록되어 있습니다.

창 30:37 **"야곱이 버드나무와 살구나무와 신풍나무의 푸른 가지를 취하여 그것들의 껍질을 벗겨 흰 무늬를 내고"**

해 석 : 야곱은 부지런해서 살구나무가 되었고, 살구나무는 꽃 중에 제일 먼저 꽃이 피기 때문에 부지런한 것을 나타냅니다. 신풍나무는

정직을 의미하며 그래서 신앙의 거목인 버드나무가 되었습니다. 푸른 가지는 잠언 11장 28절에 의인은 푸른 잎을 의미하며, 하나님께서는 그 나무껍질을 벗겨 흰 무늬(공의)를 드러내고 성실한 대로 갚으셨다는 것입니다. 하나님께서는 이런 모습을 보시고 야곱을 사랑하시고 축복하셨습니다.

시 135:4 **"여호와께서 자기를 위하여 야곱 곧 이스라엘을 자기의 특별한 소유로 택하셨음이로다."**

해 석 : 하나님께서 하나님의 나라를 위하여 정직하고 성실한 이스라엘을 특별한 소유로 택하셨다는 것입니다. 그래서 다윗은 '여호와의 처소, 야곱의, 곧 전능자의 성막을 발견하기까지 하리라.', 신실하시고 공의로우신 전능의 하나님을 만날 때까지 기도하겠다는 결단의 신실함을 우리도 본받아야 하겠습니다.

왕상 15:5 **"이는 다윗이 헷 사람 우리아의 일 외에는 평생에 여호와 보시기에 정직히 행하고 자기에게 명하신 모든 일을 어기지 아니하였음이라."**

해 석 : 이는 다윗이 헷 사람 우리아의 일 외에, 회개하고 평생에 여호와 보시기에 정직히 행하고 하나님께서 명령하신 모든 일을 어기지 아니하였더라고 기록되어 있습니다. 정말 신실하신 분입니다. 그래서 하나님께서는 다윗이 정직하므로 등불을 들려주십니다. 진실한 회개가 있었기 때문입니다.

왕상 15:4 **"그 하나님 여호와께서 다윗을 위하여 예루살렘에서 저에게 등불을 주시되 그 아들을 세워 후사가 되게 하사 예루살렘을 견고케 하셨으니"**

해 석 : 하나님께서 다윗을 위하여 후사로 아들 솔로몬을 주셔서 예루

살렘에 성전을 세우시고, 등불을 주셔서 이스라엘의 사방을 평안하게 하시며 견고케 하셨다는 것입니다.

막 12:27 **"하나님은 죽은 자의 하나님이 아니요 산 자의 하나님이시라 너희가 크게 오해하였도다 하시니라."**

해 석 : 하나님은 살아 계십니다.

시 139:1-3 **"여호와여 주께서 나를 감찰하시고 아셨나이다 주께서 나의 앉고 일어섬을 아시며 멀리서도 나의 생각을 통촉하시오며 나의 길과 눕는 것을 감찰하시며 나의 모든 행위를 익히 아시오니"**

해 석 : 눕는 것도 아시며 멀리 있어도 아시고 심장 · 폐부까지도 아시는 그 하나님께, 우리는 다 무거운 짐을 내려놓고 진실하게 그분을 의지하며 경배해야 할 것입니다.

우리는 이렇게 고백해야 할 것입니다.

시 139:23 **"하나님이여 나를 살피사 내 마음을 아시며 나를 시험하사 내 뜻을 아옵소서."**

해 석 : 하나님께서 다윗을 살피고 마음을 알아보시고 시험하셔서, 다윗의 마음이 어떠한지 선한 길로 인도해 주시라는 부탁인데 우리도 이런 기도가 필요합니다.

시 139:24 **"내게 무슨 악한 행위가 있나 보시고 나를 영원한 길로 인도하소서."**

해 석 : 악한 행위가 있거든 간섭하시고 책망하시고 고쳐서 정로의 길, 영원한 길로 인도해 주시라는 부탁이며, 우리 모두는 이런 기도가 필요합니다.

25.
성령을 받으라

요 20:22 **"이 말씀을 하시고 저희를 향하사 숨을 내쉬며 가라사대 성령을 받으라."**

해 석 : 예수님께서 제자들에게 평강이 있을지어다 말씀하시고, 성령이 없음을 보시고 한숨을 쉬시며 성령을 받으라 하십니다. 성령을 받기 위해 노력해 봅시다.

성령을 받기 위해 어떻게 해야 하는가 말씀을 살펴보겠습니다.

고전 3:16 **"너희가 하나님의 성전인 것과 하나님의 성령이 너희 안에 거하시는 것을 알지 못하느뇨"**

해 석 : 우리의 몸이 하나님의 성전이라고 말씀하십니다. 성령님이 우리 마음 가운데 거하신다는 것입니다.

고전 3:17 **"누구든지 하나님의 성전을 더럽히면 하나님이 그 사람을 멸하시리라 하나님의 성전은 거룩하니 너희도 그러하니라."**

해 석 : 누구든지 마음의 성전을 깨끗이 하라는 것입니다. 멸한다는 것은 두려운 말씀입니다. 죽는 것을 의미하기도 합니다. 죄를 얼마나 싫어하시는지 민수기 14장 33-34절에 보시면 알 수 있습니다. 하루의 죄를 1년으로 환산해서 죄의 대가를 치르게 된다는 말씀이 기록되어 있습니다. 우리는 하루의 생활을 하고 저녁에는 꼭 무엇이

잘못되었는지 살펴서 회개해야 합니다. 말로만 회개가 아니라 하나님 앞에서 결산해야 합니다.

마 3:8 **"그러므로 회개에 합당한 열매를 맺고"**

해 석 : 개가 토한 것을 먹고 또 먹고 해서는 안 된다는 것입니다. 다윗이 회개하고 평생 하나님 앞에 깨어서 조심스럽게 산 것처럼, 우리도 다윗처럼 삼가 조심스럽게 살기를 노력해 봅시다.

레 19:2 **"너는 이스라엘 자손의 온 회중에게 고하여 이르라 너희는 거룩하라 나 여호와 너희 하나님이 거룩함이니라."**

해 석 : 하나님께서 모세에게 부탁하시기를, '너는 이스라엘 자손 모두에게 이렇게 일러두라. 너희는 거룩하라. 나 여호와 너희 하나님이 거룩함이니라.'고 하셨습니다. 하나님은 거룩하니 너희들도 거룩하라는 것입니다. 하나님의 영, 즉 성령님을 우리 안에 모시려면 깨끗이 하라는 것입니다. 몸과 마음이 깨끗지 못하면 들어오실 수가 없는 것입니다. 이치적으로 생각해 봐도 항상 깨끗하게 하는 사람이 더러운 집에 가서 살 수 없듯이, 다를 바가 없습니다.

막 7:20 **"또 가라사대 사람에게서 나오는 그것이 사람을 더럽게 하느니라."**

해 석 : 사람 안에는 항상 죄가 가득하다는 것입니다.

막 7:21-23 **"속에서 곧 사람의 마음에서 나오는 것은 악한 생각 곧 음란과 도적질과 살인과 간음과 탐욕과 악독과 속임과 음탕과 흘기는 눈과 훼방과 교만과 광패니 이 모든 악한 것이 다 속에서 나와서 사람을 더럽게 하느니라."**

해 석 : 이 말씀은 설명을 하지 않아도 잘 이해하실 것입니다. 이 더러

운 것이 내 안에 있으면 성령님이 내 안에 들어오실 수가 없습니다. 이것을 몰아내고 깨끗이 청소해야 됩니다. 회개가 필요합니다.

베드로가 우리에게 이렇게 부탁을 합니다.

행 2:38 **"베드로가 가로되 너희가 회개하여 각각 예수 그리스도의 이름으로 세례를 받고 죄 사함을 얻으라 그리하면 성령을 선물로 받으리니"**

해 석 : 베드로가 이 세상 모든 사람들에게 일러 부탁합니다. 예수님의 말씀으로 씻음을 받고 죄를 용서받으라고. 그렇게 할 때 성령을 선물로 받을 수 있다고 일러주십니다. 그래야 주님이 우리와 함께하신다는 것입니다.

창 8:8-9 **"그가 또 비둘기를 내어 놓아 지면에 물이 감한 여부를 알고자 하매 온 지면에 물이 있으므로 비둘기가 접족할 곳을 찾지 못하고 방주로 돌아와 그에게로 오는지라 그가 손을 내밀어 방주 속 자기에게로 받아들이고"**

해 석 : 노아의 홍수 때 비가 많이 온 후에 노아가 물이 얼마나 감하였는지 알아보기 위해 비둘기를 방주에서 날려 보냈을 때, 비둘기는 물 때문에 지면에 접족하지 못하고 다시 방주로 들어오게 됩니다. 그렇듯이 우리 마음에 악들이 담겨 있으면, 성령님이 찾아오셨다가 다시 돌아가는 법칙을 우리는 꼭 기억해야 될 것입니다.

창 8:10 **"또 칠 일을 기다려 다시 비둘기를 방주에서 내어 놓으매"**

해 석 : 물이 얼마나 감하였는지 알아보기 위해 7일 후에 다시 비둘기를 방주에서 내어 보냅니다.

창 8:11 **"저녁때에 비둘기가 그에게로 돌아왔는데 그 입에 감람**

새 잎사귀가 있는지라 이에 노아가 땅에 물이 감한 줄 알았으며"

해 석 : 물이 감해졌기 때문에 비둘기가 감람나무를 접족할 수 있었습니다. 비둘기는 성령을 의미합니다. 비둘기는 아무것에나 접족을 하지 않습니다. 감람나무는 그 열매를 따서 기름을 짜게 되는데, 그 기름은 말씀을 의미합니다. 왜 기름이 말씀을 의미할까요?

예컨대, 우리가 집에서 프라이팬에 기름을 칠하고 부침개를 부치면 눌어붙지 않고 잘 부쳐지지만 기름이 없으면 부칠 수가 없습니다. 그렇듯이 하나님의 일도 매끄럽게 잘하려면 역시 말씀인 기름이 필요합니다. 자동차도 기름이 있어야 잘 가는 것과 같은 이치입니다. 하나님의 일을 매끄럽게 잘하는 것을 의미합니다.

그런데 왜 하나님께서는 많은 나무 중에 하필 이 감람나무를 택하셨을까요? 의미가 무엇일까요? 예루살렘의 동쪽에 있는 감람산에 감람나무가 많이 있다고 합니다. 예루살렘은 이스라엘의 수도이기 때문에 예루살렘(예수님이 기뻐하시는 장소)이 제목으로 사용합니다. '예루살렘' 하면 예수님이 계시는 곳, 진리의 성읍으로 상징됩니다. 동쪽은 해가 뜨기 때문에 말씀을 의미합니다. 동방에 해 뜨는 나라가 한국을 의미하듯이, 동쪽은 해를 의미하기도 합니다. 해는 빛이며 빛은 말씀입니다.

예루살렘은 스가랴 8장 3절에서 '진리의 성읍'이라고 표현합니다. 이렇게 표현하게 된 것은 이스라엘의 수도이기 때문에 예루살렘을 제목으로 이야기하며, 이곳을 말씀이 있는 곳으로 정하며 오르난의 타작마당이라고 하나님은 말씀하십니다. '오르난'은 '강하다'는 뜻이며 말씀이 있는 자가 힘이 있고 강하다는 것입니다. "다윗이 죄를 범했을 때 재앙 내림을 뉘우치사 멸하는 사자에게 이르시되 족하다 이제는 네 손을 거두라 하시니 때에 여호와의 사자가 여부스 사람 오르난의 타작마당 곁에 선지라."

대상 21:16 **"다윗이 눈을 들어보매 여호와의 사자가 천지 사이에 섰고 칼을 빼어 손에 들고 예루살렘 편을 가리켰는지라."**

해 석 : 이곳이 말씀이 있는 곳입니다. 말씀이 있는 곳이 예루살렘 성전입니다. 말씀이 있는 이곳을 이스라엘 수도 예루살렘을 제목으로 삼아서 진리의 성읍이라 말하며, 감람나무를(기름으로) 택한 것은 예루살렘에 가까이에 있는 감람산이 동쪽에 있어, 동쪽의 해가 말씀을 나타내어서 이쪽에 심겨져 있는 나무를 택하신 것입니다. 예루살렘을 타작마당이라 하는 것은 말씀이 있는 곳에서 알곡이 나온다는 것입니다. 그래서 여호와의 사자가 다윗에게 여부스의 오르난의 타작마당을 가리켜 그쪽으로 가라고 지시합니다. 다윗이 말씀을 어기므로 예루살렘에 가서 법을 알고 지키라고 예루살렘 쪽을 가리키는 것입니다.

눅 24:47 **"또 그의 이름으로 죄 사함을 얻게 하는 회개가 예루살렘으로부터 시작하여 모든 족속에게 전파될 것이 기록되었으니"**

해 석 : 예수님의 이름으로 죄사함을 얻는다는 것은 하나님께서 예수님을 우리에게 말씀으로 보내 주셨습니다. 미리 예(豫), 지킬 수(守), 예수, 즉 예언된 말씀들을 지켰을 때 용서를 받을 수 있습니다. 회개가 예루살렘으로부터 시작한다는 것은 우리가 말씀이 있는 곳에서 죄를 깨닫게 되며 회개할 수 있다는 것입니다. 말씀으로 그의 나라와 그의 의를 구할 때 우리의 죄를 용서받을 수 있습니다. 그래서 주님은 하늘로 승천하실 때 우리에게 이렇게 말씀하십니다.

눅 24:48 **"너희는 이 모든 일의 증인이라."**

해 석 : 주님은 제자들에게 이 모든 일을 눈으로 본 증인이라 하셨습니다.

눅 24:49 **"볼지어다 내가 내 아버지의 약속하신 것을 너희에게**

보내리니 너희는 위로부터 능력을 입히울 때까지 이 성에 유하라 하시니라."

해 석 : 하나님의 약속하신 성령을 보내겠다고 말씀하시면서, 능력을 입히울 때까지 이 성 예루살렘(말씀이 있는 곳)에 머물러 있으라고 부탁하십니다. 여기에 머물러 있어야 성령을 받고 믿음에 굳건히 설 수 있습니다.

창 12:1 **"여호와께서 아브람에게 이르시되 너는 너의 본토 친척 아비 집을 떠나 내가 네게 지시할 땅으로 가라."**

해 석 : 하나님께서 아브람에게 부탁하시는 말씀입니다. 아브람의 본토 친척 아비 집(영적 마귀 집), 부모가 섬기던 영적 마귀 집을 떠나 하나님이 지시하는 곳으로 가라는 곳입니다.

요 8:44 **"너희는 너희 아비 마귀에게서 났으니 너희 아비의 욕심을 너희도 행하고자 하느니라 저는 처음부터 살인한 자요 진리가 그 속에 없으므로 진리에 서지 못하고 거짓을 말할 때마다 제 것으로 말하나니 이는 저가 거짓말쟁이요 거짓의 아비가 되었음이니라."**

해 석 : 하나님께서 우리에게 '너희 아비가 마귀'라고 말씀하십니다. 그러므로 아비의 행실을 본받지 말고, 본토 영적인 마귀의 집을 떠나 하나님이 지시할 땅으로 가라는 것입니다. 지시할 땅으로 가면 어떤 복을 주시는지 확인해 보겠습니다.

창 12:2 **"내가 너로 큰 민족을 이루고 네게 복을 주어 네 이름을 창대케 하리니 너는 복의 근원이 될지라."**

해 석 : 아브람 한 사람이 순종함으로 말미암아 자손이 번성하여 민족을 이루고 창대케 되며, 이름이 크게 되어 복의 근원인 아브람을 통하여 많은 복을 받을 것이라고 말씀하십니다. 한 사람이 말씀을 잘

지키면 후대들이 본을 받아 천대까지 복을 받을 수 있다는 말씀입니다. 믿음으로 유산을 남겨 줄 수 있도록 노력해 봅시다. 교회도 예외는 아닙니다. 강단에서 말씀만 선포하시길 원합니다. 강단에서 말씀의 재료를 잘 내려서 마음에 성전을 짓고 성도들의 믿음이 성장할 수 있도록, 하나님을 두려운 마음으로 섬길 수 있도록 해야 된다는 것입니다. 영혼에 생기를 불어넣어야 한다는 것입니다.

예레미야 9장 24절에 '여호와만 자랑하라'고 명령하셨습니다. 교회가 다 성령이 있다고 생각하십니까? 교회도 말씀에 붙어 있으면 하나님의 심부름하는 천사요, 말씀에 붙어 있지 않으면 마귀의 집이나 다를 바가 없다는 것입니다. 하나님께서는 이런 마귀의 집을 떠나라는 것입니다. 하나님께서 아브람에게 떠나라 하시고 지시하시던 곳이 어디인가 살펴보겠습니다.

창 22:2 **"여호와께서 가라사대 네 아들 네 사랑하는 독자 이삭을 데리고 모리아 땅으로 가서 내가 네게 지시하는 한 산 거기서 그를 번제로 드리라."**

해 석 : 하나님께서 말씀하십니다. '아브라함아, 네 아들 독자 이삭을 데리고 모리아 땅으로 가라.'는 것입니다. 모리아 땅이 어디인가 확인해 보겠습니다.

대하 3:1 **"솔로몬이 예루살렘 모리아산에 여호와의 전 건축하기를 시작하니 그곳은 전에 여호와께서 그 아비 다윗에게 나타나신 곳이요 여부스 사람 오르난의 타작마당에 다윗이 정한 곳이라."**

해 석 : 예루살렘에 모리아산이 있습니다. 바로 이곳이 하나님께서 아브라함에게 이삭을 바치라고 한 곳입니다. 다윗에게 나타난 하나님의 천사들도 예루살렘에 있는 모리아산이 알곡을 만들어 내는 타작마당이라

고 인정했다는 것입니다. 왜 아브라함을 이곳으로 인도하셨을까요? 말씀이 있는 곳에서 이삭이 희생의 제단을 쌓으라는 것입니다. 하나님께서 다윗을 이곳으로 인도한 목적도 말씀대로 순종하라는 것입니다. 하나님 앞에 그의 나라와 그의 의를 위해서 죽을 때까지 이곳에서 희생의 번제로 드리라는 것입니다. 이곳은 말씀이 있는 곳입니다.

우리는 신앙이 어느 정도 자라면 주님이 지시하십니다. 일꾼을 길러서 배치시키십니다. 우리의 고집과 아집으로 하지 말고 주님의 음성을 듣고 지시하시는 곳으로 가서 직분을 잘 감당해야 할 것입니다. 신앙이 성장하면 단계를 거치게 됩니다. 학교에 학년의 단계가 있듯이 영적인 단계가 있어 지시하십니다.

목회자님들께서도 이런 부분을 알고 협력해야 할 것입니다. 내 양인 양 나가면 서운해하시고 그럴 필요는 없습니다. 일꾼을 잘 길러서 주님의 거목으로 사용되어야 주님도 기뻐하시고 많은 사람에게 복을 나누어 줄 수 있게 될 것입니다. 자기의 생각대로 가서 봉사하는 것이 아니라 주님의 음성을 듣기를 바랍니다.

고전 15:41 **"해의 영광도 다르며 달의 영광도 다르며 별의 영광도 다른데 별과 별의 영광이 다르도다."**

해 석 : 영적 수준을 말씀하시는 것입니다. 해 · 달 · 별의 빛의 수준을 말씀하십니다. 해의 빛은 온 세계를 비추고 그다음이 달이고 그다음이 별입니다. 그렇듯이 주님이 해라면 달은 선지자, 별은 목회자들입니다. 말씀을 많이 알면 해 · 달 · 별이 비추는 양대로 영적 수준이 높아집니다. 하나님의 종들을 이렇게 가르쳐서 모든 교회에 세우게 됩니다. 인도하는 대로 순종하여 귀한 일꾼이 됩시다. 그리스도의 일꾼, 군왕이 되려면 쉬지 않고 끊임없이 피나는 노력을 해야 될 것입니다.

26.
주님의 오른손에 붙들려라

마 27:29 **"가시 면류관을 엮어 그 머리에 씌우고 갈대를 그 오른손에 들리고 그 앞에서 무릎을 꿇고 희롱하여 가로되 유대인의 왕이여 평안할지어다 하며"**

해 석 : 우리는 주님이 십자가에 달리신 모습을 보면서 깨달아야 합니다. 심판받을 때 인생을 잘못 살면 똑같은 심판이 있다는 것을 알아야 합니다. 우리의 생각들이 세상으로 내려가면 머리에 가시관을 씌우게 됩니다(환경을 거친 광야로 인도하심). 인생은 갈대라서 왔다 갔다 마음을 정하지 못하고 잘 변질되기 때문에, 주님의 오른손에 붙들려야 한다는 것입니다.

주님 앞에 무릎 꿇고 희롱하며 '유대인의 왕이여 평안할지어다' 하고 조롱한 그 죄가 얼마나 큰 죄인지 우리는 알아야 합니다. 우리는 그 죄를 유산으로 물려받아 그 벌을 마땅히 받아야 하지만, 하나님께서 예수님을 통해 주신 말씀으로 회개하며 많은 사람을 주님 앞으로 인도하며 경건한 자를 만들어 내며, 의의 터를 굳게 세우는 자를 기뻐하며 이것 때문에 우리는 위로를 받을 수 있고 용서받으며 천국에 들어갈 수 있습니다. 반드시 우리는 하나님께서 주시는 밥값을 해야 기뻐하실 것이며, 우리도 주님이 우리를 위해서 희생의 피를 흘리셨듯이, 우리도 교회를 통해 많은 사람들을 구원시키는 데 희생의 피를 흘려야 마땅하다고 생각합니다.

마 27:30 "그에게 침 뱉고 갈대를 빼앗아 그의 머리를 치더라."

해 석 : '예수님께 침 뱉고 갈대를 빼앗아 머리를 치더라.'고 기록되어 있습니다. '갈대'는 사람을 의미합니다. 사람들이 예수님의 머리를 쳤다는 것입니다. 그러니 우리의 죄가 얼마나 큽니까. 그래서 더 속죄하는 마음으로 우리가 의의 터를 굳게 세워 경건한 자를 많이 만들어 천국문에 들어가도록 희생을 해야 할 것입니다. 주님이 우리를 천국으로 인도하시기 위해 고난을 많이 당하셨으니 우리도 주님의 일을 많이 감당해야 할 것입니다.

전 11:9 "청년이여 네 어린 때를 즐거워하며 네 청년의 날을 마음에 기뻐하여 마음에 원하는 길과 네 눈이 보는 대로 좇아 행하라 그러나 하나님이 이 모든 일로 인하여 너를 심판하실 줄 알라."

해 석 : 그래서 주님은 청년의 때가 항상 있는 것이 아니니 세월을 아끼라고 하십니다. '어릴 때를 즐거워하고 마음에 기뻐하고 원하는 길과 눈이 보는 대로 가라. 그러나 반드시 뭘 했는지 심문하겠다.'는 것입니다. 세상 술에 취해 있지 말고 세월을 아껴, 많은 형제들이 주님 나라에 들어갈 수 있도록 전심전력을 다할 수 있도록 노력합시다.

신 33:2 "그 오른손에는 불같은 율법이 있도다."

해 석 : 오른쪽에는 생명의 길, 왼쪽에는 사망의 길이 있음을 말씀하십니다. 그래서 하나님께서는 말씀하십니다. 갈대와 같은 사람은 반드시 주님의 오른손에 붙들려야 한다고. 하나님의 명령을 받고 말씀을 전해 주시려고 오신 그분의 명령을 받으라는 것입니다. 그리하지 않을 때는 머리에 가시관을 씌운다는 것입니다. 우리에 생각이 애굽, 즉

세상으로 내려갈 때에는 심판하시겠다는 말씀이기도 합니다.

계 1:16 **"그 오른손에 일곱 별이 있고 그 입에서 좌우에 날선 검이 나오고 그 얼굴은 해가 힘있게 비취는 것 같더라."**

해 석 : 사도 요한이 밧모라 하는 섬에서 주의 날에 환상과 주의 음성을 듣게 됩니다. 환상을 볼 때 주님의 오른손에 일곱 별이 있는 것을 보게 됩니다. 이들은 완전하며 주님의 음성을 듣고 순종하는 자라고 보시면 됩니다. 일곱 수는 완전 숫자입니다. 그 입에는 좌우에 날선 검이 나오고 있다고 말씀하십니다. 주님의 입에서 검, 즉 말씀이 나온다는 것입니다. '그 얼굴은 해가 힘있게 비취는 것 같더라.' 하나님께서 주님께 말씀의 빛을 강력하게 비출 때 얼굴이 해 같더라는 것입니다. 해가 얼굴을 힘있게 비추는 느낌을 받았다고 증언하고 있습니다. 네, 맞습니다. 아멘입니다.

주님은 오른손에 붙들린 일곱 별(온전하게 주님의 음성을 듣고 순종하는 목사님들)에게 비추어, 목사님은 하나님의 백성들에게 비추어, 거룩하고 깨끗한 마음으로 경건한 생활을 할 수 있도록 주님의 오른손에 붙들리도록 해줘야 한다는 것입니다. 그래야 주님이 기뻐하십니다. 그래서 주님의 오른손에 붙잡혀야 한다고 말씀하십니다. 주님은 이 땅을 정화시키려고 오셨습니다.

마 25:31 **"인자가 자기 영광으로 모든 천사와 함께 올 때에 자기 영광의 보좌에 앉으리니"**

해 석 : 예수님이 사망의 권세를 깨뜨리시고 부활하며 승리하신 그 영광의 모습으로, 천사들과 함께 와서 보좌에 앉으신다는 것은 심판을 말씀하시는 것입니다. 모든 민족이 주님 앞에 설 때가 옵니다.

마 25:32 **"모든 민족을 그 앞에 모으고 각각 분별하기를 목자가**

양과 염소를 분별하는 것같이 하여"

해 석 : 마지막 심판 때는 순종하는 양과 불순종하는 염소를 골라 내신다는 것입니다.

마 25:33 **"양은 그 오른편에, 염소는 왼편에 두리라."**

해 석 : 오른편의 불같은 율법을 따른 자는 양이며 불순종하고 왼편으로 가는 자는 염소입니다. 오른편은 주님이 계신 곳 천국이요, 왼편은 마귀가 있는 곳, 지옥입니다. 우리는 그분의 명령에 순종해야 영생을 얻을 수 있습니다.

요 12:50 **"나는 그의 명령이 영생인 줄 아노라 그러므로 나의 이르는 것은 내 아버지께서 내게 말씀하신 그대로 이르노라 하시니라."**

해 석 : 교회만 다닌다고 영생을 얻는 것이 아닙니다. 반드시 명령을 지켜 열매가 증거로 나타나야 하는 것을 기억해야 합니다.

주님이 베드로에게 그물을 오른편에 던지라고 말씀하십니다. 그러면 고기가 많이 잡힐 거라고 말씀하신 것은, 바르게 정직하게 하나님의 법대로 살아야 먹을 것, 즉 복이 많이 온다는 것을 말씀하신 것입니다. 살아가면서 주의해야 될 점을 꼭 기억하시면 유익이 됩니다.

눅 5:4-6 **"말씀을 마치시고 시몬에게 이르시되 깊은 데로 가서 그물을 내려 고기를 잡으라(4) 시몬이 대답하여 가로되 선생이여 우리들이 밤이 맞도록 수고를 하였으되 얻은 것이 없지마는 말씀에 의지하여 내가 그물을 내리리이다(5) 하고 그리한즉 고기를 에운 것이 심히 많아 그물이 찢어지는지라(6)."**

해 석 : 세상 깊은 곳은 금지이며(4절), 순종은 했으나(5절) 오른편이 아니라서 복이 새어 나감을 말씀하십니다(6절).

요 21:6 **"가라사대 그물을 배 오른 편에 던지라 그리하면 얻으리라 하신대 이에 던졌더니 고기가 많아 그물을 들 수 없더라."**

요 21:11 **"시몬 베드로가 올라가서 그물을 육지에 끌어 올리니 가득히 찬 큰 고기가 일백 쉰 세 마리라 이같이 많으나 그물이 찢어지지 아니하였더라."**

해 석 : 이 말씀은 비유로 말씀하셨습니다. 주님께서 명령하시는 대로 갔더니 153마리가 잡혔더라는 것입니다. 이 숫자에는 교훈이 들어 있습니다.

'일'-하나님은 유일하신 하나님(요 17:3), '오'는 축복 숫자입니다.

창세기 1장 20-23절에서 하나님께서는 먹거리를 만들어 우리에게 주셨으므로 다섯째 날을 축복의 의미로 보시면 됩니다. '삼'은 성부·성자·성령님을 의미합니다. 그러므로 '일'- 하나님께서 '오'- 축복을 주실 때에 '삼'- 성부·성자·성령님을 온전히 의지할 때 복이 많았고, 고기가 많아 그물을 들어 올릴 수가 없었다고 증언하며, 또 그물이 찢어지지 않았다고 성경은 말씀하고 있습니다.

주님의 말씀에 순종하는 자는 복이 새어 나가지 않는다는 표현을 그물이 찢어지지 않는다고 말씀하고 계십니다. 우리 모두가 주님의 오른손에 붙들리기를 소망합니다.

마태복음 27장 29절 말씀에, '갈대를 그 오른손에 들리우고'라는 말씀이 바로 사람은 주님의 말씀에 붙들려야 한다는 것입니다. 사도행전 18장 5절에 "바울이 하나님의 말씀에 붙잡혀"라는 말씀이 기록되어 있습니다. 오른편으로 갑시다.

약 1:8 **"두 마음을 품어 모든 일에 정함이 없는 자로다."**

해 석 : 두 마음을 품고 왔다 갔다 하는 자, 바로 이것이 갈대의 마음이

며 정함이 없는 자라는 것입니다. 이런 사람에 대해 주님께서 뭐라 말씀하셨는지 살펴보겠습니다.

약 1:7 **"이런 사람은 무엇이든지 주께 얻기를 생각하지 말라."**

해 석 : 주님을 의지하지 않는 자는 무엇이든지 만복의 근원이신 하나님께 달라고 요구하지 말라는 것입니다. 갈대의 사람은 주님이 이렇게 말씀하십니다.

약 1:6 **"오직 믿음으로 구하고 조금도 의심하지 말라 의심하는 자는 마치 바람에 밀려 요동하는 바다 물결 같으니"**

해 석 : 하나님께서 말씀하시는 것을 믿고 따르며 조금도 의심하지 말라는 것입니다. 의심하는 자는 삶이 바다의 파도처럼 요동치며 많은 어려움과 고난이 온다고 말씀하고 계십니다. 우리는 지혜자가 되어야 되겠습니다.

전 10:2 **"지혜자의 마음은 오른편에 있고 우매자의 마음은 왼편에 있느니라."**

해 석 : 지혜자의 마음은 죄의 자리에 앉지 않고 우편의 생명길을 택한다는 것입니다. 우매자는 미련하여 왼편을 택하며 지옥을 택한다는 것입니다. 지혜자가 행한 일을 살펴보겠습니다.

전 9:14 **"곧 어떤 작고 인구가 많지 않은 성읍에 큰 임금이 와서 에워싸고 큰 흉벽을 쌓고 치고자 할 때에"**

해 석 : 인구가 많지 않은 작은 성읍에 큰 나라 임금이 와서 에워싸고 전쟁을 하려 할 때에.

전 9:15 **"그 성읍 가운데 가난한 지혜자가 있어서 그 지혜로 그 성읍을 건진 것이라 그러나 이 가난한 자를 기억하는 사람이 없었도다."**

해 석 : 그 성읍 가운데 가난하지만 지혜로운 자가 있었습니다. 그 지혜로운 자가 성읍을 건졌다고 말씀하십니다. 그 지혜가 얼마나 귀한 것인지 말씀하시는 것입니다. 승리의 비결이 성경에 있다는 것입니다. 하나님 앞에 나아와 지혜를 얻으라는 것입니다.

잠 8:12 **"나 지혜는 명철로 주소를 삼으며 지식과 근신을 찾아 얻나니"**

해 석 : 주님이 이렇게 말씀하십니다. '나 지혜는 절대로 죄의 자리에 앉지 않는다. 그러므로 내 앞에 나와서 지혜를 얻으라.' 삼가 조심하면서 지식(하나님의 말씀)을 부지런히 찾아 얻으라고 말씀하십니다.

전 9:16 **"그러므로 내가 이르기를 지혜가 힘보다 낫다마는 가난한 자의 지혜가 멸시를 받고 그 말이 신청되지 아니한다 하였노라."**

해 석 : 지혜가 힘보다 얼마나 귀한 것인지 말씀하시고, 선한 일을 했으니 이것이 의가 아니냐고 말씀하시는 것입니다. 가난한 자의 지혜가 멸시를 받고 사람들이 인정하지 않지만, 결국은 이것이 선한 것이며 주님이 기뻐하시는 열매가 되는 것입니다.

전 9:17 **"종용히 들리는 지혜자의 말이 우매자의 어른의 호령보다 나으니라."**

해 석 : 숨어 있는 지혜가 호령하는 우매자보다 낫다는 것입니다.

전 9:18 **"지혜가 병기보다 나으니라 그러나 한 죄인이 많은 선을 패궤케 하느니라."**

해 석 : 숨어 있는 지혜가 전쟁할 때 많은 무기보다 낫다는 것입니다. 그 지혜가 작전을 잘 짜서 승리로 이끈다는 것입니다. 지혜의 중요성을 말씀하시는 것입니다. 한 죄인이 많은 선한 일을 무너뜨리니 우리는 이런 일을 기억하며 막아야 한다는 것입니다. 이것이 우리

의 사명임을 말씀하십니다.

전 10:1 **"죽은 파리가 향기름으로 악취가 나게 하는 것같이 적은 우매가 지혜와 존귀로 패하게 하느니라."**

해 석 : 비유로 말씀하십니다. 많은 사람들 중에 한 사람이 악한 행실을 할 때 그 썩은 냄새가 전체를 흐리게 하며, 지혜와 존귀를 무너뜨린다는 것입니다. 그래서 모든 사람이 하나님의 말씀을 받기를 원하시는 것입니다. 주님의 오른손에 붙들리기를 간절히 소망합니다.

전 10:2 **"지혜자의 마음은 오른편에 있고 우매자의 마음은 왼편에 있느니라."**

해 석 : 지혜자의 마음은 죄의 자리에 앉지 않습니다. 이것이 지혜로운 것입니다. 그래서 바른편에 서 있다 말할 수 있고, 남을 유익하게 해주며 덕을 끼치는 자입니다. 그러나 우매자는 반대편에 서 있습니다. 좌편에 서 있는 것입니다. 주님이 싫어하시는 편에 서 있습니다. 우매자는 얼굴을 생각하지 않고, 명예를 생각하지 않습니다. 자기의 유익을 먼저 생각하면 남을 윤택하게 해 주지 못하며 덕을 끼칠 수가 없습니다.

그래서 예수님께서는 베드로에게 오른편에 그물을 던지라고 말씀하시며, 순종하면 고기가 많이 잡힐 거라고 명령하셨습니다. '네가 세상에 살아갈 때에 바르게 살아가야 먹을 것이 많이 생기며 축복이 많이 온다'는 말씀의 의도가 담겨 있습니다. 우리는 반드시 우편, 바른편에 서도록 노력하고 또 노력합시다.

신명기 28장 1-14절은 순종입니다. 이곳이 축복이고 그리심산입니다. 신명기 28장 15-68절은 불순종입니다. 이곳은 화요 저주이며 에발산입니다. 지혜가 있는 자들은 그리심산에 앉게 됩니다. 지식을 부지런히 찾아 삼가 조심해서 오른편에 설 수 있도록 힘써 봅시다. 복과 저주를 선포하며 조심하라고 부탁한 말씀을 살펴보겠습니다.

신 11:26 **"내가 오늘날 복과 저주를 너희 앞에 두나니"**

해 석 : 우리 앞에 두 길이 있다는 것입니다. 오른편과 왼편, 생명과 사망, 복과 저주, 좁은 문과 넓은 문이 있다고 성경은 우리에게 가르쳐 주고 있습니다. 그럼에도 불구하고 왼편으로 가기 때문에 주님이 근심하십니다. 예수님께서 우리가 좌편으로 가지 못하도록 말씀을 가지고 이 땅에 오셨다가 우리 때문에 피 흘리셨고 희생하셨습니다. 우리를 죽기까지 사랑하신 그 은혜를 잊어서는 안 되며 오른편으로 가도록 우리도 복음을 위해 희생해야 할 것입니다. 부탁한 말씀을 살펴보겠습니다.

신 11:18 **"이러므로 너희는 나의 이 말을 너희 마음과 뜻에 두고 또 그것으로 너희 손목에 매어 기호를 삼고 너희 미간에 붙여 표를 삼으며"**

해 석 : 하나님께서는 우리에게 일러주는 말씀을 잊어버리지 말고 마음에 담고, 사방팔방 문설주에 붙여 잊어버리지 않도록 하며 지켜 행하라는 것입니다.

신 11:19-20 **"또 그것을 너희의 자녀에게 가르치며 집에 앉았을 때에든지, 길에 행할 때에든지, 누웠을 때에든지, 일어날 때에든지 이 말씀을 강론하고 또 네 집 문설주와 바깥 문에 기록하라."**

해 석 : 집에서나 길에서나 눕든지 서든지 항상 말씀을 강조하고, 동서남북, 눈으로 보는 데는 말씀을 기록하여 다 붙여서 보고 잊지 않고 지킬 수 있도록 하라는 명령이십니다.

신 11:29 **"네 하나님 여호와께서 네가 가서 얻을 땅으로 너를**

인도하여 들이실 때에 너는 그리심산에서 축복을 선포하고 에발산에서 저주를 선포하라."

해 석 : 가나안 땅에 들어가서 너희는 오른편에 있는 그리심산, 하나님이 말씀하시는 순종의 자리에서 축복을 받으라고 권면하십니다. 그리고 불순종은 화요 저주요 고통이 있으니 염두에 두라는 것입니다.

전 10:10 **"무딘 철 연장 날을 갈지 아니하면 힘이 더 드느니라 오직 지혜는 성공하기에 유익하니라."**

해 석 : 비유로 말씀하십니다. 잘 들지 않는 연장을 무딘 철 연장이라 합니다. 잘 들지 않는 연장을 사람이 사용하면 힘이 많이 드는 것처럼 사람도 지혜가 없으면 손발이 고생을 합니다. 그러니 하나님 앞에 나와 하나님의 말씀으로 유익하게 살며 승리하라는 것입니다. 지혜의 말씀을 얻으라는 것입니다.

신 33:1 **"하나님의 사람 모세가 죽기 전에 이스라엘 자손을 위하여 축복함이 이러하니라."**

해 석 : 모세가 죽기 전에 이스라엘 백성에게 오른편으로 가야 축복을 받을 수 있다고 부탁을 합니다.

신 33:2 **"그 오른손에는 불같은 율법이 있도다."**

해 석 : 우편, 바른길, 정로의 길로 가라는 것입니다. 선한 길, 말씀을 따라가라는 것입니다. 주님이 원하시는 길입니다. 이 길이 생명의 길입니다.

마 5:16 **"이같이 너희 빛을 사람 앞에 비취게 하여 저희로 너희 착한 행실을 보고 하늘에 계신 너희 아버지께 영광을 돌리게 하라."**

해 석 : 빛, 즉 하나님의 명령의 말씀이 빛입니다. 우리는 빛의 역할을

감당해야 한다고 말씀하십니다. 말씀의 선한 열매를 맺고 사람들에게 빛을 비추어, 하나님의 자녀답게 살아서 아버지께서 영광을 받으시도록 하라는 것입니다.

출 15:6 **"여호와여 주의 오른손이 권능으로 영광을 나타내시니이다 여호와여 주의 오른손이 원수를 부수시니이다."**

해 석 : 하나님의 정직한 말씀은 주님의 오른손에 들려 있습니다. 그 말씀을 지켰을 때 그것이 능력이고 권능이라는 것입니다. 이것이 영광이 되고 주님을 높여 드리는 것입니다.

오른손이 원수를 부수신다는 것은 하나님의 말씀을 지키지 않는 자는 원수가 되는 것입니다. 오른손, 즉 불같은 율법에 어긋나는 자는 화가 있다는 것입니다. 말씀을 지켜 주님을 기쁘게 하고 복을 받읍시다. 잘되고 형통하시길 소망합니다. 하나님의 원수가 어떤 사람일까요? 살펴보겠습니다.

시 26:10 **"저희 손에 악특함이 있고 그 오른손에 뇌물이 가득하오나"**

해 석 : 손으로 행하는 악이 특별히 많은 자, 오른손에는 정직함이 없고 하나님께서 싫어하시는 뇌물이 가득한 자, 이런 자가 하나님의 원수입니다. 우리는 이 말씀을 기억하면서 삼가 조심하고 또 조심하여, 원수의 자리에 앉지 않도록 노력합시다.

시 144:8 **"저희 입은 궤사를 말하며 그 오른손은 거짓의 오른손이니이다."**

해 석 : 입도 정직하지 못하고 행함도 정직하지 못해 주님의 원수가 되된 이런 자들을 부수신다는 말씀입니다. 삼가 조심해야겠습니다.

슥 12:1 **"이스라엘에 관한 여호와의 말씀의 경고라 여호와 곧**

하늘을 펴시며 땅의 터를 세우시며 사람 안에 심령을 지으신 자가 가라사대"

해 석 : 하나님을 믿는 백성들에게 주시는 경고의 메시지라는 것입니다. 하늘을 펴시고 땅의 터를 세우시고 사람을 만드시고 사람 안에 심령을 지으신 이가 말씀하십니다. 하나님께서는 우리와 온 인류와 만물이 하나님이 주인이라는 것입니다. 심령을 지으셨으니 모든 것을 꿰뚫어 보고 계십니다.

렘 17:9 **"만물보다 거짓되고 심히 부패한 것은 마음이라 누가 능히 이를 알리요마는"**

해 석 : 세상에서 제일 부패한 것이 사람의 마음이라고 우리의 주인이신 하나님께서 말씀하십니다. '누가 능히 이를 알리요', 우리를 창조하신 하나님만이 아신다는 것입니다.

민 32:23 **"너희가 만일 그같이 아니하면 여호와께 범죄함이니 너희 죄가 정녕 너희를 찾아낼 줄 알라."**

해 석 : 너희가 하나님의 말씀대로 아니하면 하나님께 범죄함이니, 너희 죄가 증거가 되어 너희를 찾아내어 물으시고 벌하시겠다는 말씀입니다.

시 21:8 **"네 손이 네 모든 원수를 발견함이여 네 오른손이 너를 미워하는 자를 발견하리로다."**

해 석 : 하나님께서는 사람들이 행한 대로 손으로 갚아 주십니다. 모든 하는 일을 다 아시기 때문에 원수를 발견하고 미워하십니다. 오른손이 미워하시는 것은 오른편으로 가지 않기 때문입니다.

잠 21:1 **"왕의 마음이 여호와의 손에 있음이 마치 보의 물과**

같아서 그가 임의로 인도하시느니라."

해 석 : 왕의 마음이 여호와의 손에 있다는 것은 우리의 마음을 보시고 손으로 복과 화를 성취하신다는 것을 말합니다. 마치 보의 물과 같다는 것은 저수지에 물을 가두어 놓고 필요할 때마다 꺼내 쓰는 것처럼 사람도 그렇게 사용하신다는 말씀입니다. 사람을 통해서 도움이 오고 복도 오게 됩니다. 우리는 늘 살피시는 이가 있다는 것을 기억하며 명심해야 할 것입니다.

잠 21:2 **"사람의 행위가 자기 보기에는 모두 정직하여도 여호와는 심령을 감찰하시느니라."**

해 석 : 스가랴 12장 1절에도 심령을 지으신 이가 감찰하신다 하셨습니다.

시 45:4 **"왕은 진리와 온유와 공의를 위하여 위엄 있게 타고 승전하소서 왕의 오른손이 왕에게 두려운 일을 가르치리이다."**

해 석 : '주님은 진리의 말씀과 온유한 마음으로 온 세상에 정직을 알리시면서, 두려움과 떨림으로 하나님 앞에 설 수 있도록 다가오셔서 우리에게 가르치시며 승리하게 하소서.' 하고 부탁하는 말씀입니다. 주님의 오른손에 하나님의 말씀이 들려졌는데 그 말씀이 두려운 말씀이며, 우리가 하나님의 대한 두려움을 갖도록 가르친다는 것입니다.

시 17:7 **"주께 피하는 자를 그 일어나 치는 자에게서 오른손으로 구원하시는 주여 주의 기이한 인자를 나타내소서."**

해 석 : 주께 피하는 자는 하나님의 말씀대로 하는 자를 가리킵니다. 그를 치는 자를 하나님께서 치지 못하도록 건져 주신다는 언약의 말씀입니다. 왜 건져 주실까요? 오른손이 구원하시는 것은 말씀대로 하기 때문입니다. 기이한 주님께 위태로운 상황에서 건져 달라는 애절한 기도입니다.

시 18:35 **"주께서 또 주의 구원하는 방패를 내게 주시며 주의 오른손이 나를 붙들고 주의 온유함이 나를 크게 하셨나이다."**

해 석 : 주님이 우리에게 주시는 방패가 말씀입니다. 이 말씀을 가지고 구원을 얻을 수가 있고 말씀이 사망의 길로 못 가게 붙들고, 이 말씀이 나를 많이 온유하게 만들었다는 감사의 말씀입니다.

행 2:33 **"하나님이 오른손으로 예수를 높이시매 그가 약속하신 성령을 아버지께 받아서 너희 보고 듣는 이것을 부어 주셨느니라."**

해 석 : 하나님께서 오른손으로 예수님을 높이셨다는 것은, 하나님이 예수님께 명령하신 말씀을 가지고 오른편으로 백성들을 인도하게 될 것을 말씀하시는 것입니다.

신명기 33장 2절에 '오른손에 불같은 율법이 있다'고 말씀하십니다. 정로의 길, 생명의 길로 바르게 가게 하기 위해 예수님께서 성령을 통해 우리에게 하시고자 하시는 말씀을 주신다는 것입니다. 오른손을 높이신다는 것은 반드시 우리에게 오른편으로, 바른쪽으로, 정로의 길로, 생명의 길로 가라는 것입니다. 베드로에게 오른편으로 그물을 던지라는 것은 바른길로 갈 때 먹을 것을 많이 얻을 수 있다는 메시지입니다. 이 말씀과 동일한 말씀입니다.

예수님이 말구유에 누워 계십니다. 무슨 의미일까요 ? 분명히 여기에는 뜻이 있고 우리에게 주시는 교훈이 있습니다. 말은 주인의 일을 돕기 위해 항상 마구간에 매어 놓습니다. 옛날에는 교통수단으로 쓰기도 하고 짐을 날라 주기도 하고, 주인이 시키는 대로 해야 하는 것이 마구간의 말이 주인을 위해서 직무를 하는 일이 됩니다. 그렇듯이 우리가 예수님께 말 역할을 하는 것이 다를 바가 없습니다.

말 밥그릇에 누워 계시는 것은 밥그릇은 복을 의미하고 예수님은 말씀을 의미하며, 말을 잘 들으면 복을 많이 주시고 말을 안 들으면 먹을 것을 주시지 않는다는 교훈이 담겨 있습니다. 그러므로 복을 많이 받으려면, 그의 나라와 그의 의를 구하라고 명령하신 이 일에 최선을 다하는 것이 복의 근원의 비결입니다.

우리 모두가 만복의 근원이신 주님의 말씀을 잘 듣고 경제의 기근과 건강의 기근이 오지 않도록 삼가 조심하며, 말씀을 잘 듣고 복을 많이 받아 누리며 가난한 자에게 나누어 주며 하나님을 기쁘게 해드리며, 마음에 희락과 기쁨을 누리시기를 간절히 소망합니다. 하나님께서 오른쪽을 강조하시는 말씀을 살펴보도록 하겠습니다.

레 8:22 **"또 다른 수양 곧 위임식의 수양을 드릴새 아론과 그 아들들이 그 수양의 머리에 안수하매"**

해 석 : 위임식을 할 때는 번제물인 수양을 꼭 드려야 합니다. 하나님 앞에 화목 제물로 예수님께서 온전히 드려진 것처럼 우리 모두가 온전히 순종하라고 양을 드리는 것입니다. 위임식을 하면서 아론과 아들들이 받게 되는데, 이 양의 의미는 아론과 아들들이 이 양처럼 하나님 앞에 순한 양이 되어 시키는 대로 희생양이 되어야 한다는 의미로 하나님 앞에 예물로 언약하시는 것입니다.

아론과 아들들은 제사장이기에 주님의 보혈의 피를 바르라는 것입니다. 의를 위해서 주님이 하나님께 온전히 순종하고 희생의 피를 흘리신 것처럼, 그렇게 본을 보며 행하라고 이 예식을 하고 있습니다. 우리들도 희생의 피를 흘려야 한다는 것입니다.

렘 48:10 **"여호와의 일을 태만히 하는 자는 저주를 받을 것이요 자기 칼을 금하여 피를 흘리지 아니하는 자도 저주를 당할 것이로다."**

해 석 : 여호와의 일을 게을리하지 말며 의를 위하여 일을 하는 것이

쉽지만은 않으니 열심히 하라는 것입니다. 희생의 수고가 따라야 한다는 것입니다. 희생의 피를 흘리라는 것입니다. 명령의 말씀을 듣고 수고한 자는 상이 있을 것이고 거역한 자는 화가 있을 거라고 기록되어 있습니다. 고린도전서 9장 16절로 가 보시겠습니다.

고전 9:16 "내가 복음을 전할지라도 자랑할 것이 없음은 내가 부득불 할 일임이라 만일 복음을 전하지 아니하면 내게 화가 있을 것임이로라."

해 석 : 복음은 마땅히 전해야 할 일이며 자랑거리가 아니라고 말씀하시고, 순종하지 않으면 화가 따를 것이며 권면하고 책임을 묻겠다는 메시지입니다.

마 12:18 "보라 나의 택한 종 곧 내 마음에 기뻐하는 바 나의 사랑하는 자로다 내가 내 성령을 줄 터이니 그가 심판을 이방에 알게 하리라."

해 석 : 하나님께서 사명을 주어 뽑아 주신 종들에게 하시는 말씀입니다. '내 마음을 기쁘게 하는 사랑하는 종들아, 너희에게 성령을 줄 터이니 성령을 받고 이방인들에게 예수를 믿지 않으면 심판이 있다는 것을 알리게 하시겠다.'는 말씀입니다. 이것이 전도입니다.

레 8:23 "모세가 잡고 그 피를 취하여 아론의 오른 귓부리와 오른손 엄지가락과 오른발 엄지가락에 바르고"

해 석 : 오른쪽, 바른쪽은 생명의 길입니다. 주님께서 이 땅에 생명의 말씀을 가지고 오셨습니다. 우리에게 전해 주시러 오신 그 말씀이 피의 대가이기 때문에, 백성들에게 말씀을 잘 가르치라는 메시지를 잊지 않기 위해 오른쪽 귓부리와 오른손 엄지와 오른발 엄지에 피를 바르라 하셨습니다. 그것은 말씀을 잘 가르쳐 알곡을 만들어 천국 백성이 되게 하라는 것입니다. 오른편으로 가라는 것입니다. 주

님의 오른손에는 불같은 율법이 있다고 했습니다. 오른편을 잊지 말라는 뜻이며 주님께서 우리를 우편으로 인도하신 희생의 피를 잊지 말며, 우리도 후대들이 오른편으로 가게 하기 위해 희생의 피를 마땅히 흘려야 한다는 것입니다. 그래서 제사장 아론은 이스라엘 백성들을 오른편으로 인도하는 것을 잊지 말며 반드시 희생의 피를 흘려야 된다는 의미를 담고 있고, 오른쪽 귓부리는 '바르게 잘 듣고 행하며', 오른손 엄지는 '바르게 지혜롭게 일을 잘하라는 것'이고, 오른발 엄지는 '바르게 오른편으로 걸어가라는 명령의 메시지'로 보시면 되겠습니다. 피를 오른쪽에 바르게 한 이유가 바로 이것입니다. 바르게 듣지 못하고 행한 사람을 찾아볼까요?

요 18:3 **"유다가 군대와 및 대제사장들과 바리새인들에게서 얻은 하속들을 데리고 등과 홰와 병기를 가지고 그리로 오는지라."**

해 석 : 유다와 군대와 대제사장들과 바리새인들과 거기에 속한 종들이, 등과 홰와 병기를 가지고 예수님을 잡으러 왔습니다.

요 18:10 **"이에 시몬 베드로가 검을 가졌는데 이것을 빼어 대제사장의 종을 쳐서 오른편 귀를 베어버리니 그 종의 이름은 말고라."**

해 석 : 대제사장 종의 이름은 말고입니다. 예수님을 잡으러 왔기 때문에 베드로가 검을 빼서 말고의 오른쪽 귀를 베어 버린 것입니다. 바로 듣지 못하고 바로 판단하지 못한 것이 오른쪽 귀라는 것입니다. 분별을 하라는 것입니다. 바르지 못하기 때문에 잘 듣고 판단하고 행하라는 것입니다. 예수님이 잘못이 없는데 잡으러 왔다는 것입니다. 바로 이 말씀이 레위기 8장 23절에 오른쪽 귓부리에 피를 바르라는 말씀과 동일한 말씀입니다.

27.
오병이어의 기적

–5천 명을 먹이심

마 14:15–21 **"저녁이 되매 제자들이 나아와 가로되 이곳은 빈 들이요 때도 이미 저물었으니 무리를 보내어 마을에 들어가 먹을 것을 사 먹게 하소서 예수께서 가라사대 갈 것 없다 너희가 먹을 것을 주어라 제자들이 가로되 여기 우리에게 있는 것은 떡 다섯 개와 물고기 두 마리뿐이니이다 가라사대 그것을 내게 가져오라 하시고 무리를 명하여 잔디 위에 앉히시고 떡 다섯 개와 물고기 두 마리를 가지사 하늘을 우러러 축사하시고 떡을 떼어 제자들에게 주시매 제자들이 무리에게 주니 다 배불리 먹고 남은 조각을 열두 바구니에 차게 거두었으며 먹은 사람은 여자와 아이 외에 오천 명이나 되었더라."**

해 석 : 교회 안에 들어오는 자마다 한 명도 빠짐없이 다 구원을 받는 것이 오병이어의 기적이요 칠병이어의 기적입니다. 두 사람(물고기 두 마리)이 가지고 온 예물(떡 다섯 개) 또한 여러 사람이 협력한 예물을 병(그릇)에 담아 오면, 그 예물이 축복이요 구원의 방주(교회)에서 귀히 쓰이는 예물이 되며 다 구원시킬 수 있다는 것입니다.

오병이어는 5천 명이 교회에 들어왔는데 떡(말씀)을 먹고 남은 조각이 열두 바구니를 차게 거두었다는 것입니다. 즉 남았다는 뜻입니다. 투자를 해서 이익을 남겼다는 것입니다. 영적 장사를 해서 열두 바구니를 차게 거두었다는 것입니다. 5천 명이 먹고 남은 조각, 열두 바구니는 5천 명이 성령의 문으로 다 들어왔다는 것입니다. 12 숫자를 살펴보겠습니다. 1+2=3은 성령 숫자입니다. 성경의 12 숫자를 사용하는 교훈은 성령을 잊지 말라는 의미이기도 합니다. '1(일)'은 요한복음 17장 3절, 유일하신 참 하나님, 하나님은 한 분이시라는 것입니다. '2(이)'는 요한복음 15장 5절 말씀, "나는 포도나무요 너희는 가지니 저가 내 안에 내가 저 안에 있으면 이 사람은 과실을 많이 맺나니 나를 떠나서는 너희가 아무것도 할 수 없음이라." 짝수를 의미합니다. 주님은 늘 성령님과 같이 일을 하셨습니다.

주님께서 하늘로 올라가신 후에 대신 성령님을 보내 주셨습니다. 우리들도 성령님과 같이 짝이 되어 일을 해야 한다는 의미입니다. '12' 숫자는 성부 · 성자 · 성령의 뜻을 가지고 있으며, 지혜가 많으신 하나님께서는 우리에게 숫자로도 교훈을 주십니다.

칠병이어의 기적을 살펴보겠습니다. 마태복음 15장 32절에 보시면, '칠병이어의 기적'으로 4천 명을 먹이셨습니다. "예수께서 제자들을 불러 가라사대 내가 무리를 불쌍히 여기노라 저희가 나와 함께 있은 지 이미 사흘이매 먹을 것이 없도다 길에서 기진할까 하여 굶겨 보내지 못하겠노라."

마 15:33-38 **"제자들이 가로되 광야에 있어 우리가 어디서 이런 무리의 배부를 만큼 떡을 얻으리이까 예수께서 가라사대 너희에게 떡이 몇 개나 있느냐 가로되 일곱 개와 작은 생선 두어 마리가 있나이다 하거늘 예수께서 무리를 명하사 땅에 앉게 하시고 떡 일곱 개와 그 생선을 가지사 축사하시고 떼어 제자들에게 주시니 제자들이 무리에게 주매 다 배불리 먹고 남은 조각을 일곱 광주리에 차게 거두었으며 먹은 자는 여자와 아이 외에 사천 명이었더라."**

해 석 : 두 사람(물고기 두 마리)이 가지고 온 예물(떡 일곱 개), 또한 여러 사람이 협력한 예물을 병에 그릇에 담아 오면, 그 예물이 축복

이요 구원의 방주(교회)에서 귀히 쓰이는 예물이 되며, 교회에 들어오는 자마다 다 구원시킬 수 있다는 것입니다. 칠병이어는 4천 명이 교회에 들어왔는데 떡(말씀)을 먹고 남은 조각이 일곱 광주리에 차게 거두었다, 즉 남았다는 뜻입니다. 투자를 해서 이익을 남겼다는 것입니다. 영적 장사를 해서 일곱 광주리가 차게 거두었다는 것입니다. 일곱은 완전 숫자요 교회에 4천 명이 들어왔는데 한 명도 빠짐없이 다 구원을 얻은 것이 남은 조각 일곱 광주리입니다. 일곱은 완전 숫자요 4천 명이 모두 다 천국 문에 들어갔다는 것입니다.

마태복음 14장 15절에 보시면 "이곳은 빈 들이요"라고 기록되어 있습니다. 교회를 세우기 위하여 예물을 가져오라는 것입니다. 예배의 장소가 빈 들입니다.

주님이 왜 이 땅에 오셨습니까? 이유를 살펴보겠습니다.

렘 17:9 **"만물보다 거짓되고 심히 부패한 것은 마음이라 누가 능히 이를 알리요마는"**

해 석 : 세상에서 제일 악한 것이 사람의 마음이라는 것입니다. 그래서 주님이 우리의 마음을 정화시키기 위하여 말씀을 가지고 오셨습니다. 감사합시다. "누가 능히 이를 알리요마는"은 하나님만이 심령을 꿰뚫어 보신다는 것입니다.

렘 17:10 **"나 여호와는 심장을 살피며 폐부를 시험하고 각각 그 행위와 그 행실대로 보응하나니"**

해 석 : 하나님께서는 우리가 살아 숨 쉬는 동안 마음을 살피고 생각을 관찰해서, 그 행위대로 보응, 갚아 주신다는 것입니다.

잠 16:2 **"사람의 행위가 자기 보기에는 모두 깨끗하여도 여호와는**

심령을 감찰하시느니라."

해 석 : 심령을 감찰하시는 여호와, 그분의 은총을 받도록 마음의 죄악들은 비워내고, 성령의 신을 마음에 가득 채워 아름다운 열매, 성령의 열매를 많이 맺어 나누어 줍시다. 그러면 여호와께서 기뻐하시며 우리들 마음에 빛을 뿌려 줄 것입니다.

딤전 2:4 **"하나님은 모든 사람이 구원을 받으며 진리를 아는 데 이르기를 원하시느니라."**

해 석 : 하나님께서는 모든 사람이 하나님의 말씀을 깨닫고 생명의 길로 따라오며, 구원받기를 소원하며 근심하고 계십니다.

고후 7:10 **"하나님의 뜻대로 하는 근심은 후회할 것이 없는 구원에 이르게 하는 회개를 이루는 것이요 세상 근심은 사망을 이루는 것이니라."**

해 석 : 하나님의 근심은 어떻게 하면 한 명이라도 더 구해 내실까, 이것이 근심이십니다. 세상의 것은 사망이기 때문에 날마다 그 길을 막는 데 하나님은 바쁘십니다.

욥 33:14 **"사람은 무관히 여겨도 하나님은 한번 말씀하시고 다시 말씀하시되"**

해 석 : 사람은 죄에 대해서 무관심하지만, 하나님께서는 죄짓지 못하도록 말씀하시고 또 말씀하시고 계십니다.

욥 33:15 **"사람이 침상에서 졸며 깊이 잠들 때에나 꿈에나 밤의 이상 중에"**

해 석 : 사람이 침상에서 졸 때나 깊이 잠들 때나 꿈에나 밤에 우리에게 깨달을 수 있도록, 성경적이며 여러 가지 모양으로 보여 주시며 죄

를 막는다는 것입니다.

욥 33:16 **"사람의 귀를 여시고 인치듯 교훈하시나니"**

해 석 : 사람의 귀를 여시고 말씀으로 도장처럼 새기며 교훈하시는 하나님, 사망에서 생명으로 인도하시는 그 하나님의 뜻을 우리는 깨달아 알아서 선한 길로 가야 할 것입니다.

욥 33:17 **"이는 사람으로 그 꾀를 버리게 하려 하심이며 사람에게 교만을 막으려 하심이라."**

해 석 : 사람의 꾀와 죄는 항상 하나님께서 막습니다. 유익하지 못한 것은 버립시다. 배설물처럼.

욥 22:21 **"너는 하나님과 화목하고 평안하라 그리하면 복이 네게 임하리라."**

해 석 : 나와 하나님 사이에 죄가 없어야 화목하고 평안합니다. 그렇게 해야 복이 있다고 말씀하십니다.

욥 22:22 **"청컨대 너는 그 입에서 교훈을 받고 그 말씀을 네 마음에 두라."**

해 석 : '너는 하나님의 말씀이 선포되어질 때 경청하라.' 그 입에서 나오는 교훈의 말씀을 받고 네 마음판에 새겨서 지키라는 것입니다.

욥 22:23 **"네가 만일 전능자에게로 돌아가고 또 네 장막에서 불의를 멀리 버리면 다시 흥하리라."**

해 석 : 마음들이 하나님께 멀어진 분들에게 하시는 말씀이십니다. 전능자에게 돌아가라고. 또 우리가 사는 장막에서 불법을 버리라고 말씀하십니다. 하나님께 멀어지면 불법이 항상 따라다닙니다. 불법을 멀리 집어던지라는 것입니다. 우리의 장막 주소지에서 그렇게

하면 흥하리라, 복이 넘친다는 것입니다.

욥 22:24 **"네 보배를 진토에 버리고 오빌의 금을 강가의 돌에 버리라."**

해 석 : 우리 마음에 제일 귀한 것, 이것이 오빌의 금입니다. 하나님보다 더 사랑하는 것, 이것을 버리라는 겁니다. 왜 그럴까요? 이것 때문에 시야가 가려져서 주님의 일을 할 수가 없기 때문입니다. 땅에 묻고 강가에 떠내려 보내라는 것입니다.

욥 22:25 **"그리하면 전능자가 네 보배가 되시며 네게 귀한 은이 되시리니"**

해 석 : 만능에 전능하신 여호와께서 우리에게 보배가 되어 주시고 '은'의 비유로 말씀하십니다. 세속에 물들지 않고 찌꺼기가 조금도 섞이지 않는 귀한 보배로운 사람이 되게 해주시고, 하나님의 손에 들린 귀한 면류관이 되게 해주신다는 말씀입니다. 귀하게 쓰임 받도록 노력합시다.

만능에 전능하신 여호와의 보배를 확인해 볼까요.

시 18:1 **"나의 힘이 되신 여호와여 내가 주를 사랑하나이다."**

해 석 : 말씀이 나의 힘이 되기 때문에 내가 주의 법을 사랑하므로 주의 법을 지키겠다는 의미입니다.

시 18:2 **"여호와는 나의 반석이시요 나의 요새시요 나를 건지시는 자시요 나의 하나님이시요 나의 피할 바위시요 나의 방패시요 나의 구원의 뿔이시요 나의 산성이시로다."**

해 석 : 하나님은 우리가 넘어지지 않도록 말씀으로 반석 위에 세우십니다. 말씀으로 기초를 다듬어 주십니다. 진리의 띠를 허리에 묶어 주십니다. 하나님은 우리의 '요새'가 되어 주십니다.

이 땅을 창조하신 주인이신 하나님께서 예수님께 이 땅을 맡겨 주셨습니다. 주님이 중앙청이십니다. 여기가 중요한 기지(요새)입니다. 군대로 말을 하자면 중요한 요지인 것입니다. 우리에게는 광대하신 크고 높으신, 측량할 수 없는 정말로 중요한 요새라는 것입니다. 어떤 적이 찾아올 때 우리가 바위 뒤에 숨듯이 여호와께서 우리를 숨겨 주시고, 어떤 위기가 닥쳐올 때 성령님께서 말씀으로나, 또는 예언자를 통해서 말씀해 주시며, 기도를 통해서 방패가 되어 주십니다.

살전 5:19 "성령을 소멸치 말며"

이 말씀을 꼭 기억하십시오. 성령을 소멸하시면 주님의 음성을 들을 수가 없습니다. 어떤 재앙이 올 때 방패가 되어 주실 수 없습니다.

살전 5:20 "예언을 멸시치 말고"

이 말씀을 꼭 기억하십시오. 예언자들, 그분들을 통해서 하나님께서 말씀하시는 것입니다. 사랑하기 때문에 방패가 되어 주시는 것입니다. 갑자기 나타나는 좋지 않은 일들, 재앙을 막습니다. 의심이 나면 세 사람의 예언을 받아 보십시오. 같으면 하나님께서 말씀하시는 것입니다. 구원의 뿔, 반드시 구원시켜 주신다는 말씀이며, 뿔은 왕권을 상징하기도 하고 높여 주심을 의미하기도 합니다.

'산성'은 하나님께서 임재하시는 교회입니다. 거룩하신 하나님께서 임재하시는 그 성이 산처럼 크고 높아 거대하고 위대하며 광대하신 하나님을 비유로 말씀하셔서, 산성에 거하시는 하나님으로 표현하십니다.

잠 18:10 "여호와의 이름은 견고한 망대라 의인은 그리로 달려가서 안전함을 얻느니라."

해 석 : 여호와는 무너지지 않는 견고한 망대입니다. 그러므로 의인이

그곳으로 달려가서 숨으면 안전함을 얻게 된다는 말입니다. 구원하시기 위하여 하나님께서도 힘써 부지런히 일하십니다. 하나님께서 의의 터를 세우기 위하여 예물을 요구하십니다. 위의 설명을 보시면 예물이 필요한 이유가 이해되실 것입니다.

눅 16:9 **"내가 너희에게 말하노니 불의의 재물로 친구를 사귀라 그리하면 없어질 때에 저희가 영원한 처소로 너희를 영접하리라."**

해 석 : 예수님께서 우리에게 말씀하십니다. 세상의 재물로 예수님을 사귀라고. 사귀라는 게 무슨 뜻입니까? 주님과 연합하여 하늘의 소망을 가지고 많은 사람들이 천국에 갈 수 있도록 협력하라는 것입니다. 그리하면 이 땅을 떠날 때에 주님께서 우리를 영원한 처소로 인도하며 영접하시겠다는 말씀입니다.

마 6:19 **"너희를 위하여 보물을 땅에 쌓아두지 말라 거기는 좀과 동록이 해하며 도적이 구멍을 뚫고 도적질하느니라."**

해 석 : 나를 위하여 재물을 땅에 쌓아 두지 말고 그의 나라와 그의 의를 위하여 쓰라는 것입니다. 이 땅에서 사용할 것은 그때그때 주신다는 것입니다. 땅에 쌓아 두면, 없어지고 썩어질 것에 사용하면 상급도 없다는 것입니다.

요 6:27 **"썩는 양식을 위하여 일하지 말고 영생하도록 있는 양식을 위하여 하라 이 양식은 인자가 너희에게 주리니 인자는 아버지 하나님의 인치신 자니라."**

해 석 : 세상에 살면서 세상이 영원한 것처럼 세상 것만 준비하지 말고, 그 나라가 분명히 있으니 그 나라의 것도 준비하라는 것입니다. 영원한 그 나라를 위해서 영원히 살 수 있도록 준비하라는 메시지입니다. 이것이 썩지 않는 양식입니다. 인자(주님)는 우리에게 말씀을

주셔서 준비하도록 하시겠다는 말씀입니다. 아버지께서는 예수님께 말씀으로 인쳐 주셔서 우리에게 그렇게 하라고 명령하셨습니다.

요 12:50 "나는 그의 명령이 영생인 줄 아노라 그러므로 나의 이르는 것은 내 아버지께서 내게 말씀하신 그대로 이르노라 하시니라."

해 석 : 주님은 아버지의 명령이 영생이라는 것입니다. 말씀대로 해야 그 나라에 들어가서 영생할 수 있습니다. 그러므로 예수님께서 우리에게 일러 주시는 말씀이 내 아버지께서 예수님께 말씀하신 그대로 우리에게 일러 주신다는 것입니다.

마 6:20 "오직 너희를 위하여 보물을 하늘에 쌓아두라 거기는 좀이나 동록이 해하지 못하며 도적이 구멍을 뚫지도 못하고 도적질도 못하느니라."

해 석 : 땅에 쌓아 두면 그냥 날아가 버립니다. 하나님 앞에 심으면 지키시고 보상하십니다.

딤전 6:17 "네가 이 세대에 부한 자들을 명하여 마음을 높이지 말고 정함이 없는 재물에 소망을 두지 말고 오직 우리에게 모든 것을 후히 주사 누리게 하시는 하나님께 두며"

해 석 : 정함이 없는 재물에 소망을 두지 말고, 모든 것을 후히 주시는 전능의 하나님께 소망을 두라고 명령하십니다.

딤전 6:18 "선한 일을 행하고 선한 사업에 부하고 나눠 주기를 좋아하며 동정하는 자가 되게 하라."

해 석 : 선한 일을 행해야 합니다. 마태복음 19장 17절에, "예수께서 가라사대 어찌하여 선한 일을 내게 묻느냐 선한 이는 오직 한 분이시니라 네가 생명에 들어가려면 계명들을 지키라"고 하셨습니다. 아버지의 말씀대로 하는 것이 선한 일입니다. 사람은 탐심이 가득합니다. 하나

님께서 십계명의 선을 넘지 말라 하셨는데 항상 탐심 때문에 선을 넘습니다. 나눠 주기를 좋아하는 것이 선한 사업이고 부하게 되는 것입니다. 이 선한 사업에 항상 동참하는 자가 되게 하라는 것입니다.

딤전 6:19 **"이것이 장래에 자기를 위하여 좋은 터를 쌓아 참된 생명을 취하는 것이니라."**

해 석 : 선한 사업이 장래에 자기를 위하여 좋은 터, 영생의 터를 쌓아 생명을 얻는 것이 되며, 생명의 면류관을 선물로 받는 것입니다.

사 5:8 **"가옥에 가옥을 연하며 전토에 전토를 더하여 빈틈이 없도록 하고 이 땅 가운데서 홀로 거하려 하는 그들은 화 있을진저."**

해 석 : 선한 사업에는 힘쓰지 않고 집을 사고 또 사고, 땅을 사고 또 사고 빈틈이 없도록 사서, 이 땅 가운데 홀로 살려고 하는 자들은 화가 있다는 것입니다. 하나님께서 재물을 주실 때는 어려운 자들을 도우라고 주시는데, 형제나 이웃을 돌보지 않는 이런 자들은 화가 있다는 것입니다. 세상에 불의한 재물을 가지고 친구(예수님)를 사귀면, 그 재물이 하나님 앞에 예물이 되어 선한 사업에 나눠 주는 자가 되어, 여러분들의 가정에 복이 가득히 넘치도록 채워지게 될 것입니다. 우리 모두가 선한 사업에 동참하는 자가 됩시다.

'오병이어', '칠병이어'는 예물입니다. 주님이 이 예물을 우리에게 요구하시는 이유는 구원의 방주, 선한 사업에 쓰시기 위해서입니다. 하나님의 기업에 귀한 옥합을 깨뜨려 힘껏 드립시다.

막 14:3 **"예수께서 베다니 문둥이 시몬의 집에서 식사하실 때에 한 여자가 매우 값진 향유 곧 순전한 나드 한 옥합을 가지고 와서 그 옥합을 깨뜨리고 예수의 머리에 부으니"**

해 석 : 귀한 옥합을 깨뜨려 예수님의 머리에 부었다는 것은 자기의 제

일 돈 가치가 나가는 귀한 것을 팔아서, 예수님께서 복음 전하러 다니실 때 사용했다는 것입니다. 향유를 머리에 부은 것은 향유는 '말씀'입니다. 예수님께서 우리의 머리에 말씀을 부을 때, 우리 모두가 그 말씀을 듣고 정직하게 행동으로 나타날 때, 그것이 아름다운 향기가 아니겠습니까. 우리 그리스도인은 교회 안에 꽃향기가 가득해야 되며, 세상에 나가서도 세상 사람들이 향기를 마음껏 취할 수 있도록 노력해야 될 것입니다.

눅 7:37 **"그 동네에 죄인인 한 여자가 있어 예수께서 바리새인의 집에 앉으셨음을 알고 향유 담은 옥합을 가지고 와서"**

해 석 : 한 여자는 일곱 귀신이 들린 막달라 마리아입니다. 바리새인의 집에 예수님이 계신 것을 알고 옥합을 드리려고 찾아온 것입니다. 이것도 예물입니다.

눅 7:38 **"예수의 뒤로 그 발 곁에 서서 울며 눈물로 그 발을 적시고 자기 머리털로 씻고 그 발에 입 맞추고 향유를 부으니"**

해 석 : 마리아가 예수님 뒤, 발 곁에 서서 울며 눈물로 발을 적셨다는 것은, 예수님께서 복음 전하러 다니실 때에 기도로 눈물 흘리며 협력했다는 것입니다. 자기 머리에 든 지혜가 복음을 전하러 다니시는 예수님의 발에 입을 맞추게 한 것입니다. 협력하며 기도하며 예수님의 머리 위에 향유를 붓게 했다는 것입니다. 이것도 예물입니다. 우리도 안 믿는 이방인의 머리 위에 향유를 많이 부어서 그들도 하나님 앞에 향기가 되도록 힘써 살구꽃을 피워 봅시다. 하나님께서는 우리의 모든 것을 아시고 갚아 주시며 축복하십니다. 즐거운 마음으로 기쁘게 드립시다.

28.
살구꽃

살구꽃은 봄에 피는데 색깔이 불그스레하며 다섯 꽃잎이 핍니다. 봄을 상징하는 우리나라의 대표적인 꽃이기도 합니다. 음력 2-3월경에 우아한 담홍색의 꽃을 피워 본격적인 봄이 온 것을 제일 먼저 알리는 꽃으로 부지런함을 상징하기도 합니다. 다섯 꽃잎은 축복의 숫자를 의미합니다.

살구꽃은 우리나라에서도 사랑받는 꽃입니다. 살구꽃은 관문에 등용하는 상징적인 의미를 가진 꽃으로 알려져 있습니다. 실제로 과거에 사람들은 살구꽃을 급제꽃이라고 부르기도 했습니다. 옛날에는 급제 시험을 매년 음력 2월에 실시했다고 합니다. 그 이유는 살구꽃이 피는 그 달에 시험을 본 것입니다. 한마디로 정리를 하자면, 부지런해야 꽃을 피울 수 있고 축복을 받을 수 있다는 것입니다. 과거의 급제도 부지런히 공부해야 합격하며 꽃을 피우고, 축복의 대가가 있다는 의미를 가지고 우리에게 좋은 교훈을 주는 꽃이기도 합니다. 하나님께서 예레미야에게 보여 주시는 것이 있었습니다. 한번 살펴보겠습니다.

렘 1:11 **"여호와의 말씀이 또 내게 임하니라 이르시되 예레미야야 네가 무엇을 보느냐 대답하되 내가 살구나무 가지를 보나이다."**

해 석 : 하나님께서 말씀으로 예레미야에게 임하시면서 물으십니다. '네가 무엇을 보고 있느냐?' 예레미야가 대답합니다. '살구나무 가지를

보나이다.'

렘 1:12 "여호와께서 내게 이르시되 네가 잘 보았도다 이는 내가 내 말을 지켜 그대로 이루려 함이니라."

해 석 : 하나님께서 예레미야에게 말씀하십니다. '네가 잘 보았도다. 이 일이 내가 말한 대로 지키며 그대로 이루어질 것이다.'라고 말씀하십니다. 예레미야가 하나님의 일을 부지런히 해서 살구꽃을 피우게 될 것이며, 하나님의 계획대로 이루게 될 것이라고 미리 보여 주시고 말씀하십니다. 그 길을 준비하고 달려가라는 것입니다.

암 3:7 "주 여호와께서는 자기의 비밀을 그 종 선지자들에게 보이지 아니하시고는 결코 행하심이 없으시리라."

해 석 : 하나님께서 하시고자 하시는 일들을 종들에게 반드시 보이시고 행하신다는 것입니다. 준비하고 그 일을 위하여 기도하고 주님의 선한 뜻을 이루어 나아가라는 것입니다. 예레미야에게도 동일한 뜻을 이루기 위하여 보여 주셨습니다. 예레미야를 쓰시기 위하여 미리 계획하시고 준비하셨음을 성경을 통해서 알 수 있고 우리도 마찬가지입니다.

렘 1:5 "내가 너를 복중에 짓기 전에 너를 알았고 네가 태에서 나오기 전에 너를 구별하였고 너를 열방의 선지자로 세웠노라 하시기로"

해 석 : 하나님께서 말씀하시기를, 예레미야에게 '네 어머니 뱃속에서 네가 생기기 전에 미리 계획이 있었다.'는 것입니다. 즉 우리가 태어나기 전에 구별을 해서 여러 나라를 향해 선교할 수 있도록 계획을 세웠었노라고 말씀하셨다는 것입니다.

성실하고 부지런한 믿음의 사람을 소개해 볼까요? 야곱을 소개하겠습니다. 모든 분들이 야곱이 도둑이고 나쁜 사람으로 봅니다. 그러나 그렇지 않습니다. 하나님의 율법을 순종치 않음으로 에서가 야곱에게 장자권과 축복을 빼앗기게 되었습니다. 말씀을 확인해 보겠습니다.

욥 12:16 **"능력과 지혜가 그에게 있고 속은 자와 속이는 자가 다 그에게 속하였으므로"**

해 석 : 능력과 지혜가 하나님께 있고, 속은 에서도 속이는 야곱도 하나님께 속하였음을 말씀하고 계십니다.

사 42:24 **"야곱으로 탈취를 당케 하신 자가 누구냐 이스라엘을 도적에게 붙이신 자가 누구냐 여호와가 아니시냐 우리가 그에게 범죄하였도다 백성들이 그 길로 행치 아니하며 그 율법을 순종치 아니하였도다."**

해 석 : 야곱이 에서의 장자권과 축복을 빼앗았습니다. 그렇게 빼앗기게 한 자가 누구냐는 것입니다. 야곱을 도둑으로 만든 자가 누구냐는 것입니다. 여호와가 아니시냐고 우리에게 묻고 고백하시고 계십니다. 야곱은 성실하고 부지런해서 하나님의 사랑을 받았습니다. 그는 신앙의 버드나무가 되어 많은 후대들이 그 밑에서 쉼을 얻고 복을 받았습니다. 야곱이 복을 받은 증거를 찾아볼까요?

말 1:2-3 **"내가 야곱을 사랑하였고 에서는 미워하였으며"**

창 30:37 **"야곱이 버드나무와 살구나무와 신풍나무의 푸른 가지를 취하여 그것들의 껍질을 벗겨 흰 무늬를 내고"**

해 석 : 야곱이 얼마나 성실했는지 위의 말씀 속에 다 담겨져 있습니다. 하나님께서는 나무를 통해서도 교훈을 주십니다. 사람을 나무로 비유하십니다. 열매를 기다리시기 때문입니다. 첫째, 야곱은 부지런

했습니다. 살구나무는 부지런함을 의미하며 신풍나무는 정직함을 나타냅니다. 부지런함과 정직함이 연합하여 큰 버드나무가 되었습니다. 버드나무는 그 밑에 사람들이 가서 편히 쉴 수 있는 그런 나무입니다. 푸른 가지를 취한 것은 잠언 11장 28절에 보시면, 의인은 푸른 잎사귀 같아서 번성하리라고 말씀하십니다.

하나님께서는 푸른 가지를 취한 것은 증거로 삼고 복주기 위해서입니다. 흰 무늬는 공의를 나타냅니다. 야곱과 삼촌 라반 사이를 공의의 저울로 달아서 행한 대로 갚아 주시는 것입니다. 야곱은 성실했고 부지런했기 때문에 하나님께서 보시고 야곱의 삼촌 라반 사이에 품삯을 정하게 했습니다. 야곱이 성실했기 때문에 실한 양을 주고, 라반은 성실하지 못하므로 약한 양을 주셨더라는 것입니다.

창 30:38 **"그 껍질 벗긴 가지를 양떼가 와서 먹는 개천의 물구유에 세워 양떼에 향하게 하매 그 떼가 물을 먹으러 올 때에 새끼를 배니"**

해 석 : '그 껍질 벗긴 가지를 양떼가 와서 먹는 개천의 물구유에 세워 양떼에 향하게 하매, 물을 먹으러 와서 새끼를 배니'라고 말씀하고 계십니다.

야곱의 나무를 확인해 보겠습니다. 버드나무는 성실의 거목 나무이며 살구나무는 부지런한 나무이며 신풍나무는 정직한 나무입니다. 이 나무들의 푸른 가지를 취한 것은 신앙의 나무가 건강하고 성실한 것을 의미합니다. 신풍나무는 가지가 없으며 25-38미터까지 자랍니다(플라타너스의 일종).

껍질 벗긴 가지를 양떼에게 향하게 하신 것은 성실한 것이 나무의 껍질이 증거가 되어 이것이 흰 무늬, 공의로 나타나 실한 양을 주셨다고 말씀하십니다.

라반 삼촌 집에서 양을 키울 때 성실히 일을 해서 양떼가 많아졌는데도 불구하고, 부하게 되었는데도 보수를 주지 않았기 때문에 하나님께서 그 보수를 찾아 주시기 위해 성실한 나무의 껍질을 양에게 향하게 하셨습니다. 성실의 증거가 확실하여 품삯으로 받는 새끼양을 얼룩얼룩한 것과 점이 있고 아롱진 것을 많이 주시고 실한 양을 주셨다는 것입니다. 야곱은 성실하고 부지런한 하나님의 사람이었습니다.

창 30:41 **"실한 양이 새끼 밸 때에는 야곱이 개천에다가 양떼의 눈앞에 그 가지를 두어 양으로 그 가지 곁에서 새끼를 배게 하고"**

해 석 : 실한 양이 새끼를 밸 때에는 야곱의 양떼 눈앞에 가지를 두었다고 말씀하고 계십니다. 왜 그렇게 하셨을까요? 그 이유는 '야곱의 성실한 나뭇가지', 즉 야곱의 성실한 모습을 보고 하나님께서 야곱의 양떼에게 축복을 주시려고 눈길을 그쪽으로 돌리신 것입니다. 야곱이 성실했기 때문에 밀린 봉급을 하나님께서 다 찾아 주셨습니다. '보수', 품삯을 넉넉하고 풍부하게 찾아 주셨음을 우리는 기억하며 우리도 성실함으로 식물을 삼읍시다.

시 37:3 **"여호와를 의뢰하여 선을 행하라 땅에 거하여 그의 성실로 식물을 삼을지어다."**

해 석 : 하나님을 항상 의지하고 말씀을 믿고 신뢰하라, 그리고 착한 일을 행하라, 정직함으로 식물을 삼으라는 말씀입니다.

창 30:43 **"이에 그 사람이 심히 풍부하여 양떼와 노비와 약대와 나귀가 많았더라."**

해 석 : 위의 말씀과 같이 야곱이 성실하게 살았기 때문에 심히 풍부하

여, 양떼와 노비와 약대와 나귀가 많았더라는 것입니다.

사 27:6 "후일에는 야곱의 뿌리가 박히며 이스라엘의 움이 돋고 꽃이 필 것이라 그들이 그 결실로 지면에 채우리로다."

해 석 : 야곱처럼 성실한 나무가 나중에 뿌리가 박히며 나무에 움이 돋고 꽃이 피며, 야곱이 그 결실로 지면에 편만해진다는 것입니다. 우리들도 버드나무와 살구나무와 신풍나무가 됩시다. 그러면 지면이 결실로 채워질 것입니다. 주님께서 기뻐하시는 나무가 됩시다. 아론의 싹 난 지팡이를 확인해 보겠습니다.

민 17:6 "모세가 이스라엘 자손에게 고하매 그 족장들이 각기 종족대로 지팡이 하나씩 그에게 주었으니 그 지팡이 합이 열둘이라 그중에 아론의 지팡이가 있었더라."

해 석 : 모세가 이스라엘 자손에게 고한 것은 종족대로 족장들에게 지팡이를 하나씩 가져오라고 했다는 것입니다. 가져온 지팡이가 모두 열둘이라는 것입니다. 그 중에 아론의 지팡이가 있었다고 소개합니다. 이 지팡이를 어떻게 하셨을까요?

민 17:4 "그 지팡이를 회막 안에서 내가 너희와 만나는 곳인 증거궤 앞에 두라."

해 석 : 그 지팡이(열두 지파)를 교회 안에서 하나님과 만나는 곳인 증거궤 앞에 두라는 것입니다.

민 17:7 "모세가 그 지팡이들을 증거의 장막 안 여호와 앞에 두었더라."

해 석 : 모세가 하나님께서 명령하신 그대로 그 지팡이들을 증거의 장막 안 여호와 앞에 두었더라고 했습니다.

민 17:8 **"이튿날 모세가 증거의 장막에 들어가 본즉 레위 집을 위하여 낸 아론의 지팡이에 움이 돋고 순이 나고 꽃이 피어서 살구 열매가 열렸더라."**

해 석 : 아론의 나무가 움이 돋고 순이 나고 꽃이 피어서 살구 열매가 열렸다는 것은, 아론이 하나님 앞에 부지런히 열심히 일을 해서 하나님의 기업에 열매를 많이 거두었다는 말씀입니다. 하나님 앞에 충성된 종이라는 것입니다.

잠 25:13 **"충성된 사자는 그를 보낸 이에게 마치 추수하는 날에 얼음냉수 같아서 능히 그 주인의 마음을 시원케 하느니라."**

해 석 : 충성된 사자는 이런 자라는 것입니다. 추수할 때 일하면 덥고 목이 마릅니다. 그럴 때에 얼음냉수를 갖다 주어 마시면 시원함같이, 그런 종이 되었으면 하는 주님의 바람입니다. 우리 모두가 이런 종이 되어지길 노력합시다. 이스라엘 열두 지파 중에 아론의 지팡이만 싹이 나고 꽃이 피고 살구꽃이 피며 열매를 맺었다는 것입니다. 우리도 아론의 모습을 본받아야 하겠습니다.

목회자께서 얼마나 하나님 앞에 열심히 일을 하셨는가를 하나님께서는 다 아십니다. 열두 지파 중 아론의 지팡이만 살구꽃이 피고 열매를 맺었다고 소개하시는 이유는 우리도 본을 받으라는 것입니다. 힘껏 노력해 봅시다.

고전 15:40 **"하늘에 속한 형체도 있고 땅에 속한 형체도 있으나 하늘에 속한 자의 영광이 따로 있고 땅에 속한 자의 영광이 따로 있으니"**

해 석 : 하늘의 속한 자는 영의 사람이요, 땅에 속한 자는 육의 사람이라는 것입니다. 영의 사람은 열매가 있지만 육의 사람은 열매가 없

습니다. 사역자분 중에도 이런 분이 있다는 것을 열두 지파를 바라보면서 알 수 있습니다. 하늘에 속한 자가 되도록 노력합시다. 육의 사람은 흙에 녹명(錄名)됩니다. 두려워합시다.

고전 15:41 **"해의 영광도 다르며 달의 영광도 다르며 별의 영광도 다른데 별과 별의 영광이 다르도다."**

해 석 : 이 말씀은 위에서 말씀드린 것같이, 열두 지파 중에 꽃을 피운 목회자와 꽃을 피우지 못한 목회자의 영광이 같을 수 없다는 것입니다.

해 · 달 · 별, 이것은 영적 수준을 의미합니다. 영광이 다르다는 것입니다. 해가 하나님이라면 달은 예수님, 별은 주의 종들, 즉 목회자들을 의미하기도 합니다. 또한 별과 별들의 영광이 다르다고 말씀하고 계십니다.

같은 목회자라도 일한 대로 영광이 다르다고 말씀하고 있습니다.

예수 믿는 우리 모두는 영적 단계와 수준이 있습니다. 그러나 우리 모두는 왕 같은 제사장입니다. 주님께서 우리를 쓸모 있다고 불러 주셨으니 감사한 마음으로 열심을 다해 살구꽃을 피워 열매를 많이 맺도록 노력합시다. 할렐루야!

벧전 2:9 **"오직 너희는 택하신 족속이요 왕 같은 제사장들이요 거룩한 나라요 그의 소유된 백성이니 이는 너희를 어두운 데서 불러내어 그의 기이한 빛에 들어가게 하신 자의 아름다운 덕을 선전하게 하려 하심이라."**

해 석 : 너희는 내가 택한 자요, 너희를 왕처럼 대우해 주는 주님의 종으로 부름받은 자들이요, 깨끗하고 경건한 백성을 만들어 나 여호와가 거룩하니 너희들도 거룩하게 만들어 나의 소유가 되게 하고,

신기하고 오묘한 신께서 우리를 어두운 데서 불러내어 빛(말씀)으로 인도하며, 이 아름다운 말씀을 선전(전파)하기 위하여 우리를 불러 주셨고 자녀 삼아 주셨음을 고백하십니다. 그리고 여호와를 자랑하라는 것입니다. 그 목적이 제사장(사역자)으로 불러 주셨고 우리가 이 뜻을 알고 열심히 이루어 나아가라는 것입니다.

사 62:1 **"나는 시온의 공의가 빛같이, 예루살렘의 구원이 횃불같이 나타나도록 시온을 위하여 잠잠하지 아니하며 예루살렘을 위하여 쉬지 아니할 것인즉"**

해 석 : 하나님께서 말씀하십니다. 하늘의 시온의 법을 이 땅에서 말씀대로 하는 예루살렘 교회에 들어가셔서 거기에 거처하시면서, 구원의 횃불이 나타나도록 그 제단을 위하여 잠잠하지 않으시고, 그 제단을 위하여 쉬지 않고 열심히 도우시겠다고 말씀하십니다.

시 121:3 **"여호와께서 너로 실족지 않게 하시며 너를 지키시는 자가 졸지 아니하시리로다."**

해 석 : 하나님께서는 우리를 늘 지키십니다. 우리가 주님의 일을 하기 때문에 실족하지 않도록 졸지도 아니하시고 주무시지도 아니하시고 열심히 이루십니다. 힘을 냅시다. 하나님께서도 부지런히 열심히 일하십니다. 살구꽃을 피우십니다. 우리도 열심히 노력합시다. 하나님의 권능을 보여 드릴까요?

시 18:1 **"나의 힘이 되신 여호와여 내가 주를 사랑하나이다."**

해 석 : 시편 기자 다윗은 여호와가 나의 힘이라서 사랑한다고 고백합니다.

시 18:2 **"여호와는 나의 반석이시요 나의 요새시요 나를 건지시는**

자시요 나의 하나님이시요 나의 피할 바위시요 나의 방패시요 나의 구원의 뿔이시요 나의 산성이시로다."

해 석 : 하나님께서는 나를 넘어지지 않도록 말씀의 반석 위에 세우시는 자시요, 만물을 다스리시고 생명과 사망과 복과 화를 주관하시는 우리에게는 중요한 전능한 요새의 하나님이시요, 우리 모든 자들이 기가 막힐 웅덩이와 수렁에서 빠졌을 때 건지시는 자시요, 한 분밖에 안 계시는 유일하신 하나님이시요, 우리가 어려움을 당했을 때 바위 뒤에 숨기시는 하나님이시요, 위기가 왔을 때 막아 주시는 방패의 하나님이시요, 우리를 우묵한 구덩이에서 구해 내시는 하나님이시요, 만왕의 왕 여호와 하나님은 한 분밖에 안 계시는 나의 구원의 뿔이라는 것입니다. 하나님의 모습을 상상해 본다면 우리가 어떤 것도 비교할 수 없는 큰 하나님이십니다. 측량할 수 없는 높고 깊은 광대하신 하나님이십니다. 그래서 시편 기자는 '하나님은 나의 산성'이라고 고백하십니다.

하나님은 광대하시고 전능하시기 때문에 높이 쌓은 큰 성에 비유하여 하나님은 산성이시라고 다윗은 고백합니다. 크신 하나님을 산성이라 표현하고 있습니다. 이렇게 힘이 있고 권능의 하나님을 아는 것이 우리의 큰 상급이요 선물입니다. 힘껏 의지하고 신뢰하며 따라갑시다. 그리고 기도하며 많은 열매를 맺어 봅시다. 할렐루야!

왜 주님이 살구꽃을 말씀하실까요? 부지런 일하라는 것입니다. 게으르지 말라는 것입니다. 지금 이 시대가 게으르고 안일한 시대로 흘러들어가고 있습니다.

전 12:6 **"은줄이 풀리고 금 그릇이 깨어지고 항아리가 샘 곁에서 깨어지고 바퀴가 우물 위에서 깨어지고"**

해 석 : 말씀에 관심도 없고 알려고 하는 자도 없고, 그러니 믿음의 그릇이 깨어지고 항아리에 영생의 물을 담아 가야 하는데, 샘(교회)에서 깨어진 항아리라서 담을 수 없는 형편으로 흘러가고 있습니다. 바퀴가 깨어졌으니 물 길러 샘터에 올 수가 없습니다. 마태복음 4장 3, 5, 6절이 생각납니다. 예수님께서 광야의 시험을 받으실 때 우리에게 부탁하시는 말씀이 '너희는 반드시 이 세 가지를 조심하라.'는 것이었습니다. 첫째는 아무리 먹고 살기가 힘들어도 떡덩이를 돌덩이처럼 악을 주워 먹지 말라는 것입니다. 둘째는 세상으로 뛰어내리지 말라는 것입니다. 셋째는 하나님만 경배하라는 것입니다. 지금 세상에서 발병이 나서 바퀴가 깨어져 물 길러 샘터로 나아갈 수 없다고 표현하고 있습니다.

요한복음 2장 6절에 보시면, 깨지지 않는 돌항아리를 찾아서 물을 채우라고 하신 이유가 바로 이것입니다. 말씀을 채우다 어떤 환난이나 핍박이 찾아오면 물동이를 내던지고 세상으로 가는 자가 있습니다. 인내가 없으면 어찌 일을 할 수 있을까요? 그래서 주님은 두세 통 드는 항아리를 고르라고 또 하인들에게 부탁하십니다.

'두 통', 즉 주님과 연합하며, '세 통', '성부 · 성자 · 성령님'을 의지하는 자를 골라서 말씀을 채우라는 명령을 하십니다. 그래서 우리는 엘림나무 밑 열두 샘물 곁에 장막을 치라는 것입니다(출 15:27). 엘림은 큰 나무요 거목입니다. 열둘(12)의 '1'은 절대자 만왕의 왕이신 유일하신 하나님, '2'는 주님과 연합을 의미하며, 성자 예수님은 성령님의 지시를 받기 때문에 주님과 항상 동행하라는 것입니다. '12'라는 숫자는 성령의 숫자입니다. 이 숫자를 잊지 말라는 것입니다. 성령의 샘물을 마시면 큰 신앙의 거목나무 엘림의 나무가 되어, 많은 사람들이 그 밑에 와서 쉼을 얻을 수 있다는 것입니다.

이스라엘 백성들이 말씀이 없으니 법을 몰라 자기 멋대로 살다가 포로 생활에 들어가, 4백 년 종살이한 것이 증표가 되어 성경에 기록되어 있는 것을 우리가 보고 있습니다. 이스라엘 백성이 부르짖는 기도를 들으시고 모세를 태어나게 하셔서 애굽 바다에 빠진 이스라엘 백성을 모세를 통해 건지므로, 이름이 '물에서 건져 냈다' 하여 '모세'라고 부른다고 설명하고 있습니다.

예수님이 엘림의 열두 샘물입니다. 그 밑에 와서 얼마나 많은 세계 민족들이 쉼을 얻는지 현재 보는 바가 아니겠습니까. 예수님께서 인류 모든 사람들에게 내게 와서 내 십자가 그늘 밑에 쉬라고 광고하셨습니다. 그리고 외치고 다니셨습니다. 확인해 볼까요.

마 11:28 **"수고하고 무거운 짐진 자들아 다 내게로 오라 내가 너희를 쉬게 하리라."**

해 석 : 우리는 인생길을 가는 동안 무거운 짐들을 지고 있습니다. 전문가이신 주님께 이 짐을 맡기고 따라가야 합니다. 길을 잘못 가면 험난합니다. 주님을 따라가면 평안한 길로 가게 될 것입니다. 하나님께서 주님을 통해 주신 말씀을 따라가면 쉼을 얻을 것입니다.

애굽에서 마라의 쓴물을 마시던 그들을, 모세를 통해 단물을 주시기 위하여 애굽을 탈출시킵니다. 애굽에 있으면 단물을 마실 수 없습니다. 하나님을 경외할 수 없고 바로의 말을 들어야 하기 때문에 떠나야 하는 것입니다. 축복의 땅 가나안으로 가는 여정 동안 어려움을 참지 못해 불평하다가 불뱀에게 물려 죽는 일이 생기게 됩니다. 축복의 땅으로 인도하시는데 참지 못하여 불평하다가 죽게 됩니다.

약 5:9 **"형제들아 서로 원망하지 말라 그리하여야 심판을 면하리라 보라 심판자가 문 밖에 서 계시니라."**

해 석 : 하나님께서는 항상 우리를 진리의 길로 인도하십니다. 잠시 불편하다고 원망해서는 안 된다고 말씀하십니다. 바른길로 인도하시기 위하여 독생자 아들을 보내셨습니다. 그 아들이 피 흘리신 것이 어찌 작은 일입니까?

생명이 있는 곳, 생수에 단물을 마실 수 있도록 인도하시는 것입니다. 하나님께서 바르게 인도하시는데 불평하지 말라는 것입니다. 불평할 때 반드시 심판하시겠다는 언약이 기록되어 있습니다.

잠 19:29 **"심판은 거만한 자를 위하여 예비된 것이요 채찍은 어리석은 자의 등을 위하여 예비된 것이니라."**

해 석 : 거만하고 어리석은 자는 심판이 기다리고 있습니다. 조심합시다.

잠 25:28 **"자기의 마음을 제어하지 아니하는 자는 성읍이 무너지고 성벽이 없는 것 같으니라."**

해 석 : 우리는 성령의 힘으로 마음을 제어해야 합니다. 마음의 성전이 무너지지 않도록 마음을 제어하지 못해 이스라엘 백성이 불평하다가 광야에서 많이 엎드러졌습니다. 우리도 이런 모습을 성경을 통해 보면서 삼가 조심해야 하겠습니다.

잠 23:19 **"내 아들아 너는 듣고 지혜를 얻어 네 마음을 정로로 인도할지니라."**

해 석 : 선지자의 말을 잘 듣고 지혜를 얻어 네 마음을 정로의 길, 바른길로 가도록 노력하라는 것입니다. 엘림으로 인도하는 목적이 바로 이것이었습니다. 하나님께서는 우리가 살구꽃의 등대가 되길 원하십니다.

주님의 일을 부지런히 열심히 노력해서 살구꽃을 피우며, 우리가 주님의 말씀을 받아 마음이 어두운 영혼들에게 빛을 비추는 등대가 되어지길 소망합니다. 그래서 하나님께서는 모세에게 살구꽃 등대를 만들어 강대상 위 좌우에 세 개씩 놓으라고 말씀하십니다.

출 25:31 **"너는 정금으로 등대를 쳐서 만들되 그 밑판과 줄기와 잔과 꽃받침과 꽃을 한 덩이로 연하게 하고"**

해 석 : 하나님께서 모세에게 좋은 금으로 등대를 만들라고 명령하십니다. 그리고 말씀하신 식양대로 그 모양은 살구꽃 등대를 만드실 계획이십니다.

출 25:32 **"가지 여섯을 등대 곁에서 나오게 하되 그 세 가지는 이편으로 나오고 그 세 가지는 저편으로 나오게 하며"**

해 석 : 하나님의 목적은 살구꽃 등대를 만드시는 것입니다. 그래서 그 모양을 어떻게 하라고 지시하고 계십니다. 가지 여섯은 사람을 의미합니다. 결국은 우리가 살구나무의 꽃을 보면서 우리가 본을 받으라고 교훈하시는 메시지입니다. 우리가 하나님의 일을 열심히 하여 부지런히 꽃을 피우라는 것입니다. 좌우로 세 가지씩 등대를 만들어 이 등잔이 성도들을 비추는 것처럼, 우리 자신들이 살구꽃의 등불이 되어 어두운 세상을 향해 비추라는 것입니다.

출 25:33 **"이편 가지에 살구꽃 형상의 잔 셋과 꽃받침과 꽃이 있게 하고 저편 가지에도 살구꽃 형상의 잔 셋과 꽃받침과 꽃이 있게 하여 등대에서 나온 여섯 가지를 같게 할지며"**

해 석 : 강단 좌편의 가지에 살구꽃 형상을 셋을 만들고 우편에 가지에 살구꽃 셋을 만들어, 등대에서 나온 가지가 여섯 개가 되게 하되 똑같이 만들라고 명령하십니다. 이렇게 만들라고 하는 이유는 무엇일까요?

교회의 주인은 주님이십니다. 주님은 하나님의 명령을 받고 이 땅에 오셔서 교회를 세우셨습니다. 주님은 살구꽃이기도 합니다. 주님은 3년 공생애 동안 낮에는 전도하시고 가르치시며, 밤과 새벽에 기도하시고 쉴 틈 없이 부지런히 살구꽃을 피우며 열매를 맺었습니다. 우리도 살구나무의 꽃을 피우라는 것입니다. 여섯 가지는 사람을 의미합니다. 강단의 살구나무의 꽃을 바라보면서 너희들도 하나님의 일을 게으르지 말고 열심을 품고 주를 섬기라는 것입니다. 세월을 아끼고, 아무 낙이 없다 하기 전에 창조자를 기억하며 살구꽃을 바라보면서 교훈을 얻고, 우리 자신이 이 살구꽃 등대처럼 되어 모든 이에게 본이 되라는 것입니다. 그리고 비추라는 것입니다.

출 25:37 **"등잔 일곱을 만들어 그 위에 두어 앞을 비추게 하며"**

해 석 : 살구꽃 형상 등잔을 일곱 개 만들어 강단 위에 두어 하나님의 백성을 향해 비추게 하라는 것입니다. 일곱은 완전히 비추게 하라는 것입니다.

출 25:40 **"너는 삼가 이 산에서 네게 보인 식양대로 할지니라."**

해 석 : 하나님께서 모세에게 시내산에서 말씀하신 그대로 삼가 조심하며, 내가 부탁한 그 모양대로 하라는 것입니다. 결국은 살구나무 등대의 꽃을 통해 우리에게 교훈을 주시고, 우리가 이 꽃을 본받아 삶 속에서 부지런히 열심히 열매를 맺으라는 것입니다.

KING OF KINGS

29.
세 례

갈 3:27 **"누구든지 그리스도와 합하여 세례를 받은 자는 그리스도로 옷 입었느니라."**

말씀의 물로 죄를 씻어 하나님 앞에 예를 갖추는 것입니다. 진리의 말씀 옷, 세마포의 옷(예복)을 입고 예배를 드리는 것입니다.

벧전 3:21 **"물은 예수 그리스도의 부활하심으로 말미암아 이제 너희를 구원하는 표니 곧 세례라 육체의 더러운 것을 제하여 버림이 아니요 오직 선한 양심이 하나님을 향하여 찾아가는 것이라."**

해 석 : 물은 말씀입니다. 이 말씀은 하나님과 우리 사이에 중보 역할을 하신 예수 그리스도의 부활로 말미암아 온 것입니다. 바로 이것이 구원의 표입니다. 이것이 곧 세례라는 것입니다. 말씀으로 죄를 씻어야 하는 것이 세례입니다. 성찬식을 거행할 때도 물로 손세례를 받은 자가 아니라, 영의 말씀으로 마음의 세례를 받은 자가 성찬을 받는 것이 합당하다는 것입니다.

겔 36:25 **"맑은 물로 너희에게 뿌려서 너희로 정결케 하되 곧 너희 모든 더러운 것에서와 모든 우상을 섬김에서 너희를 정결케 할 것이며"**

해 석 : 맑은 물이 말씀입니다. 우리에게 뿌려서 우리를 깨끗하게 하신

다는 것입니다. 세상에서 우상을 섬기고 더러운 우리의 죄악에서 건져 깨끗이 씻어 주시는 것이 세례입니다. 주님께 감사합시다.

겔 36:26 **"또 새 영을 너희 속에 두고 새 마음을 너희에게 주되 너희 육신에서 굳은 마음을 제하고 부드러운 마음을 줄 것이며"**

해 석 : 주님의 영을 우리 안에 두고 그 영이 우리에게 새 마음을 주시고, 육신의 찌꺼기들을 걸러 내어 부드러운 온유한 마음과 겸손한 마음과 착한 마음을 주신다는 것입니다.

겔 36:27 **"또 내 신을 너희 속에 두어 너희로 내 율례를 행하게 하리니 너희가 내 규례를 지켜 행할지라."**

해 석 : 성령님을 우리 속에 두어 우리가 하나님의 법을 지키게 하신다는 것입니다. 우리에게 향하여 하신 말씀, '내 규례를 지켜 행하라'고 명령하십니다.

겔 36:28 **"내가 너희 열조에게 준 땅에 너희가 거하여 내 백성이 되고 나는 너희 하나님이 되리라."**

해 석 : 하나님께서 우리 열조(조상)에게 주신 땅에서 우리가 거하면서 하나님의 백성이 되고, 하나님은 우리 하나님이 되신다는 말씀입니다. 성령님은 거룩하신 신이십니다. 깨끗한 데에만 임재하십니다. 우리의 몸이 하나님의 성전이라 말씀하십니다.

고전 3:16 **"너희가 하나님의 성전인 것과 하나님의 성령이 너희 안에 거하시는 것을 알지 못하느뇨"**

해 석 : 우리의 몸은 하나님의 성전이며, 하나님의 성령이 우리의 마음 안에 계신다는 것입니다. 그렇기 때문에 깨끗이 하라는 것입니다. 증거궤를 생각해 보겠습니다.

출 25:16 **"내가 네게 줄 증거판을 궤 속에 둘지며"**

해 석 : 하나님께서 모세에게 줄 증거판(십계명)을 나무곽을 짜서 보관하라는 것입니다. 이런 것과 같이 증거판(십계명)의 말씀을 마음에 보관한다면, 우리의 육체는 말씀을 담는 나무의 그릇이 되는 것입니다.

출 25:10 **"그들은 조각목으로 궤를 짓되"**

해 석 : 하나님께서 모세에게 증거궤를 조각목(가시나무)으로 만들라고 명령하셔서 그들이 조각목으로 궤를 만들었습니다. 왜 가시나무로 만들라고 했는지, 그 이유를 알아볼까요?

잠 26:9 **"미련한 자의 입의 잠언은 술 취한 자의 손에 든 가시나무 같으니라."**

해 석 : 미련한 자의 입을, 술 취한 자에게 가시나무를 들려준 자로 비유하십니다. 이런 자들은 남도 찌르고 자기도 찌릅니다. 결국 인생은 가시나무라는 것입니다. 우리가 조각나무면 그 안에 증거판이 들어 있어 우리를 인도하며, 그 말씀 칼로 가시인 우리를 조각하여 깎는 작업을 해 나가시는 것입니다. 그래서 우리의 몸이 하나님의 성전인 것입니다.

어떤 모양으로 조각할까요? 하나님의 형상, 바로 주님의 형상으로 만들어 가십니다.

출 30:1 **"너는 분향할 단을 만들지니 곧 조각목으로 만들되"**

해 석 : 하나님께서 모세에게, 하나님의 성전을 만드는데 거기에 분향단을 만들라 명령하십니다. 지금은 강단 위의 강대상을 의미합니다. 그런데 조각목(가시나무)으로 만들라는 것입니다. 이것은 무엇

을 의미할까요? 마음에 하나님을 섬길 수 있는 분향단을 만들라는 것입니다. 가시 같은 우리의 마음들을 말씀으로 다듬어서 하나님을 경외할 수 있는 분향단을 만들라는 교훈의 메시지입니다. 그래서 세례가 중요합니다.

세례에는 물세례(말씀)와 성령세례와 불세례가 있습니다.

마 3:11 **"나는 너희로 회개케 하기 위하여 물로 세례를 주거니와 내 뒤에 오시는 이는 나보다 능력이 많으시니 나는 그의 신을 들기도 감당치 못하겠노라 그는 성령과 불로 너희에게 세례를 주실 것이요"**

해 석 : 세례 요한은 우리에게 회개시키기 위하여 물(말씀)로 세례를 주지만, '내 뒤에 오시는 이 주님은 세례 요한보다 능력이 많으셔서 나는 주님을 따라 다니면서 신발을 들고 다니기에도 감당하기 어렵다'는 것입니다.

주님은 성령과 불로 세례를 주신다고 말씀하십니다. 세례를 받지 않고는 열매를 맺을 수 없습니다. 사도 바울이 빌립보 교인들에게 이렇게 부탁합니다. 확인해 보겠습니다.

빌 2:12 **"그러므로 나의 사랑하는 자들아 너희가 나 있을 때 뿐 아니라 더욱 지금 나 없을 때에도 항상 복종하여 두렵고 떨림으로 너희 구원을 이루라."**

해 석 : 바울인 네가 너희와 함께 있지 않을지라도 항상 주님 앞에 복종하여, 두렵고 떨림으로 너희 구원을 지키라는 부탁의 말씀을 하고 있습니다.

마 24:19 **"그날에는 아이 밴 자들과 젖 먹이는 자들에게 화가 있으리로다."**

해 석 : 심판날에는 영적 자녀를 낳지 않는 자와 말씀의 젖을 먹이지

않는 자는 반드시 심판이 있다는 것을 명심하라는 것입니다. 영적 자녀를 낳고 후대들을 말씀으로 하나님을 잘 경외할 수 있도록 말씀에 예복을 입히라고 말씀하십니다.

마 24:20 **"너희의 도망하는 일이 겨울에나 안식일에 되지 않도록 기도하라."**

해 석 : 심판날에는 하나님 앞에 떳떳하지 못할 때 도망가고 싶은 심정이 될 것입니다. 그렇게 되지 않기 위해서 겨울에 추위에 떨 때 입는 것처럼 털옷(진리의 옷)을 입으라는 것입니다. 우리의 마지막이 잠들어 있으면 안 됩니다. 깨어 있도록 기도하고, 그날이 안식일이 되지 않도록 항상 기도합시다.

털옷을 입은 자가 누구인지 찾아볼까요?

왕하 1:8 **"서희가 대답하되 그는 털이 많은 사람인데 허리에 가죽 띠를 띠었더이다 왕이 가로되 그는 디셉 사람 엘리야로다."**

해 석 : 추울 때 떨지 않도록 털옷을 입는 것처럼, 엘리야는 하나님 앞에 진리의 옷(털옷)을 입고, 그리고 끊어지지 않는 가죽(진리)띠를 띠고 있었다고 대답합니다.

아하시야 왕이 사마리아에 있는 다락 난간에서 떨어져 병들매, 사자를 보내어 저희더러 이르되, '가서 에그론의 신 바알세붑에게 이 병이 낫겠나 물어보라.'고 했습니다. 이 말을 듣고 여호와의 사자가 디셉 사람 엘리야에게 이르시되 '너는 일어나 올라가서 사마리아 왕의 사자를 만나 저에게 이르기를, 이스라엘에 하나님이 없어서 너희가 에그론의 신 바알세붑에게 물으러 가느냐? 그러므로 여호와의 말씀이 네가 올라간 침상에서 내려오지 못하고 반드시 죽으리라.' 이렇게 가서 말을 하라고 했습니다. 엘리야가 가서 그대로 전합니다. 사자들이 왕에게 돌아오니 왕이 어찌하여 그냥 돌아왔느냐고 묻습니다. 그러자 대답하기를 엘리야가 말한 그대로 이야기합니다.

왕이 묻습니다. '왕의 사자들에게 너희를 만나 이 말을 너희에게 전해 준 사람의 모양이 어떻게 생겼는가?' 그때 아하시야 왕의 사자가 열왕기하 1장 8절 말씀으로 대답합니다. 아하시야 왕이 자기가 한 일로 인하여 죽을 줄 모르고 작은 일로 생각했을 것입니다. 그러나 하나님은 그렇지 않으셨습니다. 우리는 말씀의 털옷을 많이 입고, 어떤 것을 주님이 기뻐하시고 싫어하시는지를 잘 알아서 주님 앞에 떨지 않도록 조심해야 할 것입니다.

다음은 세례 요한의 모양의 모습이 어떠한지 영적 상태를 살펴보겠습니다.

마 3:1 **"그때에 세례 요한이 이르러 유대 광야에서 전파하여 가로되"**

해 석 : 세례 요한은 말씀으로 온전히 씻고 하나님의 말씀으로 예복을 입고, 광야에서 하나님의 말씀을 전파한다는 것입니다.

마 3:2 **"회개하라 천국이 가까왔느니라 하였으니"**

해 석 : 회개해야 천국에 갈 수 있다고 외칩니다. 그다음에 소망의 나라가 있다고 광고합니다.

마 3:3 **"저는 선지자 이사야로 말씀하신 자라 일렀으되 광야에 외치는 자의 소리가 있어 가로되 너희는 주의 길을 예비하라 그의 첩경을 평탄케 하라 하였느니라."**

해 석 : 세례 요한은 이사야로부터 미리 예언되었던 자라는 것입니다. 이렇게 하나님 앞에 쓰임 받는 자라는 것을 알게 해 주셨다는 것입니다.

광야에 외치는 자의 소리는, 세례 요한이 주님의 길을 이 땅에서 진리의 길로 준비하라고, 많은 사람들이 그리로 들어올 수 있도록 일을 하라고 외치는 것입니다. 하나님의 나라를 가시밭으로 만드는 것이 아니라 고속도로로 잘 만들어 놓으라는 것입니다. 이렇게 광야에서 외쳤다는 것입니다.

마 3:4 "이 요한은 약대 털옷을 입고 허리에 가죽띠를 띠고 음식은 메뚜기와 석청이었더라."

해 석 : 이 요한의 영적 상태는 성경의 털옷을 입고 진리의 띠를 띠고 완전무장을 한 상태입니다. 이 상태로 광야에서 외칩니다. 요한의 음식은 무얼 먹고 사는가 확인해 보니 메뚜기와 석청이었습니다. 석청은 광야의 바위틈이나 바위 밑에서 흔히 발견되는 꿀로서 식품으로 쓰이며 들꿀이라고 합니다. 꿀은 말씀을 의미합니다.

시 119:103 "주의 말씀의 맛이 내게 어찌 그리 단지요 내 입에 꿀보다 더하니이다."

해 석 : 말씀을 잘 해석해 드리면 꿀보다 더 단 맛있는 음식이라고 표현합니다. 요한이 석청(말씀) 꿀을 먹으니 힘이 있어 메뚜기처럼 뛰어다니면서 광야에 외치고 다녔다는 것입니다. 영혼의 힘은 말씀입니다.

거짓 선지자는 털옷을 입지 않습니다.

슥 13:4 "그날에 선지자들이 예언할 때에 그 이상을 각기 부끄러워할 것이며 사람을 속이려고 털옷도 입지 아니할 것이며"

해 석 : 선지자들이 사람을 속이려고 성경(털옷)도 입지 않았고, 예언도 하나님이 주시는 예언이 아니고 거짓으로 했다는 것입니다. 부끄러

워할 날이 온다는 것입니다. 세례 요한처럼 말씀의 털옷을 입고 말씀의 꿀만 먹으며 힘차게 광야에서 외칩시다.

마 3:16 **"예수께서 세례를 받으시고 곧 물에서 올라오실새 하늘이 열리고 하나님의 성령이 비둘기같이 내려 자기 위에 임하심을 보시더니"**

해 석 : 예수님께서는 사실 세례를 받으실 필요가 없습니다. 이유는 성령으로 잉태되신 분이기 때문입니다. 그러나 예수님은 우리의 스승의 모델로서, 물에서 몸을 씻고 올라오시는 광경을 하나님께서 우리에게 보여 주신 이유가 있습니다. 말씀으로 죄를 씻으라고 이치적으로 하나님께서 성경을 통해 말씀하시고 보여 주시는 것입니다. 말씀으로 몸과 마음을 깨끗이 할 때에 하늘이 열리고 성령님이 찾아오신다는 것입니다. 하나님께서 우리를 만나 주시는 것입니다.

마 5:8 **"마음이 청결한 자는 복이 있나니 저희가 하나님을 볼 것임이요"**

해 석 : 마음이 깨끗한 자는 성령님이 찾아오십니다. 복도 주십니다.

겔 11:18 **"그들이 그리로 가서 그 가운데 모든 미운 물건과 가증한 것을 제하여 버릴지라."**

해 석 : 하나님 앞에서 모든 미운 물건들과 가증한 것들(우상)을 제하여 버리라고 명령하십니다. 마음에 미운 물건들도 버려야 합니다. 마음에 미운 물건들이 어떤 것인가 확인해 보겠습니다.

막 7:20-23 **"또 가라사대 사람에게서 나오는 그것이 사람을 더럽게 하느니라 속에서 곧 사람의 마음에서 나오는 것은 악한 생각 곧 음란과 도적질과 살인과 간음과 탐욕과 악독과 속임과 음탕과**

흘기는 눈과 훼방과 교만과 광패니 이 모든 악한 것이 다 속에서 나와서 사람을 더럽게 하느니라."

해 석 : 위의 말씀들이 마음에 미운 물건들입니다. 이것들이 사람을 더럽힙니다. 이것들을 마음에서 제하여 버립시다. 그리하면 성령님이 찾아오십니다. 마음에 악이 꽉 차 있으면 성령님이 들어오시지 못합니다. 위에서 말씀하시는 미운 물건들을 하나님께서 싫어하십니다. 이것들을 버리라고 권면하십니다. 하나님께서 목사님들께 부탁하시는 말씀을 찾아볼까요?

겔 22:26 **"그 제사장들은 내 율법을 범하였으며 나의 성물을 더럽혔으며 거룩함과 속된 것을 분변치 아니하였으며 부정함과 정한 것을 사람으로 분변하게 하지 아니하였으며 그 눈을 가리워 나의 안식일을 보지 아니하였으므로 내가 그 가운데서 더럽힘을 받았느니라."**

해 석 : 제사장들이 율법을 범했다 하는 말씀은 성도들을 바르게 가르치지 않았다는 것입니다. 성도들을 더럽혔다는 것은 바르게 가르치지 않아서 죄를 범했다는 것입니다. 거룩한 것, 깨끗함과 속된 것, 세상에 속한 것을 분별하여 가르치지 않았다는 것입니다. 또한 부정한 것과 정직한 것을 가르치지 않아서 눈이 어두워 죄를 범하고 하나님께서 하나님의 백성 가운데 더럽힘을 받았다는 것입니다. 거룩한 하나님께서 더러운 백성과 같이 있었다고 고백하십니다. 안식일(거룩한 날), 이날이 어떤 날인지 잘 분별해야 합니다. 옷차림도 깨끗하고 단정하게, 마음도 정결하게 말씀으로 예복을 입어야 합니다.

요 4:24 **"하나님은 영이시니 예배하는 자가 신령과 진정으로**

예배할지니라."

해 석 : 하나님은 영이시니 예배드리는 우리 모두가 영으로 정직하게 드려야 한다는 것입니다. 몸은 교회 안에 있는데 마음은 콩밭에 있으면 안 된다는 것입니다. 하나님의 원하시는 예배를 찾아볼까요?

시 51:17 **"하나님의 구하시는 제사는 상한 심령이라 하나님이여 상하고 통회하는 마음을 주께서 멸시치 아니하시리이다."**

해 석 : 하나님께서 원하시는 예배는 회개하는 마음을 기다린다는 것입니다. 우리의 잘못된 마음들을 통곡하고 회개하는 예배를 받으시고 기뻐하신다는 것입니다.

안식일을 어떻게 지내야 하는지 살펴보겠습니다.

사 56:6 **"또 나 여호와에게 연합하여 섬기며 나 여호와의 이름을 사랑하며 나의 종이 되며 안식일을 지켜 더럽히지 아니하며 나의 언약을 굳게 지키는 이방인마다"**

해 석 : 말씀의 명령을 좇아 연합하는 것이며 하나님을 사랑하는 것은 법을 지키는 것입니다. 우리는 명령하시는 대로 움직이는 하인들이기도 합니다. 안식일(주일)을 지켜서 더럽히지 말라는 것은 말씀을 받아 옳은 행실을 하라는 것입니다. 이방인이라 할지라도 하나님의 말씀을 잘 지키면 성산으로 인도하며, 번제와 희생을 받겠다는 언약의 말씀입니다.

엡 5:10 **"주께 기쁘시게 할 것이 무엇인가 시험하여 보라."**

해 석 : 주님이 어떤 것을 기뻐하시는지 생각해 보라는 것입니다. 하나님을 기쁘시게 하면 어떤 일이 일어날까요? 하나님께서 부탁하시는 말씀을 다시 생각해 볼까요?

시 37:3 **“여호와를 의뢰하여 선을 행하라 땅에 거하여 그의 성실로 식물을 삼을지어다.”**

해 석 : 하나님을 의지하고 착한 행실로 열매를 맺으라는 것입니다. 성실(정직)로 바르게 살라고 부탁하십니다. 명령에 순종할 때 하나님께서 우리에게 어떤 선물을 주실까요?

시 37:4 **“또 여호와를 기뻐하라 저가 네 마음의 소원을 이루어 주시리로다.”**

해 석 : 하나님을 기쁘시게 하면 우리 마음의 소원을 이루어 주십니다. 기쁨을 드리니 기쁨으로 화답하십니다. 좋으신 하나님이십니다. 많이 기쁘게 해드립시다. 주님의 길을 평탄케 합시다. 의의 터를 굳게 세웁시다. 할렐루야!

욥 8:21 **“웃음으로 네 입에, 즐거운 소리로 네 입술에 채우시리니”**

해 석 : 하나님을 기쁘시게 하면 마음에 즐거움을, 입에 웃음을 가득 채워 주시겠다고 약속하셨습니다. 생명과 사망과 복과 화를 주관하시는 하나님을 많이 기쁘시게 해드려, 좋은 것을 많이 얻으시길 주님의 이름으로 소망합니다. 성령을 받읍시다. 하나님을 기쁘게 해드립시다. 우리는 육의 사람이라서 세례가 필요하지만 주님은 세례가 필요 없으십니다.

주님이 성령으로 잉태되신 것을 확인해 보겠습니다.

마 1:19 **“그 남편 요셉은 의로운 사람이라 저를 드러내지 아니하고 가만히 끊고자 하여”**

해 석 : 마리아가 임신했을 때 요셉은 그 비밀을 사람들에게 이야기하

지 않았습니다. 혼자 고민하고, 요즘 하는 말로 그냥 안 살고 끝내려고 했다는 것입니다. 그래서 의로운 사람이라 하는 것입니다. 알면 수치가 될 것이기 때문입니다.

마 1:20 **"이 일을 생각할 때에 주의 사자가 현몽하여 가로되 다윗의 자손 요셉아 네 아내 마리아 데려오기를 무서워 말라 저에게 잉태된 자는 성령으로 된 것이라."**

해 석 : 요셉이 고민하고 있을 때 주의 사자가 나타나서 '네 아내 데려오기를 두려워 말라'고 합니다. 성령으로 잉태된 자라고 가르쳐 줍니다. 우리도 요셉처럼 의로운 자가 됩시다. 처녀가 애를 낳으면 안 되기 때문에 하나님께서 요셉에게 정혼하기 전 모략의 정치를 사용하셨습니다. 숨은 지혜로 성결한 몸을 찾으셔서 잉태케 하셨습니다. 그럼 우리는 주님과 어떻게 다를까요? 시편을 보십시오.

시 51:5 **"내가 죄악 중에 출생하였음이여 모친이 죄 중에 나를 잉태하였나이다."**

해 석 : 우리 인생들은 죄 중에 잉태되고 죄 중에 출생하였기 때문에 주님의 말씀이 필요하고 말씀으로 세례를 받아야 한다는 것입니다. 즉 물(말씀)로 우리의 죄를 씻어야 한다는 것입니다. 그 이유를 살펴보겠습니다.

시 49:12 **"사람은 존귀하나 장구치 못함이여 멸망하는 짐승 같도다."**

해 석 : 사람은 존귀하다고 말씀하십니다. 그러나 장구(오랜 시간)한 동안 말씀으로 깨닫지 못하면 구원받지 못한다는 말씀입니다. 그래서 말씀으로 세례를 받아야 한다는 것입니다. 깨닫지 못하면 짐승과 다를 바 없다는 것입니다. 짐승의 마음은 어디로 갈까요? 땅밑 지옥,

영벌에 들어가게 됩니다. 우리 모두가 떨리는 마음으로 신앙생활을 합시다.

시 49:20 **"존귀에 처하나 깨닫지 못하는 사람은 멸망하는 짐승 같도다."**

해 석 : 사람은 존귀에 처하지만 하나님의 말씀을 깨닫지 못한다면 멸망하는 짐승과 같다는 것입니다. 하나님의 말씀으로 거듭나야 하며, 결국 거듭나지 못하면 짐승이라는 것입니다. 그래서 말씀이 필요합니다.

성경나무를 확인해 볼까요?

창 3:3 **"동산 중앙에 있는 나무의 실과는 하나님의 말씀에 너희는 먹지도 말고 만지지도 말라 너희가 죽을까 하노라 하셨느니라."**

해 석 : 동산 중앙이 교회입니다. 중앙에 있는 나무의 실과는 예수님을 의미하기도 합니다.

사 19:19 **"그날에 애굽 땅 중앙에는 여호와를 위하여 제단이 있겠고 그 변경에는 여호와를 위하여 기둥이 있을 것이요"**

해 석 : 세상 땅 중앙에 여호와의 제단, 교회가 있다는 것입니다. 변경에는 세상과 여호와의 기둥이 사이에 있는 것이 교회라는 것입니다. 하나님께서 세상(중앙) 교회에서 말씀으로 이 세상을 다스려 가십니다. 나무의 실과는 성경이며, 이것은 하나님의 것입니다. 꼭 바라만 보고 지켜야 합니다. 성경과 성물을 삼키고 변질시키면 절대로 안 되며 생명에 위험이 옵니다. 이 성경의 효능을 살펴볼까요?

딤후 3:16 **"모든 성경은 하나님의 감동으로 된 것으로 교훈과 책망과 바르게 함과 의로 교육하기에 유익하니"**

해 석 : 성경은 사람을 만드는 책이고, 하나님의 영광을 위한 책입니다. 생명을 살리는 책이기 때문에 어느 누구도 함부로 손을 대면 화가 된다는 것입니다. 이 성경의 힘은 세상을 바꿉니다. 효능이 굉장합니다. 이 성경의 열매를 살펴보겠습니다.

엡 5:9 **"빛의 열매는 모든 착함과 의로움과 진실함에 있느니라."**

해 석 : 주님이 이 열매를 얻기 위해 성경을 가지고 오셨다가 피를 흘리셨습니다.

창 3:3 **"동산 중앙에 있는 나무의 실과는 하나님의 말씀에 너희는 먹지도 말고 만지지도 말라 너희가 죽을까 하노라 하셨느니라."**

해 석 : 먹지도 말라는 것은 말씀을 멸시하고 삼키지 말라는 것입니다. 만지지 말라는 것은 마음대로 성경을 변질시키지 말라는 것입니다. 성경을 다시 해석하고 기록하고 싶은 생각이 들 땐 반드시 기도하시고 응답받고 확인하고 또 확인하고 해야 합니다. 사탄이 주는 생각인지 분별해야 합니다. 현재 성경을 변질시키고 찬송가도 이중으로 나오고 성도들에게 혼란을 주고 있는데, 이 부분은 많이 회개해야 합니다. 작은 일이 아닙니다. 하나님께서 뭐라고 하셨는지 확인해 보겠습니다.

사 45:11 **"이스라엘의 거룩하신 자 곧 이스라엘을 지으신 여호와께서 가라사대 장래 일을 내게 물으라 또 내 아들들의 일과 내 손으로 한 일에 대하여 내게 부탁하라."**

해 석 : 거룩하신 하나님, 만물을 지으신 여호와가 우리에게 말씀하십니다. 장래의 일을 내게 반드시 물으라는 것입니다. 네 자녀들의 장래 일도 내게 부탁하라는 것입니다. 무엇이든지 기도해서 해결해야

합니다. 성경을 다시 해석하면서, 하나님께 이사야 45장 11절 말씀을 인용하셨는지 묻고 싶습니다.

신 4:2 **"내가 너희에게 명하는 말을 너희는 가감하지 말고 내가 너희에게 명하는 너희 하나님 여호와의 명령을 지키라."**

해 석 : 더하지도 말고 빼지도 말고 그대로 하라는 것입니다.

계 22:18 **"내가 이 책의 예언의 말씀을 듣는 각인에게 증거하노니 만일 누구든지 이것들 외에 더하면 하나님이 이 책에 기록된 재앙들을 그에게 더하실 터이요"**

해 석 : 성경을 듣는 각인에게 하나님께서 부탁하시는 말씀입니다. 말씀 외에 더하지 말고 빼지 말라는 것입니다. 하지 말라고 하는 것은 하지 말고, 하라는 것은 하라는 것입니다. 하지 말라고 하셨는데 명령을 어기고 한 것은 더한 것이 됩니다. 또한 하라고 하셨는데 하지 않는 것은 말씀을 빼는 격이 되겠습니다. 명령을 어기면 대가를 치러야 한다는 것입니다. 만일 더하면 재앙을 주시겠다는 언약이 기록되었으니 삼가 조심해야 될 것입니다.

계 22:19 **"만일 누구든지 이 책의 예언의 말씀에서 제하여 버리면 하나님이 이 책에 기록된 생명나무와 및 거룩한 성에 참예함을 제하여 버리시리라."**

해 석 : 성경을 듣는 각인에게 하나님께서 하시는 말씀입니다. 이 책에 기록된 생명나무와 또한 거룩한 성에 참예하지 못하게 하신다는 것은 생명나무(성경)를 깨닫지 못하게, 사망의 잠자는 신을 부어 주십니다(시 13:3). 혼미한 영을 부어 주십니다(롬 11:8). 잠자는 신을 부어 주셔서 영의 눈을 감기시고 머리를 덮으셔서(사 29:10) 생명나무의 과실을 따 먹지 못하게 하고, 거룩한 성, 주님이 계시는 곳

에 들어갈 수 없게 한다는 것입니다.

주님께서 우리에게 하지 말라는 명령을 하셨는데도 흔히 볼 수 있는 것을 한번 이야기해 보겠습니다.

롬 14:20 **"식물을 인하여 하나님의 사업을 무너지게 말라 만물이 다 정하되 거리낌으로 먹는 사람에게는 악하니라."**

해 석 : 먹는 것으로 인하여 시험 들게 하지 말라는 것입니다. 무슨 말씀인가요? 먹어도 되는 음식이 있고 먹지 말아야 할 음식이 있습니다. 깨끗한 음식은 먹어도 더러운 음식은 먹지 말라는 것입니다. 하나님께서 먹으라고 명령하신 음식은 깨끗합니다. 우리의 몸은 하나님의 성전입니다. 먹는 것도 구별하셔야 합니다.

"만물이 다 정하되", 이 말씀은 모든 식물이 다 깨끗한 것 같지만 그렇지 않다는 것입니다. 거리끼는(더러운) 음식도 있다는 것입니다. 거리끼는 음식을 먹는 자는 악하다는 것입니다.

마태복음 4장 3절에 마귀가 예수님께 돌덩이를 떡덩이로 만들어 먹을 수 있도록 유혹을 합니다. 그러나 말씀으로 물리치십니다. 이 먹지 못할 돌덩이가 악입니다. 하나님께서 먹지 말라는 음식을 먹게 되면 악이라고 하셨습니다.

이 돌덩이를 먹으면 악이기 때문에 혹시 배가 고프다 할지라도 정직하지 못한 뇌물도 먹어서는 안 되는 것입니다. 이것도 돌덩이를 떡덩이처럼 먹는 격이 됩니다. 삼가 조심하고 또 조심합시다.

더러운 음식을 찾아볼까요?

행 15:29 **"우상의 제물과 피와 목매어 죽인 것과 음행을 멀리할지니라 이에 스스로 삼가면 잘되리라 평안함을 원하노라 하였더라."**

해 석 : '우상 제물'– 이방인의 제사 음식은 귀신에게 준 음식이라 더러운 것입니다. '피'–성경에 생명이기 때문에 먹지 말라 하니까 거기까지만 알고 있습니다. 피가 세균 덩어리입니다. 더러운 것입니다. 세상 사람들은 사슴의 피가 좋다고 사 먹고 다닙니다. 더러운 것인 줄 모르고 병들어 죽습니다. 순대도 먹으면 안 되겠지요? 이것도 피입니다. 목매달아 죽인 것, 개입니다. 하나님의 백성은 먹어서는 안 되는 것입니다.

출 22:31 **"너희는 내게 거룩한 사람이 될지니 들에서 짐승에게 찢긴 것의 고기를 먹지 말고 개에게 던질지니라."**

해 석 : 하나님의 백성은 몸과 마음을 깨끗하게 하라고 명령하십니다. 들에서 짐승에게 찢긴 것은 더럽다고 먹지 말고 개에게 던지라 하십니다. 주님을 믿는 우리는 구별되어야 합니다. 세상 사람들이 하는 것을 똑같이 하면 이것을 음행이라 합니다. 이 음행을 멀리하라 하셨습니다. 이에 스스로 삼가면 잘되고 평안하다고, '평안함을 원하노라.'고 기록되어 있습니다.

행 15:19–21 **"그러므로 내 의견에는 이방인 중에서 하나님께로 돌아오는 자들을 괴롭게 말고 다만 우상의 더러운 것과 음행과 목매어 죽인 것과 피를 멀리하라고 편지하는 것이 가하니 이는 예로부터 각 성에서 모세를 전하는 자가 있어 안식일마다 회당에서 그 글을 읽음이니라 하더라."**

해 석 : 하나님을 믿는 백성들이 이 음식을 먹어도 되는지 안 되는지 고민하게 하지 말고, 먹지 말라 하는 이 음식을 편지로 하자고 가결로 정했다는 것입니다. 옛날부터 교회에서 모세를 전하는 자(하나님 말씀을 전하는 자)가 안식일(주일)마다 교회에서 편지한 먹지 말

라는 이 글을 읽어 주어서 지키도록 하고 가르쳤다는 것입니다. 우리도 위의 말씀처럼 성경대로 가르치길 소망합니다.

나봇의 포도원으로 가 보시겠습니다. 개가 나봇도 먹고 이세벨도 먹었습니다. 개가 사람을 먹습니다. 그래도 개고기를 드실 건가요? 목매인 게 개입니다. 하나님께서는 이것을 먹지 않고 삼가면 잘되리라, 평안함을 원하노라 하시고 사도행전 15장 29절에 기록해 놓으셨습니다. 꼭 기억하시고 삼가시면 유익이 됩니다.

왕상 21:17 **"여호와의 말씀이 디셉 사람 엘리야에게 임하여 가라사대"**

해 석 : 하나님께서 디셉에 살고 있는 엘리야에게 부탁의 말씀을 하십니다.

왕상 21:18 **"너는 일어나 내려가서 사마리아에 거하는 이스라엘 왕 아합을 만나라 저가 나봇의 포도원을 취하러 그리로 내려갔나니"**

해 석 : 이스라엘 왕인 아합을 만나러 가라고 하십니다. 하나님께서 미리 아시고 보내는 것입니다. 이세벨이 시켜서 나봇을 죽이게 하고 나봇이 죽었다 하니 포도원을 취하러 아합 왕이 내려갔을 때, 엘리야를 보내어 하나님께서 말씀하신 것을 전하러 갔던 것입니다.

왕상 21:19 **"너는 저에게 말하여 이르기를 여호와의 말씀이 네가 죽이고 또 빼앗았느냐 하셨다 하고 또 저에게 이르기를 여호와의 말씀이 개들이 나봇의 피를 핥은 곳에서 개들이 네 피 곧 네 몸의 피도 핥으리라 하셨다 하라."**

해 석 : 하나님께서 말씀하십니다. '엘리야, 너는 아합 왕에게 내가 이르는 말을 가서 전하라.' 그리고 또 '하나님의 말씀이 개들이 나봇의 피를 핥은 곳에서 네 피, 곧 네 몸의 피를 핥으리라 하셨다 하라.'고 이르셨습니다. 이렇게 전하기 위해 하나님의 심부름꾼인 엘리야를

보내셨습니다.

왕상 21:20 **"아합이 엘리야에게 이르되 나의 대적이여 네가 나를 찾았느냐 대답하되 내가 찾았노라 네가 스스로 팔려 여호와 보시기에 악을 행하였으므로"**

해 석 : 아합이 엘리야에게 묻습니다. '나의 대적 엘리야야, 네가 나를 찾았느냐?' 엘리야가 대답합니다. '찾았노라. 네 스스로 팔려(충동되어서) 마음을 빼앗겨 악을 행하였기 때문에, 하나님께서 보내 찾아왔다'는 것입니다.

왕상 21:21 **"여호와의 말씀이 내가 재앙을 네게 내려 너를 쓸어 버리되 네게 속한 남자는 이스라엘 가운데 매인 자나 놓인 자를 다 멸할 것이요"**

해 석 : 아합이 악을 행하여 하나님의 노를 격동케 하므로 재앙을 내려, 그에게 속한 자나 또 그 주변에 있는 모든 자들을 다 진멸하신다는 것입니다. 우리도 예외는 아니니 선악과를 따 먹으면 안 된다는 것이며, 성경에 거울처럼 기록해 놓았습니다. 선만 행하도록 노력합시다.

왕상 21:23 **"이세벨에게 대하여도 여호와께서 말씀하여 가라사대 개들이 이스르엘 성 곁에서 이세벨을 먹을지라."**

해 석 : 하나님께서 이세벨에 대해서도 말씀하십니다. 개들이 이스르엘 성 곁에서 이세벨을 먹을 것이라고 말씀하십니다. 왜 그렇게 말씀하실까요? 아합왕이 포도원을 탐내는데 나봇이 주지 않자 이세벨이 나봇을 죽였습니다. 그리고 개가 먹었습니다. 그러므로 이세벨도 행한 대로 하나님께서 갚으신다는 것입니다.

두 사람을 한 부부로 엮어 놓은 것은 '모든 것을 합력하여 선을 이루기 위함'입니다(롬 8:28). 한 사람이 선악과를 따 먹으면 따 먹지 못하게 책망해야 될 것입니다. 그래야 빛으로 나타납니다. "그러나 책망을 받는 모든 것이 빛으로 나타나나니 나타나지는 것마다 빛이니라"(엡 5:13).

롬 2:1 **"그러므로 남을 판단하는 사람아 무론 누구든지 네가 핑계치 못할 것은 남을 판단하는 것으로 네가 너를 정죄함이니 판단하는 네가 같은 일을 행함이니라."**

해 석 : 남을 판단하는 사람은 누구든지 핑계치 못할 것이며, 남을 판단하는 그것이 올무가 되어 그것 때문에 각자 죄가 된다는 것입니다. 그러므로 똑같은 일을 행하게 해서 깨닫게 하시고 입을 막으신다는 것입니다. 남을 판단하는 입도 행위도 행한 대로 갚으시는 하나님의 말씀을 기억하시고, 삼가 조심스럽게 걸어갑시다.

개는 더러운 것입니다. 우리의 몸과 마음이 하나님의 성전입니다. 성령님을 모시는 목회자님들과 성도님들은 절대로 먹어서는 안 된다는 것입니다. 우리 모두가 성결하도록 노력합시다.

왕상 21:25 **"예로부터 아합과 같이 스스로 팔려 여호와 보시기에 악을 행한 자가 없음은 저가 그 아내 이세벨에게 충동되었음이라."**

해 석 : 옛날부터 아합이 스스로 악한 것이 아니라, 아내 이세벨에게 팔려 충동되어서 악하다는 것입니다. 부부라 할지라도 선인지 악인지 분별합시다.

마 5:37 **"오직 너희 말은 옳다 옳다, 아니라 아니라 하라 이에서 지나는 것은 악으로 좇아 나느니라."**

해 석 : 생활 현장에서 보고 잘못하면 말을 해 줘야 옳고 그름을 안다는

것입니다. 그냥 놔두면 악으로 좇아간다는 것입니다. 이것은 판단이 아닙니다. 겸손히 권면해야 합니다. 깨닫게 해야 할 부분입니다. 말씀으로 깨닫게 하는 것이 죄를 씻는 것이요 영적 세례입니다. 살아가면서 부부 중 하나가 악으로 갈 때, 지적해 주면 악으로 가지 않습니다. 선과 악을 잘 구별해서 실수하지 않도록 깨어 있어야 하겠습니다.

왕상 21:29 **"아합이 내 앞에서 겸비함을 네가 보느냐 저가 내 앞에서 겸비함을 인하여 내가 재앙을 저의 시대에 내리지 아니하고 그 아들의 시대에야 그 집에 재앙을 내리리라 하셨더라."**

해 석 : 회개할 때는 겸손한 것입니다. 하나님 앞에 회개한 아합 왕은 살았습니다. 그래서 아합 왕에게 재앙을 내리지 않고 그 아들의 시대에 재앙을 내리겠다고 하십니다. 우리는 죄를 유산으로 물려주지 맙시다. 믿음을 물려줍시다.

욥 21:19 **"하나님이 그의 죄악을 쌓아 두셨다가 그 자손에게 갚으신다 하거니와 그 몸에 갚으셔서 그로 깨닫게 하셔야 할 것이라."**

해 석 : 십계명 제2에도 기록되어 있습니다. '나를 미워하는 자의 죄를 갚되 아비로부터 아들에게로 삼사 대까지 이르게 하거니와 나를 사랑하고 내 계명을 지키는 자에게는 천대까지 은혜를 베푸느니라.' 죄를 깨닫기 위하여 반드시 어려움을 주신다는 것입니다.

겔 22:17 **"여호와의 말씀이 내게 임하여 가라사대"**

해 석 : 하나님의 말씀이 에스겔에게 임하여 말씀하십니다.

겔 22:18 **"인자야 이스라엘 족속이 내게 찌끼가 되었나니 곧 풀무 가운데 있는 놋이나 상납이나 철이나 납이며 은의 찌끼로다."**

해 석 : 하나님께서 에스겔에게 이스라엘 백성이 찌끼(죄)가 많다고 말씀하십니다. 그래서 풀무불 속에 넣고 쇠를 녹여 은의 찌끼로 놋·상납·철·납을 꺼내는 것처럼, 이스라엘 족속을 연단 가운데 집어넣으시겠다는 것입니다. 죄의 찌끼를 걷어 내시겠다는 것입니다. 우리의 죄로 인하여 자손이 어려움을 당하는 일이 없도록 삼가 조심하며 깨어 기도하기를 소망합니다.

겔 22:24 **"인자야 너는 그에게 이르기를 너는 정결함을 얻지 못한 땅이요 진노의 날에 비를 얻지 못한 땅이로다 하라."**

해 석 : 하나님께서 에스겔에게 말씀하십니다. '너는 이스라엘 백성에게 정결하지 못하여 비를 얻지 못한다고 전하라.'는 것입니다. 축복을 받을 수 없다는 것입니다. 비가 안 오면 기근이 옵니다. 만물이 살 수 없습니다. 죄로 인하여 비를 얻을 수 없는 것입니다. 비를 얻지 못하는 땅이 되면 사람과 짐승과 식물이 살 수 없고 이것이 재앙인 것입니다. 정결하지 못하고 죄악이 관영하면 어떻게 될까요?

겔 16:27 **"그러므로 내가 내 손을 네 위에 펴서 네 일용 양식을 감하고 너를 미워하는 블레셋 여자 곧 네 더러운 행실을 부끄러워하는 자에게 너를 붙여 임의로 하게 하였거늘"**

해 석 : 정결하지 못하고 죄가 관영하면 하나님께서 우리 위에 손을 펴서 양식을 감하게 하신다는 것입니다. 기근이 오게 하고 양식을 줄인다는 것입니다. 그리고 블레셋에 붙여 힘들게 하고 수치를 드러내게 하신다는 것입니다.

요셉의 땅을 확인해 볼까요?

신 33:13 **"요셉에 대하여는 일렀으되 원컨대 그 땅이 여호와께**

복을 받아 하늘의 보물인 이슬과 땅 아래 저장한 물과"

해 석 : 요셉에 대하여 말씀하십니다. 하나님께서 원하시는 것은 요셉이 복 받을 행동을 했기 때문에, 요셉이 머무르는 땅은 하늘의 보물인 이슬과 땅 아래 저장한 물이 있는 곳을 찾아 요셉에게 살 수 있도록 선물로 주신다는 것입니다.

우리 모두가 요셉의 신앙에 대하여 잘 알고 있습니다. 온유하고 겸손하고 인내하며 지혜롭고 아담하며 원수 갚지 아니하며 마음에 팔복을 맺고 많은 사람을 기쁘게 하는 큰 엘림나무이며, 많은 사람의 그늘이 되어 주어 그 밑에서 쉼을 얻게 하고, 그 밑에 열두 샘물이 있어 기근 때에 생수를 준비하여 목을 축여 주는 하나님의 신을 충만히 받아 주님의 뜻을 이루는 신이 감동하는 자였습니다. 특별한 선물, 좋은 것으로 갚아 주시는 것입니다. 이슬과 비는 보물입니다.

신 33:14 "태양이 결실케 하는 보물과 태음이 자라게 하는 보물과"

해 석 : 햇볕 아래서 맺는 열매 과일과 식물 곡식들, 이런 것도 보물이고 태양이 없는 그늘에서 자라는 식물들도 보물이며, 이런 열매가 잘 맺을 수 있는 환경적으로 좋은 곳을 요셉에게 주신다는 것입니다.

사 30:23 "네가 땅에 뿌린 종자에 주께서 비를 주사 땅 소산의 곡식으로 살지고 풍성케 하실 것이며 그날에 너의 가축이 광활한 목장에서 먹을 것이요"

해 석 : 하나님께서 보시고 선으로 사는 자는 의에 주리고 목마른 자입니다. 곧 의의 터를 굳게 세우고 주님의 길을 평탄케 하는 것입니다. 이런 자들이 받을 축복이, 그 땅에는 가뭄이 없고 비와 이슬이 풍성히 내려 곡식이 잘되어 먹을 것 때문에 식탁의 올무가 되지 않

는다는 것입니다. 풍성하게 먹을 수 있다는 것입니다. 가축까지도 광활한 목장에서 먹으며 책임져 주신다는 것입니다. 요셉이 거처하는 땅이 이런 땅입니다. 고센 땅을 말씀하시는 것입니다.

신 33:15 **"옛 산의 상품물과 영원한 작은 산의 보물과"**

해 석 : 산에서 나는 식품들과 또 우리가, 그림자가 떠날 때 영원히 거처할 작은 산(천국), 그 나라를 보물로 요셉에게 주시겠다는 언약입니다.

아 4:6 **"날이 기울고 그림자가 갈 때에 내가 몰약 산과 유향의 작은 산으로 가리라."**

해 석 : 우리가 때가 되어서 이 땅을 떠나갈 때 썩지 않는 양식을 구한 자는 몰약산(천국)으로 갑니다. 바로 그곳이 향기나는 작은 산(겸손의 산), 주님이 계시는 곳입니다. 그 나라에 들어가기가 얼마나 힘듭니까? 그 나라를 기업으로 받는 것이 보물입니다. 요셉처럼 삽시다. 우리 모두가 그 나라에 들어가기를 간절히 소망합니다.

신 33:16 **"땅의 보물과 거기 충만한 것과 가시떨기 나무 가운데 거하시던 자의 은혜로 인하여 복이 요셉의 머리에, 그 형제 중 구별한 자의 정수리에 임할지로다."**

해 석 : 땅의 보물과 거기에 충만한 것을 구별해 하나님께서 요셉에게 선물로 주십니다. 왜냐고요? 그는 하나님의 열매를 맺기 위하여 가시떨기 나무 가운데서도 잘 인내했습니다. 그러므로 구별되어 하나님께 뽑힌 것입니다. 우리의 삶도 주님께 기억되길 원합니다.

창 49:25 **"네 아비의 하나님께로 말미암나니 그가 너를 도우실 것이요 전능자로 말미암나니 그가 네게 복을 주실 것이라 위로 하늘**

의 복과 아래로 원천의 복과 젖 먹이는 복과 태의 복이리로다."

해 석 : 우리의 아버지가 하나님이십니다. 우리는 모든 것을 아버지께 공급받아 살아가고 있습니다. 우리를 지으셨습니다. 착한 요셉에게 '너를 도울 것이라'고 말씀하시고, '나는 하늘의 신령한 복과 땅아래 원천의 복, 즉 이 땅에서 먹고 사는 데 필요한 모든 식물과 곡식을 주시며' 젖을 먹는 태의 복까지도 요셉에게 책임져 주신다는 것입니다. 요셉은 항상 죄의 자리에 앉지 않습니다. 주님처럼 명철의 자리에 거처를 두는 지혜로운 사람입니다. 우리들도 항상 돌아보아 요셉처럼 지혜로운 사람이 되어 복을 많이 받읍시다.

시 122:3 "예루살렘아 너는 조밀한 성읍과 같이 건설되었도다."

해 석 : 예루살렘을 향해 바라보면서, '너는 조밀한 성읍과 같이 건설되었다'고 시편 기자는 말하고 있습니다. 그 이유가 무엇이라고 생각하십니까?

하나님께서 주님을 통해 보내 주신 선물인 성경책, 이것이 이스라엘을 대표하는 수도 예루살렘에 보내 주셨다는 것입니다. 이 책의 안을 들여다보면 세상에서 승리할 수 있는 성공의 비결이 다 들어 있음을 알 수 있고, 완전한 지혜의 책이라고 고백하고 있습니다. 우리의 삶을 주님께 맡기라는 것입니다. 성경이 우리의 길잡이가 되고 인생의 등불이 되게 하라는 것입니다. 가정의 성읍도 교회의 성읍도 사업의 성읍도 자녀의 성읍도 이 성경의 법대로만 따라오면 실패하지 않고, 조직적으로 잘 짜여진 넘어지지 않는 반석이 되어 견고한 성읍이 되게 하는 것이 성경이라는 것입니다.

주야로 묵상하고 즐깁시다. 우리는 잘 들지 않는 무딘 철 연장이나 다를 바가 없습니다. 성경에서 지혜를 얻어 세상에서 승리의 문을 취합시다.

스가랴 8장 3절에 기록되어 있습니다. '예루살렘은 진리의 성읍이라 일컫겠고 만군의 여호와의 산은 성산이라 일컫게 되리라.' 날마다 주님께 말씀을 받기 위해 기도하며, 시편 111장 2절에 '여호와의 행사가 크신 것을 즐거워하며 연구하고', 베드로전서 1장 10절에 구원에 대해서 부지런히 살펴서 연구하는 이곳에, 여호와께서 하늘의 시온에서 돌아오셔서 예루살렘 성전에 임재하십니다. 그래서 우리가 살아가는 인생길에 실패하지 않고 항상 승리의 문만 취할 수 있도록 도와주시고, 천국문에 들어갈 수 있도록 완벽하게 말씀을 내려 주심을 설명하고 계십니다. 그래서 누가복음 24장 49절에 보시면, 너희는 능력을 입히울 때까지 이 성에 유하라 하신 말씀이 바로 이것입니다.

누가복음 24장 32절로 가 보시면, 하나님께서 내려 주시는 말씀(성경)을 여기 예루살렘 성전에서 뜨겁게 풀어 주신다고 기록되어 있습니다.

말씀이 있는 곳에 장막을 칩시다. 바로 그곳이 엘림의 열두 샘물 곁입니다. 엘림은 큰 나무를 의미하며 우리 모두가 신앙의 큰 나무가 되어 많은 사람들이 그 밑에 와서 쉼을 얻으며, 우리 한 사람 한 사람이 성령의 샘물이 되어 물을 마실 때 생수를 마시는 것같이 시원함을 줄 수 있는 주님의 제자가 됩시다. 주님이 우리에게 하신 것처럼 우리 주님의 기쁨이 되며, 많은 사람들에게 소망과 기쁨이 되어 줍시다.

30.
감 사

시 50:23 **"감사로 제사를 드리는 자가 나를 영화롭게 하나니 그 행위를 옳게 하는 자에게 내가 하나님의 구원을 보이리라."**

해 석 : 감사로 제사(예배)를 드리는 자가 하나님의 영화(영광)를 나타냈다는 것입니다. 그 행위가 옳다고 말씀하십니다. 그런 자를 구원하시겠다고 약속하십니다.

시 50:13 **"내가 수소의 고기를 먹으며 염소의 피를 마시겠느냐"**

해 석 : 하나님 앞에 짐승으로 제사를 드리는 것은 고기를 드시고 피를 마시려고 드리는 것이 아니라, 우리에게 교훈을 주기 위하여 가져오고 드리라는 것입니다.

처음에 교회를 나오면 누구든지 염소라고 비유를 하십니다. 왜냐고요? 염소는 순종을 잘 안 합니다. 좌편으로 갑니다. 세상에서 교회로 들어와 말씀으로 지시를 받으며 오른편으로 가라고 명령하십니다. 오른편은 천국이요 왼편은 지옥입니다. 처음 교회에 나오신 분들이 이전에는 말씀을 몰랐기 때문에 좌편으로 갔던 것입니다. 그래서 염소로 비유하신 것입니다.

양은 오른편이고 염소는 좌편입니다. 그래서 염소를 가져오라는 것입니다. 이 염소가 은혜를 받으면 양이 되고 양은 순종을 잘합니다. 주인이 시키는 대로 일을 잘합니다. 또 양이 은혜를 받으면 소로 성장하는 것입니다. 소는 힘이 세서 사람의 몇 배로 일합니다. 그래서 하나님께서는 추수밭의 소처럼 일을 잘하는 사람을 찾으시고 기다리고 계십니다. 교회에 들어와서 말씀을 들으면 성령의 새 비둘기가 되어 날아다니며 복음을 전하는 것입니다.

산비둘기는 선교사이며 산을 넘고 강을 건너서 일을 하고, 집비둘기는 국내에서 일을 합니다. 이렇게 복음을 온 세계에 뿌리고 빛을 비추고 있습니다. 우리 모두가 성령의 새가 되어 주님의 마음을 시원케 해 드립시다. 할렐루야! 짐승을 가지고 교육용으로 삼으십니다. 하나님께서 짐승은 드시고 피는 마시는 것이 아니라고 설명하고 계십니다.

눅 3:22 **"성령이 형체로 비둘기같이 그의 위에 강림하시더니 하늘로서 소리가 나기를 너는 내 사랑하는 아들이라 내가 너를 기뻐하노라 하시니라."**

해 석 : 성령님의 음성을 듣고 따라갑시다. 지시하시는 곳은 우편입니다. 성령이 형체로 비둘기같이 예수님 위에 강림하실 때 하늘에서 소리가 들렸습니다. '너는 내 사랑하는 아들이고 내가 기뻐하는 자'라고 고백하십니다. 우리도 하나님의 기뻐하시는 의의 일을 하게 되면 성령님이 임하시며 기뻐하시는 자가 될 것입니다.

잠 14:4 **"소가 없으면 구유는 깨끗하려니와 소의 힘으로 얻는 것이 많으니라."**

해 석 : 소들 기르면 많이 지저분하고 깨끗하지 못합니다. 그러나 일을 시키면 많은 일을 할 수 있어서 기르게 됩니다. 하나님께서는 우리를 통해서 의의 터를 세우는 데 소같이 힘있게 일하는 것을 소망합

니다. 그래서 번제로 소를 가져오라고 하십니다.

시 50:14 **"감사로 하나님께 제사를 드리며 지극히 높으신 자에게 네 서원을 갚으며"**

해 석 : 감사로 제사(예배)를 하나님께 드리는 것이 하나님의 소원이십니다. 하나님의 이 소원을 우리 모두가 서원으로 드리면 하나님의 언약을 너희에게 주시겠다는 것입니다. 무엇인가 살펴보겠습니다.

시 50:15 **"환난 날에 나를 부르라 내가 너를 건지리니 네가 나를 영화롭게 하리로다."**

해 석 : 환난 날에 하나님 앞에 나와 부르짖으라는 것입니다. 그때 기도하면 위기에서 건져 주시고, 주님의 영광이 나타나 아버지가 영화롭게 되어질 것이라고 말씀하십니다.

시 51:16 **"주는 제사를 즐겨 아니하시나니 그렇지 않으면 내가 드렸을 것이라 주는 번제를 기뻐 아니하시나이다."**

해 석 : 주님은 형식적인 제사와 예배를 기뻐하지 않으신다는 것입니다.

시 51:17 **"하나님의 구하시는 제사는 상한 심령이라 하나님이여 상하고 통회하는 마음을 주께서 멸시치 아니하시리이다."**

해 석 : 하나님께서 우리에게 구하시는 것은 진실하고 정직한 마음이며, 잘못했을 때에는 회개하라는 것입니다. 진실한 마음, 진실한 예배를 받으시겠다는 것입니다.

렘 30:19 **"감사하는 소리와 즐거워하는 자의 목소리가 그중에서 나오리라 내가 그들을 번성케 하리니 쇠잔치 아니하겠고 내가 그들을 영화롭게 하리니 비천하지 아니하겠으며"**

해 석 : 하나님의 백성들 중에 감사하는 소리와 즐거워하는 백성이 있다는 것입니다. 그들은 자녀도 사업도 무엇이든 번성케 해 주시겠다는 약속입니다. 감사합시다. 그들을 존귀한 자리에 앉게 하시고 빛나게 해 주신다는 약속입니다. 멸하시지 않고 천대받지 않게 해 주시겠다는 언약입니다. 감사의 능력이 이렇게 큰 것을 얻을 수 있습니다. 감사, 감사, 감사합시다.

사 35:10 **"여호와의 속량함을 얻은 자들이 돌아오되 노래하며 시온에 이르러 그 머리 위에 영영한 희락을 띠고 기쁨과 즐거움을 얻으리니 슬픔과 탄식이 달아나리로다."**

해 석 : 여호와의 구속함을 얻은 자들은 노래하며 시온으로 돌아와 영원한 희락과 기쁨과 즐거움을 얻으며, 슬픔과 탄식이 달아나니 여호와의 구속함을 얻으라는 것입니다. 하나님 안에 들어오라는 것입니다. 말씀 안에 들어갑시다.

시 119:165 **"주의 법을 사랑하는 자에게는 큰 평안이 있으니 저희에게 장애물이 없으리이다."**

해 석 : 하나님의 법을 지키는 자에게는 평안만 있다는 것입니다. 장애물이 없다는 것입니다.

욥 8:21 **"웃음으로 네 입에, 즐거운 소리로 네 입술에 채우시리니"**

해 석 : 감사하는 자를 말하는 것입니다. 웃고 즐거운 소리를 내는 자는 좋은 일들을 주셔서 우리에게 웃음을 가득 채워 주신다는 언약의 말씀입니다. 기뻐하며 즐겁게 삽시다.

시 103:1 **"내 영혼아 여호와를 송축하라 내 속에 있는 것들아**

다 그 성호를 송축하라."

해 석 : 하나님을 찬양하고 영광을 올려 드리라는 것입니다. 감사합시다.

시 103:2 **"내 영혼아 여호와를 송축하며 그 모든 은택을 잊지 말지어다."**

해 석 : 하나님을 영화롭게 하며 우리에게 베푸신 은혜를 잊지 말라는 것입니다. 감사합시다.

시 103:3 **"저가 네 모든 죄악을 사하시며 네 모든 병을 고치시며"**

해 석 : 하나님의 말씀만 따르면 모든 죄악을 사하시며, 모든 병을 고쳐 주시니 감사하라는 것입니다.

시 103:4 **"네 생명을 파멸에서 구속하시고 인자와 긍휼로 관을 씌우시며"**

해 석 : 우리를 긍휼히 여기사 음부로 떨어질 생명을, 주님을 이 땅에 보내 주셔서 귀한 성경을 주셨습니다. 성경을 통해 말씀을 따라가게 하시고 불쌍히 여겨 구원의 관을 씌워 주셨으니 감사를 잊지 말라는 것입니다. 감사하며 하나님께 항상 영광을 올려 드립시다.

골 3:15 **"그리스도의 평강이 너희 마음을 주장하게 하라 평강을 위하여 너희가 한 몸으로 부르심을 받았나니 또한 너희는 감사하는 자가 되라."**

해 석 : 주님의 말씀으로 우리의 마음을 다스려서 평강이 임하도록 하라는 것입니다. 우리의 몸이, 지체들이 부르심을 받은 것은 평강을 위함이라는 뜻입니다. 평강을 위해서 주님이 오셨으니 감사하라는 것입니다.

레 7:12 **"만일 그것을 감사하므로 드리거든 기름 섞은 무교병과 기름 바른 무교전병과 고운 가루에 기름 섞어 구운 과자를 그 감사 희생과 함께 드리고"**

해 석 : 예물을 드릴 때 감사함으로 정성껏 드리라는 것입니다. 레위인들에게 하시는 말씀입니다. 너희들이 나에게 예물을 드릴 때 감사함으로 드리는 것이 이것이라고 말씀을 일러 주시는 것입니다.

기름은 말씀을 의미하고 하나님의 일을 할 때 매끄럽게 하는 것을 의미하며, 모든 일을 원망과 시비가 없이 하라(빌 2:14)고 명령하셨습니다. 바로 이 말씀의 의미입니다. 무교병은 흠과 티가 없이 성결하고 깨끗한 것을 의미합니다. 예를 들면, 우리가 예배를 드리러 올 때 철저히 회개하고 죄를 담아오지 않고 깨끗한 마음으로 우리 자신이 번제가 되어 드리는 것을 의미합니다.

비유로 말씀하신 것을 생각해 보겠습니다. 밀에서 나온 하얀 가루의 목적은 밀가루와 기름으로 전을 부쳐서 성도들에게 말씀의 떡으로 나누어 먹이라는 것입니다. 이 말씀의 교훈은 '레위인들이여, 성도들에게 순수한 말씀만 먹이라'는 성령님의 간절한 소원이 담긴 말씀입니다. 그러면 네가 너희들이 드리는 소제를 기뻐 받으시겠다는 언약의 말씀입니다. 이것이 무엇을 의미하는가를 생각해 보겠습니다.

레위인들이 명심해야 할 것을 말씀하고 있습니다. 하나님 앞에 항상 진설 떡상을 차려 놓는데, 성도들이 시간시간 예배 때마다 와서 먹을 말씀의 떡을 준비하라는 것입니다. 세상의 것을 섞지 않고 순수한 말씀의 떡을 준비하는 것이 희생이며 감사로 받으시겠다는 것입니다. 알곡을 만들라는 것입니다. 말씀으로 인을 쳐 천국 백성을 만들라는 것입니다. 하나님을 잘 경외하도록 하고 의의 터를 굳게 세우고 첩경을 평탄케 하라는 명령이십니다. '기름 섞인 무교병'은 세상 것이 섞이지 않는 기름만 섞인 말씀을 뜻하고, '무교전병'은 밀가루로 기름과 같이 전을 부치는 말씀의 떡을 의미합니다. 이것을 준비해서 성도들을 먹이는 것을 희생이라 말씀하시면서, 이것을 나에게 드리는 것을 감사로 생각하며 감사로 받으시겠다는 것입니다. 성도들을 다 알곡으로 만들어 내는 것이 희생이며, 이것이 우리들이 하나님께 드리는 감사의 표징이라고 볼 수가 있습니다. 우리 모두가 열심히 전심전력을 다해 일을 합시다.

시 69:30 "내가 노래로 하나님의 이름을 찬송하며 감사함으로 하나님을 광대하시다 하리니"

해 석 : 노래로 하나님의 성호를 찬양하며 높여 드리는 것이 감사하는 것이며, 주님께 기쁨을 드리고 영광을 돌려 드리는 것입니다. 광대하신 하나님을 찬양합시다.

시 69:31 "이것이 소 곧 뿔과 굽이 있는 황소를 드림보다 여호와를 더욱 기쁘시게 함이 될 것이라."

해 석 : 찬송하는 것이 뿔과 굽이 있는 소를 제물로 드림보다, 감사하는 마음으로 찬송을 올려 드리는 것이 하나님께서 더욱 기뻐 받으신다는 말씀입니다.

빌 4:6 "아무것도 염려하지 말고 오직 모든 일에 기도와 간구로, 너희 구할 것을 감사함으로 하나님께 아뢰라."

해 석 : 사도 바울이 빌립보 교회 성도들에게 위에 있는 말씀을 가지고 위로와 부탁을 합니다. 아무것도 염려하지 말고 전능하신 하나님께 맡기라는 것입니다. 오직 기도와 간구로 너희 구할 것을 감사함으로 하나님께 간구하라는 것입니다. 감사하며 구합시다.

빌 4:7 **"그리하면 모든 지각에 뛰어난 하나님의 평강이 그리스도 예수 안에서 너희 마음과 생각을 지키시리라."**

해 석 : 너희가 위에 있는 말씀대로 순종하면, 모든 것을 아시는 하나님께서 우리가 구했던 모든 것을 말씀 안에서 이루어 주시며 평강으로 갚아 주신다는 것입니다.

골 2:6 **"그러므로 너희가 그리스도 예수를 주로 받았으니 그 안에서 행하되"**

해 석 : 사도 바울이 골로새서 성도들에게 부탁하시는 말씀입니다. 예수님을 주인으로 모셨으니 말씀 안에서 행하라는 것입니다.

골 2:7 **"그 안에 뿌리를 박으며 세움을 입어 교훈을 받은 대로 믿음에 굳게 서서 감사함을 넘치게 하라."**

해 석 : 사도 바울은 골로새서 성도들에게 권면합니다. 말씀 안에서 뿌리를 박고 바로 서며 교훈을 받는 대로 믿음에 굳게 서서 항상 감사가 넘치게 하라는 것입니다. 감사함으로 믿음에 굳게 섭시다.

살전 3:9 **"우리가 우리 하나님 앞에서 너희를 인하여 모든 기쁨으로 기뻐하니 너희를 위하여 능히 어떠한 감사함으로 하나님께 보답할꼬"**

해 석 : 바울과 실루아노와 디모데는 데살로니가 교회에 편지를 보냈습니다. 그리고 이렇게 말합니다. '우리가 하나님 앞에서 너희를 위하여 능히 감사한 마음으로 하나님께 어떻게 보답을 해야 되겠느냐'고 합니다. 이 말은 칭찬을 하는 것입니다. 하나님의 직무를 잘 감당하고 있어서 저들을 바로 세워 주시니 감사하다는 것입니다. 우리도 바울과 제자들처럼 교회가 든든히 서 가는 것을 기뻐하며 용기를 주는 스승이 됩시다. 이것을 보며 기뻐하며 '무엇으로 하나님

께 보답할꼬?' 이런 마음을 본받읍시다.

교회 안에서 일 잘하는 소의 발목 힘줄을 끊지 않도록 조심해야 하며, 든든히 교회가 서 갈 수 있도록 힘써야 할 것입니다.

창 49:7 **"그 노염이 혹독하니 저주를 받을 것이요 분기가 맹렬하니 저주를 받을 것이라 내가 그들을 야곱 중에서 나누며 이스라엘 중에서 흩으리로다."**

해 석 : 교회 안에서 일 잘하는 소의 발목의 힘줄을 끊는 자는 하나님의 노염이 혹독하니 조심하라는 것입니다. 꼭 기억합시다. 시기와 질투하지 말고 열심히 하며 용기를 주고 칭찬을 하라는 것입니다. '나누며'라는 뜻은 복을 받지 못하게, 의인의 회중에 들어가지 못하게 골라낸다는 것입니다. 흩어 버린다는 것은 하나님의 백성이 되지 못하도록 골라낸다는 것입니다. 생명을 살리는 데 조심하라는 것입니다. 성령 훼방죄를 조심합시다(마 12:30-32).

행 9:31 **"그리하여 온 유대와 갈릴리와 사마리아 교회가 평안하여 든든히 서 가고 주를 경외함과 성령의 위로로 진행하여 수가 더 많아지니라."**

해 석 : 우리는 주의 일을 협력하여 온 유대와 갈릴리와 사마리아 교회가 평안하여 든든히 서 갈 수 있도록, 주를 경외함이 위로로 진행하여 수가 더 많아질 수 있도록 힘껏 노력해야 될 것입니다.

딤전 2:1 **"그러므로 내가 첫째로 권하노니 모든 사람을 위하여 간구와 기도와 도고와 감사를 하되"**

해 석 : 바울은 디모데에게 첫 번째로 권하는 것이 있었습니다. 그것은 모든 사람을 위하여 간구와 기도로 중보할 때에 감사함으로 아뢰라는 것입니다. 우리도 이렇게 주님께 올려 드립시다.

시 116:17 **"내가 주께 감사제를 드리고 여호와의 이름을 부르리이다."**

해 석 : 우리는 항상 만복의 근원이신 하나님께 마음으로 감사하며, 찬송으로 그 성호를 높여 드려야 합니다. 생명의 근원이신 주님을 기쁘게 해 드립시다.

시 118:28 **"주는 나의 하나님이시라 내가 주께 감사하리이다 주는 나의 하나님이시라 내가 주를 높이리이다."**

해 석 : 이 땅의 주인은 하나님이십니다. 우리 모두가 하나님 안에 생명이 있습니다. 모든 걸 공급해 주시는 이가 여호와 하나님이시니 그분께 감사합시다. 그분이 우리 하나님이십니다. 우리가 그분을 높여 드립시다.

시 107:1 **"여호와께 감사하라 그는 선하시며 그 인자하심이 영원함이로다."**

해 석 : 하나님께 감사합시다. 선하신 이는 한 분밖에 없습니다. 유일하신 참 하나님(요 17:3), 그분만이 그 인자하심이 영원하십니다.

사 46:9 **"너희는 옛적 일을 기억하라 나는 하나님이라 나 외에 다른 이가 없느니라 나는 하나님이라 나 같은 이가 없느니라."**

해 석 : 하나님께서 이스라엘 백성들에게 베푸신 옛날 일들을 기억해 보라는 것입니다. 신은 하나밖에 없다는 것입니다. 나 외에 다른 이가 없다고 고백하십니다. 이 세상, 그리고 우주 만물의 주인이 하나님이시라고 말씀하십니다. 하나님만이 선하시고, 나 같은 이가 없다고 고백하십니다.

사 45:21 **"너희는 고하며 진술하고 또 피차 상의하여 보라 이**

일을 이전부터 보인 자가 누구냐 예로부터 고한 자가 누구냐 나 여호와가 아니냐 나 외에 다른 신이 없나니 나는 공의를 행하며 구원을 베푸는 하나님이라 나 외에 다른 이가 없느니라."

해 석 : '너희는 서로 말하며 진실로 말해 보라, 또 피차간에 상의하여 보라, 공의를 행하며 구원을 베푸는 이 일을 이전부터 보인 자가 누구냐, 예로부터 고한 자가 누구냐, 나 여호와가 아니냐, 나 외에 다른 신이 없다'는 것입니다. 주님만 의지하고 감사합시다.

시 118:27 "여호와는 하나님이시라 우리에게 비취셨으니 줄로 희생을 제단 뿔에 맬지어다."

해 석 : '여호와는 하나님이시라.' 우리에게 빛을 비추기 위해 주님을 보내 주셨습니다. 주님이 희생하신 그 은혜로 말미암아 구원을 얻었으니, 우리도 제단 뿔에 희생줄을 매는 것이 마땅하며 그 희생줄을 매라는 것입니다. 단단히 매며 의의 너를 굳게 세울 수 있도록 노력해 봅시다.

······ 감사의 시 / 시편 100장 1-5절

온 땅이여 여호와께 즐거이 부를지어다
기쁨으로 여호와를 섬기며 노래하면서 그 앞에 나아갈지어다
여호와가 우리 하나님이신 줄 너희는 알지어다
그는 우리를 지으신 자시요 우리는 그의 것이니 그의 백성이요
그의 기르시는 양이로다
감사함으로 그 문에 들어가며 찬송함으로 그 궁정에 들어가서
그에게 감사하며 그 이름을 송축할지어다
대저 여호와는 선하시니 그 인자하심이 영원하고
그 성실하심이 대대에 미치리로다

이 책을 읽는 모든 분들이 위의 다윗의 시를 묵상하시면서 감사함으로 그 문에 들어가며, 찬송함으로 그 궁정에 들어가셔서 그분께 감사하며 그 이름을 송축하며 높여 드리시길 소망합니다. 우리는 하나님의 자녀입니다. 하나님께서는 우리가 순종을 드리길 원하십니다.

하나님께서는 왜 예수님을 육의 아버지 요셉의 집에 목수의 아들로 태어나게 하셨을까요? 한 번쯤 생각해 보신 적이 있으신지요? 하나님께서는 가시 인생인 우리를 늘 말씀의 칼로 목수처럼 다듬고 계십니다. 하나님께서는 영의 목수의 아버지이십니다. 예수님은 영의 목수의 아들이십니다. 그래서 많은 직업이 있지만 하나님께서는 이 의미를 깨닫게 하시기 위해 목수 가정에 태어나게 하셨습니다. 우리의 부족함을 다듬어 주시는 아버지께 감사합시다.

창 17:1 **"나는 전능한 하나님이라 너는 내 앞에서 행하여 완전하라."**

하나님께서 아브람에게 완전하라고 명령하셨습니다. 우리도 완전하도록 노력합시다.

이 책을 읽고 마음의 성전을 세우시고 더욱더 지혜로 충만하셔서, 하나님께 많은 영광을 돌려 드리시길 간절히 소망하면서 이 책을 기록하였습니다. 감사합니다.

이 책의 특징

하나님께서는 하늘과 땅의 모든 권세를 주님께 맡겨 주셨습니다. 이 땅 위에 있는 사람들이 하나님께 영광을 올려 드리시기를 원하셨지만 인생들은 선악과를 따 먹으며 타락하였습니다. 하나님의 말씀의 선을 멸시하고 악을 행하였던 것입니다. 그러므로 하나님의 명령을 받고 주님이 말씀을 가지고 이 땅에 오셔서 이 지구상의 건축자의 머릿돌이 되셨습니다. 하나님의 목적은 '나도 거룩하니 너희도 거룩하라'는 것입니다(레 19:2). 하나님께서 명령하신 말씀을 들어 보시겠습니다.

"나는 그의 명령이 영생인 줄 아노라 그러므로 나의 이르는 것은 내 아버지께서 내게 말씀하신 그대로 이르노라 하시니라"(요 12:50).

하나님께서는 우리가 거룩하지 못하기 때문에 하나님의 명령의 말씀을 통해 우리가 거룩해지길 원하시는 것입니다. 그러므로 그 명령의 말씀이 영생이라고 말씀하십니다. 하나님께서는 우리에게 주님을 보내 주신 목적을 말씀하고 계십니다.

사도행전 3장 20절로 가 보시겠습니다. "또 주께서 너희를 위하여 예정하신 그리스도 곧 예수를 보내시리니"라고 말씀하시고, 또 사도행전 3장 26절에 보시면, 주님을 보내 주셨습니다.

"하나님이 그 종을 세워 복 주시려고 너희에게 먼저 보내사 너희로 하여금 돌이켜 각각 그 악함을 버리게 하셨느니라"(행 3:26).

하나님께서는 우리가 거룩하게 되며 행복하게 살기를 원하십니다. 하나님께서 예수님을 통해 명령하신 말씀이 이 말씀이며, 또 예수님께서 모든 하나님의 종들에게 명령하신 말씀이기도 합니다.

"내 백성에게 거룩한 것과 속된 것의 구별을 가르치며 부정한 것과 정한 것을 분별하게 할 것이며"(겔 44:23).

이 말씀이 우리에게 주신 명령의 말씀입니다.

'거룩한 것'은 하나님 안에서 완벽한 삶, 깨끗한 삶을 말씀하십니다. '속된 것'은 육적인 신앙을 가지고 세상에 속해 있는 것을 의미하며, 부정한 것과 정직한 것을 분별해서 가르치라고 부탁하십니다. 그 명령을 받들어서 이 책 속에 거룩한 것과 속된 것과 부정하고 정한 말씀들을 많이 기록하였습니다. 거룩한 것은 취하고 속된 것은 버리고 부정한 것은 버리고 정한 것은 취할 수 있도록 기록하였으며, 이 말씀을 잘 지켰을 때 내 백성이라고 인쳐 주시고 거룩한 백성으로 삼아 주실 것입니다.

잠언 3장 19절에는 "명철로 하늘을 굳게 펴셨고"라는 말씀이 기록되어 있습니다. 이 말씀은 하늘나라의 문, 즉 '천국문'을 명철의 문으로 굳게 닫아 놓았다는 것입니다. 죄를 해결하지 못하면 들어갈 수 없는 문입니다. 주님이 명령하신 대로 지켜서 거룩한 백성이 되어 그 나라에 입성할 수 있도록 하신 것입니다. 성령님이 말씀을 주시며 해석해 주신 것을 그대로 기록하였습니다.

디모데후서 2장 5절에 보시면, 경기하는 자가 법대로 경기하지 않으면 면류관을 얻지 못할 것이며, 법을 지켜야 면류관을 얻을 수 있습니다. 법을 지켜야 명철의 문을 통과할 수 있다는 것입니다. 이 법을 지키기 위하여 하나님은 성경을 통해 여러 가지 비유로 우리에게 교육하고 계십니다. 짐승들과 새들과 나무들과 꽃잎과 그릇들, 그리고 털옷과 그물(물고기), 숫자를 비유로 오묘한 말씀들을 깨닫게 하기 위해 성경에 기록해 놓았습니다. 숫자로 교훈을 주시는 주님이십니다. 오병이어의 기적, 칠병이어의 기적, 십사만 사천 수, 물고기 153마리, 가나안 혼인 잔치의 여섯 항아리, 12제자, 12샘물, 12진주문, 38년 된 병자 등등을 성령님께서 주시는 대로 잘 해석해 놓았습니다. 결론은 죄의 자리에 앉지 말라는 것입니다.

신명기 33장 1-2절에 보시면, 오른손에는 불같은 율법이 있다고 이스라엘 백성에게 말합니다. 축복을 받는 비결을 모세가 마지막 유언으로 너희는 오른편으로 가라는 메시지를 남기고 죽게 됩니다. 우리도 예외는 아닙니다. 축복받기를 원하십니다. 그래서 주님이 이 땅에 오셔서 희생하시고 피 흘려 주셨습니다. 그 피 흘림이 헛되지 않도록 이 책을 기록하였습니다.

주님께서 베드로에게 명령하신 말씀을 보시겠습니다. 요한복음 21장 6절에 보시면, 오른편으로 그물을 던지라고 예수님께서 말씀하십니다. 순종했더니 고기가 많아 들 수 없었더라는 것입니다. 그다음 요한복음 21장 11절로 가 보시겠습니다. 많은 고기, 153마리가 잡혔는데 그물이 찢어지지 않았다고 말씀하십니다. 많아도 새지 않는 것은 오른편이기 때문입니다. 숫자 속에 비밀의 교훈이 들어 있습니다.

1- 하나님은 절대 주권자이십니다(만왕의 왕 하나님). 유일하신 하나님 하나님은 오직 한 분이십니다(요 17:3).

5- 축복 숫자입니다. 창세기 1장을 보시면, 다섯째 날에 우리에게 먹을 것을 만들어 주셨습니다. 그래서 5는 축복 숫자입니다. 순종하시면 기근이 없고 많은 것을 얻을 수 있습니다. 주님이 지시하시는 오른편으로 갑시다.

말 밥그릇에 예수님이 누워 계시는 교훈이 바로 이 교훈입니다. 말은 주인이 시키는 대로 해야 밥그릇에 밥을 주게 됩니다. 주님이 명령하신 대로 하셔야 복을 많이 받을 수 있습니다.

3- 성부 · 성자 · 성령의 숫자입니다.

이 숫자를 해석하면 이렇습니다.

1- 하나님께서

5- 축복 주실 때

3- 성부 · 성자 · 성령님을 온전히 의지할 때,

축복이 새어 나가지 않는 것이 그물이 찢어지지 않는다고 교훈하시며 말씀하시고 계십니다.

주님이 지시하시는 오른편으로 인도하기 위하여 이 책을 기록하였습니다.

"주께서 너희에게 환난의 떡과 고생의 물을 주시나 네 스승은 다시 숨기지 아니하시리니 네 눈이 네 스승을 볼 것이며"(사 30:20).

주님께서 우리에게 환난과 고생을 주시는 것은 우리가 잘못 가고 있기 때문입니다. 스승이신 예수님께서 간섭하시지 않는 것 같지만 계속 간섭하시는 것을 우리의 눈으로 보고 느끼게 될 것이라는 것입니다. 환난의 떡과 고생의 물(마라의 쓴물)을 마시지 않기 위해 이 말씀을 주셨습니다.

"너희가 우편으로 치우치든지 좌편으로 치우치든지 네 뒤에서 말소리가 네 귀에 들려 이르기를 이것이 정로니 너희는 이리로 행하라 할 것이며"(사 30:21).

주님이 말씀하십니다. 너희가 우편으로 가든지 좌편으로 가든지 뒤에서 간섭하시는 이가 있으니 그분은 예수님이시며, 정로의 길로 가라고 네 귓전에 말소리가 들리며 주님이 간섭하신다는 것입니다.

"주의 지팡이와 막대기가 나를 안위하시나이다"(시 23:4).

주님께서 오른쪽에는 지팡이(말씀), 왼쪽에는 막대기(회초리)로 정로의 길로 이끄시며, 위험하지 않고 안전한 곳으로 인도하신다는 것입니다. 감사합시다.

"주께서 인생으로 고생하며 근심하게 하심이 본심이 아니시로다"(애 3:33).

사랑하시기 때문에 간섭해 주십니다.

"우리의 절기 지키는 시온성을 보라 네 눈에 안정한 처소 된 예루살렘이 보이리니 그것은 옮겨지지 아니할 장막이라 그 말뚝이 영영히 뽑히지 아니할 것이요 그 줄이 하나도 끊치지 아니할 것이며"(사 33:20).

우리의 절기(예배)를 드리는 시온성(말씀을 잘 지키는 아름다운 제단)을 보라는 것입니다. 안정된(편안한 교회를 의미함) 이런 제단이 예루살렘 교회라는 것입니다. "예루살렘은 진리의 성읍이라"(슥 8:3)는 말씀대로 하는 교회라고 기뻐하십니다. 이런 제단은 반석 위에 세워진 제단으로, 없어지지 않고 옮겨지지 않으며, 말뚝(일꾼들)이 영영히 뽑히지 않을 것입니다.

이 책을 읽고 여호와의 집에 심겨진 나무가 되어 흥왕하며, 큰 나무(엘림)가 되어 많은 사람이 그 밑에 와서 쉼을 얻으며, 하늘나라의 생수를 공급할 수 있는 성령의 열두 샘물이 되어 답답하고 컬컬한 심령들에게 생수를 마시는 것처럼 시원케 해줄 수 있는, 복된 제단과 제자가 되시기를 소망하면서 이 글을 마칩니다.

나 지혜는 명철로 주소를 삼으며

지은이: 허사랑
초판일: 2017년 9월 28일

펴낸이: 김혜경
펴낸곳: 도서출판 나됨
http://www.nadoem.co.kr
주소: 서울시 은평구 역촌동 68-33호 2층
전화: 02) 373-5650, 010-2771-5650

등록번호: 제8-237호
등록일자: 1998. 2. 25

값: 15,000원

ISBN 978-89-94472-33-1 03230